苏州制造品牌建设
十佳案例(2021)

Top Ten Cases of Brand Construction
in Suzhou Manufacturing Industry (2021)

苏州市品牌研究会 编

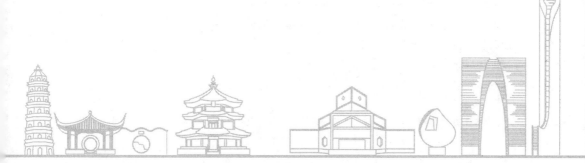

图书在版编目(CIP)数据

苏州制造品牌建设十佳案例.2021 / 苏州市品牌研究会编.—苏州：苏州大学出版社,2021.12
 ISBN 978-7-5672-3812-1

Ⅰ.①苏… Ⅱ.①苏… Ⅲ.①品牌—企业管理—案例—苏州—2021 Ⅳ.①F279.275.33

中国版本图书馆 CIP 数据核字(2021)第 253745 号

书　　　名：	苏州制造品牌建设十佳案例(2021) SUZHOU ZHIZAO PINPAI JIANSHE SHIJIA ANLI (2021)
编　　　者：	苏州市品牌研究会
责 任 编 辑：	王　亮
装 帧 设 计：	吴　钰
出 版 发 行：	苏州大学出版社(Soochow University Press)
社　　　址：	苏州市十梓街1号　邮编：215006
网　　　址：	www.sudapress.com
邮　　　箱：	sdcbs@suda.edu.cn
印　　　装：	镇江文苑制版印刷有限责任公司
邮购热线：	0512-67480030　销售热线：0512-67481020
网店地址：	https://szdxcbs.tmall.com/(大猫旗舰店)
开　　　本：	710 mm×1 000 mm　1/16　印张：16.25　字数：242千
版　　　次：	2021年12月第1版
印　　　次：	2021年12月第1次印刷
书　　　号：	ISBN 978-7-5672-3812-1
定　　　价：	68.00元

凡购本社图书发现印装错误，请与本社联系调换。服务热线：0512-67481020

苏州制造品牌建设十佳案例(2021)
编委会

名誉主编： 王益冰

执行主编： 魏文斌　戴　勤

编　　委：（排名不分先后）

王　俊　　洪　海　　申　霖　　刘书华　　吴　琪　　谢惠平
顾建芳　　戴　勤　　袁建新　　魏文斌　　汪晓媛　　温　玺
冯　宇　　乐　军　　余加军

参　　编： 卞　京　　王莲凤　　王梦蝶　　王智亮　　乐　军　　余加军
谷　杰　　李　华　　李　旻　　夏　杰　　陆健豪　　崔承翔
吴　静　　姚佳琪　　沈晓莉　　沈靖宇　　赵云龙　　庞　莹
曾雅文　　蔡跃红　　张　静　　张汝伟　　张　阳　　张　莹
张　靖　　张　强　　张海强　　周　畅　　周家欢　　周　瑜
徐圣毅　　徐　燕　　徐园芳　　袁雁文　　魏俊鹏

前言

品牌是一个国家核心竞争力的重要元素。习近平总书记指示,要推动"中国制造向中国创造转变、中国速度向中国质量转变、中国产品向中国品牌转变",为我国发展品牌经济指明了方向。"十四五"时期,我国进入新发展阶段。这个新发展阶段是以推动高质量发展为主题、以深化供给侧结构性改革为主线的发展阶段,是以满足人民日益增长的美好生活需要为根本目的的发展阶段。制造业是经济高质量发展的主体,对满足人民日益增长的美好生活需要具有关键基础性作用,同时也是国际竞争的主要阵地,体现着一个国家特别是大国的综合国力。伴随全球制造业升级的浪潮,制造业品牌竞争将成为全球品牌竞争新的焦点。

作为工业大市,苏州制造业门类齐全、体系完善,拥有国内领先的规模优势。目前苏州有16万家工业企业,涵盖35个工业大类、167个工业中类、491个工业小类,具有国内一流的垂直整合能力,拥有电子信息和装备制造两大破万亿的产业集群。《中国制造2025苏州实施纲要》指出,要将苏州打造成产业结构更加优化,产业优势更为突出,创新驱动能力更强,市场主体充满活力,整体水平全国领先、世界知名的先进制造业强市,初步建成纳米技术和生物医药"两大技术高地"。2021年3月,苏州发布了《"苏州制造"品牌建设三年行动计划》,提出全力打响"苏州制造"品牌的目标和路径。

为贯彻落实苏州市委、市政府关于打响"苏州制造"品牌的相关精神,提升苏州制造品牌影响力,以案例展示和传播苏州制造品牌形象,苏州市品牌研究会组织开展了苏州制造品牌建设十佳案例(2021)征集活动。征集时间从4月1日到4月30日,活动程序按照企业自愿申报、案例评审和发布宣传三个阶段进行。项目设置分为苏州制造企业品牌十佳案例和苏州制造产品品牌十佳案例。经苏州市品牌研究会专家委员会评审,共有22个品牌案例获奖(其中各有两家并列,获奖名单见附录),苏州市品牌研究会在第五个"中国品牌日"(2021年5月10日)举行了发布会。这些获奖的苏州制造品牌案例特点鲜明,具有地区和行业代表性,反映了企业品牌建设最新进展和品牌建设水平。每篇案例的内容包含品牌建设"五要素":有形要素、质量要素、创新要素、服务要素和无形要素。它们既有共性又各有特点,使读者能够获得苏州制造品牌建设的经验和启示。本书即由苏州市品牌研究会主办的"苏州制造品牌建设十佳案例(2021)"获奖案例汇编而成。

苏州市品牌研究会自成立以来,牢记"为品牌而生"的使命,坚守"弘扬苏州品牌文化,推动高质量发展"的宗旨,积极推动政府、高校和品牌企业资源对接,努力打造创新型、智库型研究会,促进苏州品牌文化交流和传播,助推苏州品牌人才成长,为品牌建设和品牌实践提供智力支持和咨询服务。本次"苏州制造品牌建设十佳案例(2021)"征集及发布活动得到了苏州市工商联、苏州市科协有关领导的大力支持,得到了苏州制造品牌企业高管的积极配合,得到了苏州市哲学社会科学界联合会、苏州市民政局、苏州市工业和信息化局、苏州市市场监督管理局、苏州大学东吴商学院、苏州大学出版社等单位相关领导的关心和支持,本书的出版得到了江苏永钢集团有限公司、苏州同里红酿酒股份有限公司的资助,在此一并表示感谢!

当然,由于作者大多来自企业管理的第一线,文笔水平有限,加之品牌建设的系统性和长期性,书中肯定存在不足甚至错误之处,敬请读者批评指正。

编 者
2021年6月

目录

企业品牌篇

持续战略创新　铸就民族品牌
　　——亨通光电品牌建设实践 …………………… 003

与时代同行　以品牌强国
　　——波司登品牌建设实践 …………………… 014

奋斗雅鹿　共创价值
　　——雅鹿品牌建设实践 …………………… 028

引领光电科技　创新绿色能源
　　——中利品牌建设实践 …………………… 037

莱克电气："一高二创"创高端民族品牌 …………… 045

正己身　创名牌
　　——德尔品牌建设实践 …………………… 061

做科学至上的创新型中药企业
　　——雷允上品牌建设实践 …………………… 075

中国好黄酒　苏州同里红
　　——同里红黄酒品牌建设实践 …………………… 086

中亿丰罗普斯金：在国际新格局下的品牌建设 ………… 096

百年老字号　续写新华章
　　——稻香村品牌建设实践 …………………… 105

苏大维格：微纳光制造创新平台品牌建设路径 ………… 119

产品品牌篇

永攀高峰　百炼成钢
　　——永钢品牌建设实践 ………… 131

凝聚环球科技　打造智慧卫厨
　　——樱花品牌建设实践 ………… 143

优质新莱　值得信赖
　　——新莱品牌建设实践 ………… 156

不止电梯　还有梦想
　　——康力电梯品牌建设实践 ………… 164

快速装卸设备专家与领导者
　　——苏州双祺品牌建设实践 ………… 175

"看不见"的产品　"看得见"的品牌
　　——金宏气体品牌建设实践 ………… 189

让传统在现代生活中获得新生
　　——李良济品牌建设实践 ………… 200

纽威：值得信赖的工业阀门品牌 ………… 208

采万物灵芝　溶百年珍味
　　——采芝斋品牌建设实践 ………… 218

为孩子们带来美好事物
　　——FIRST FLAG品牌建设实践 ………… 231

领先源于创新
　　——天臣医疗品牌建设实践 ………… 238

附录　苏州制造品牌建设十佳案例（2021）获奖案例名单
　　………… 251

>> **苏州制造品牌建设
十佳案例（2021）**

企业品牌篇

持续战略创新　铸就民族品牌

——亨通光电品牌建设实践

一、亨通光电简介

江苏亨通光电股份有限公司（简称"亨通光电"或"亨通"）成立于1999年，是亨通集团的核心层企业之一。亨通光电专注于在通信网络和能源互联两大领域为客户创造价值，提供行业领先的产品与解决方案。公司具备集设计、研发、制造、销售与服务于一体的综合能力，并通过全球化产业与营销网络布局，实现"产品研发制造"与"运营服务"双擎发展，致力于成为全球领先的通信网络和能源互联综合解决方案提供商。

亨通光电于2003年8月22日在上海证券交易所挂牌上市，是中国光纤光网、智能电网、大数据物联网、新能源新材料、金融投资等领域的国家创新型企业，中国企业500强之一、中国民营企业100强之一。产品服务全球100多个国家的通信、电力、能源、海洋、航天领域及全球通信能源互联网系统集成工程。

"上善若水，道法通变"是亨通光电的企业文化精髓，包含了一往无前的追求、刚柔相济的能力、海纳百川的胸怀、滴水穿石的毅力，更有自我革命的魄力。亨通光电在一次又一次的战略创新中，破局前行，永葆生机动力。从光通信到电力传输全产业链布局，从填补光纤预制棒空白到绿色光棒的破局，从陆地到海洋的跨越，从产品到服务再到全价值链系统集成的转型，每一次飞跃都离不开战略创新与

图1 世界品牌实验室颁发给亨通光电的中国500最具价值品牌证书

深思熟虑的谋篇布局。

2021年6月22日，由世界品牌实验室（World Brand Lab）主办的第十八届"世界品牌大会"在北京举行，会上发布了2021年《中国500最具价值品牌》分析报告。亨通光电以650.65亿元人民币的品牌价值荣登"2021年中国500最具价值品牌"榜单第91位，较上年度提升43位，首次进入百强行列（图1）。亨通光电在品牌榜的抢眼表现，与公司坚定不移地将品牌战略作为引领发展的先导战略，持续以创新、创造释放品牌成长势能密不可分。

二、亨通光电品牌建设实践

（一）创新之魂

1. 专注核心业务领域，坚持创新发展

创新不离主线，发展不离主业。一直以来，亨通光电始终以通信及电力产业为核心，从跟跑到领跑，为中国制造向中国创造的迈进贡献亨通智慧。

1991年，乳胶厂转型为通信电缆厂，亨通光电通过战略转型驶上了跨越式发展的快车道，先后完成乡镇企业改制、主板上市、规模扩张，实现了从传统企业向现代企业的历史性跨越。

2010年，亨通光电在缺乏装备、工艺、配方和技术方案的情况下，历经无数次失败、1 500多个日夜的艰辛，成功自主研发出光纤预制棒，打破了国外技术壁垒。如今，中国每四千米光纤就有一千米是亨通光电造。"中国光纤之父"赵梓森盛赞：亨通光电为中国光通信事业发展做出了重要贡献!

2012年,全球光纤市场需求大增,一纤难求。恰在此时,亨通集团董事局主席崔根良敏锐察觉到国外在研发绿色光棒,于是断然停止了现有技术的扩产计划。他说:"牺牲市场占有率和经济效益事小,跟不上世界科技前沿的脚步事大。"2015年,亨通光电成为继美国康宁之后,第二家拥有绿色光纤材料的全球企业,从全球光通信行业的并跑行列走到领跑行列。中国工程院原副院长邬贺铨院士感叹:这是国内首创、国际领先!企业先后荣获"中国制造2025工业强基工程""绿色制造""智能制造"等称号,并荣获中国工业大奖。这是对亨通光电心无旁骛专注光通信事业的最好诠释和最大认可。

科技创新是亨通光电每一次转型升级的制胜法宝。当业界惊叹亨通光电总是能顺应潮流趋势、推出可应用的技术成果时,却少有人知道亨通光电每年的研发投入比重。从业内年报对比可以发现,无论是在研发资金占比上还是在研发资金投入上,亨通光电都排在行业前列。近两年光通信行业进入调整期,但亨通光电的科研投入不仅没有缩减,反而更大。2020年度,亨通光电研发投入12.15亿元,较上年提升13.84%。

2. 预判行业发展方向,谋划全盘布局

"成败源于战略"是亨通光电的企业价值观之一。一直以来,亨通光电紧跟时代步伐、与时俱进,致力探索最新的科技成果,科研能力始终走在行业最前沿。勤劳的亨通人敢为人先、敢争一流、敢创大业、敢攀高峰,在"四敢精神"中创造出多项国际领先、全球第一的成果。

如今亨通光电又在转型升级的道路上持续探索,以科技与产业高度融合发展为抓手,实现科技创新形成技术链、产品创新形成供应链、战略创新形成产业链,不断向价值链高端迈进。亨通光电开发出超高速、超大容量、超低损耗的新一代特种光纤通信系统;建成的全球首条相位编码、长距离广域商用量子干线荣获国际电信联盟年度峰会最高奖项;形成了一批自主可控、具有国际竞争优势的重大科技产品和装备。一路走来的亨通光电,永不停止创新超越的脚步,持续探索行业的未来发展。

3. 紧跟国家战略规划，发展前沿产业

以智慧海洋为例，亨通光电发展的历程紧跟国家战略规划。习近平总书记曾指出，发展海洋经济、海洋科研是推动我们强国战略很重要的一个方面，一定要抓好。建设海洋强国是中国特色社会主义事业的重要组成部分，也是党的十八大做出的重大部署，对推动经济持续健康发展，对维护国家主权、安全、发展利益，对实现全面建成小康社会目标进而实现中华民族伟大复兴都具有重大而深远的意义。

近年来，亨通光电持续深耕海洋通信、海洋电力传输、海洋工程等领域，迅速实现"弯道超车"。积极开展海底光纤网络、海底超高压电网的相关技术产品研发及产业化，并在海内外重大工程应用中创造了多项世界之最，在全球海洋通信网络及超高压电力传输领域快速跻身第一阵营，在全球承建海缆项目超过109个（海缆交付里程数突破67 000千米），跻身全球海洋通信及能源前四强。

"碳达峰、碳中和"目标的提出，让海上风电成为推进能源转型的重要战略方向，对海上风电发展提出了更高要求。由于具有潜力大、绿色、产业链长、技术尖端等特点，海上风电正在对全球能源转型、经济发展等产生日益广泛和深远的影响。为实现"碳达峰、碳中和"的伟大目标，亨通光电在海上风电领域持续布局，为中国能源行业转型筑基铺路，无论是在技术研发、设备研发上还是在海洋领域探索上，都始终紧跟国家脚步，助力我国海洋强国建设不断取得新成就。目前，亨通光电拥有大型海上风电施工装备，建立了从产品到方案再到工程的全产业链业务结构和服务能力，覆盖海上风电风机安装、基础施工、基础防护风场运维等工程能力，项目已遍及全球20多个国家和地区。

（二）创新之力

1. 提升硬实力，持续科技研发

亨通光电秉承着"技术领先、成本领先、质量领先、服务领先"的发展理念，坚定不移走"创新驱动、科技引领"的高质量发展之路。

目前，亨通光电拥有全球光纤通信首个德国技术监督协会（TÜV）授权实验室、4个中国合格评定国家认可委员会（CNAS）认证实验室、24个省部级重点实验室技术研究中心、1个智能工厂、2个博士后科研工作站，曾主持、参与制定国家及行业标准629项，获国家授权专利3 609项（其中发明专利674项），承担省部级以上科技攻关项目339项，标准制定数和专利数均居国内同行首位，多个产品及项目创行业第一。

亨通光电拥有先进的海缆生产线与测试设备，引领大长度无接头海缆系统技术潮流，开创应用先河，打破多项国内外纪录，成功完成"海底大容量电力通信传输系统关键技术""直流±525kV交联聚乙烯绝缘海底电缆系统""交流500kV交联聚乙烯绝缘海底电缆系统"等多项科研项目。此外，亨通光电还牵头承担国家重点研发计划"浮式风电用动态缆关键技术研究"重点项目，并获得科技部立项批复。

同时，亨通光电还与欧洲知名研究机构Deltares和Sintef建立了长期的交流与合作关系，参与多项国际联合工业项目（JIP），是亚太区域第一家通过挪威科技工业研究所（SINTEF）的全尺寸动态缆疲劳测试的企业。

2. 打通上下游，布局完善产业链

在通信领域，亨通光电拥有全球领先的光纤通信（光棒-光纤-光缆-光器件-光网络及海洋光网络）和量子通信全产业链及自主核心技术，提供光纤光网、量子保密通信、5G通信技术、太赫兹通信技术系统解决方案以及"设计-施工-运维服务"一体化的工程总包服务，参与港珠澳大桥建设、中国高海拔宇宙线观测站（LHAASO）建设等国家重点工程项目。

在电力领域，亨通光电深耕智能电网领域，已经形成了覆盖全电压等级、全规格、全系列的产品解决方案，同时面向电力物联网发展需求，在直流配网系统、智能融合终端、智慧管廊等新产品和系统方案领域持续研发并推进市场应用，参与±1 100 kV昌吉-酒泉特高压工程建设、人民大会堂电力工程设施建设等国家重点工程项目。

在海洋领域，亨通光电先后布局海洋能源、海洋通信、海底观测、海洋通信投资运营建设和海洋工程，拥有高压电缆、超高压电缆、光纤复合海底电缆、海底光缆、动态缆和脐带缆等几大重点产业，专注于高端海缆的研发、生产制造，为客户提供从产品到服务再到总包的海洋信息与能源系统解决方案。

2019年，亨通光电收购华为海洋网络有限公司，新增全球跨洋海缆通信网络的建设业务，进一步完善海洋产业布局，打通上下游产业链，成为国内唯一具备海底光缆、海底接驳盒、中继器、分路装置研发制造能力并能够提供跨洋通信网络解决方案（桌面研究、网络规划、水下勘察与施工许可、光缆与设备生产、系统集成、海上安装沉放、维护与售后服务）的全产业链公司。

3. 走向国际化，开创海外先例

全球化不仅是国家，更是企业做大做强的必由之路。亨通光电把企业发展的目标瞄准了全球，提出国际化"三步曲"，即先市场国际化，再产业国际化，最后走品牌国际化之路。

看着世界地图做企业，沿着"一带一路"走出去。亨通光电的科技创新与企业实力赢得了国内外的一致认可。在海外市场竞争中，亨通光电凭借领先行业的技术与装备承接了很多重大国际项目。其中，多个海外项目开创中国在海外的先例。例如，亨通光电承建了全球第一座半潜式漂浮海上风力发电场——葡萄牙海上浮式风电项目，打破国外垄断，填补了中国企业在欧洲总包海上风电输出系统建设维护项目上的空白，实现了大洋彼岸6 000多户家庭的清洁电能供给，在中央电视台大型纪录片《多彩葡萄牙》中被报道。

亨通光电还成功交付中国移动全球首例16纤对空分复用（SDM）海缆系统；成功交付中国电信菲律宾项目，这是中国运营商在亚太地区境外首次完全采用中国制造的首个千千米级大芯数超低损耗海缆系统。这两个项目的交付，对于亨通光电未来锁定运营商市场和进军国际跨洋高端市场均具有重大战略意义。

亨通光电投资建设了中国在海外第一条通信运营线路——连接欧洲、巴基斯坦和东非的开放式中性海底电缆系统（PEACE）跨洋通信线路，全长15 800千米。通过连接中巴跨境陆地光缆，PEACE海缆系统将成为连接中国和非洲、中国和欧洲距离最短的海缆路由，并大大降低时延，极大满足中国到欧洲、非洲快速增长的国际业务流量需求，促进中国国际海缆的发展。

亨通光电先后在巴布亚新几内亚、智利、芬兰、墨西哥、玻利维亚等数十个国家承接大批海洋光网建设项目，打响了"中国制造"迈向"中国创造"的世界声誉。

（三）创新之光

1. 技术成果屡破纪录

光纤是通信网络的基石，光纤预制棒技术则是光纤光缆行业的核心技术，一直以来被誉为"皇冠上的明珠"。亨通光电拥有光纤预制棒全部工艺能力，是国内唯一具有自主知识产权的光棒制造商，其制造的光纤预制棒最大直径达200毫米，长度达6米，单根拉丝1.2万千米，可绕地球4圈，代表全球行业最高水平。2010年，亨通光电突破光纤预制棒自主研发技术，把国内光纤价格降低了70%，使全国上网资费降低80%，光纤网络普及速度剧增。2018年，亨通光电绿色光棒被国家工信部列为绿色制造系统集成项目。同年，亨通光电开发的超高速、超大容量、超低损耗特种光纤入围国家工业强基工程。

亨通光电是国内唯一一家具备海缆技术研发、生产、施工及运营等综合能力的厂商，其海光缆产品代表业界先进水平，中继器产品更是代表目前国内自主研发制造的最高水平。亨通拥有国内规模最大的海底光缆研发生产基地，拥有亚太地区唯一一个具备深海有中继海底光缆全性能检测能力的检测中心，可同时满足多个跨洋通信海缆系统项目的集成。同时，亨通光电还拥有海缆模拟测试中心和水下产品生产中心，可以最大支撑12 000千米系统设计和验证，自主研发的深海中继器集成产量为30个/月，相当于每年可支持交付2条跨太平洋系统，创下一个又一个行业之最。其中，"一个最长，两个第一，三个唯一"是最令人瞩目的成就："一个最长"是全球最长单根达到318千米双内铠通管的无中继海底光缆；"两个第一"是国内第一家生产交付单个国际订单超过1 000千米的企业，销售和交付居国内第一；"三个唯一"是唯一一家通过超8 000米水深国际海试的企业、国内唯一一家中继海缆订单超过5 600千米的企业、国内唯一一家拥有三线导缆技术的企业。2016年，亨通光电成功交付马尔代夫项目，实现当地2G时代到4G时代的大飞跃，该案例入选中央电视台纪录片《大国重器》。

在海洋能源领域，亨通光电建有180米立式交联超高压海缆用立塔及2个2万吨级码头，拥有国际先进的海缆生产线与测试设备，引领大长度无接头海缆系统技术潮流，开创应用先河，打破多项世界纪录。上海申办世博会的时候在黄浦江中敷设了一根50万伏的海电缆，这种海电缆当时国内没有，是从日本进口的。从那时起，亨通光电立志要做超高压海缆，打破国外垄断。经过多年沉淀和技术研发，亨通光电实现23天连续开机不停机，制造出国内第一根18.15千米的50万伏超高压海缆，敷设于舟山，打破了国际垄断，解决了"卡脖子"问题。尖端产品屡创新高的同时，"华电稳强"号风电平台项目组于2021年5月31日在广东阳江海域完成当月第12台明阳智能6.45兆瓦风机安装，创造了中国海上风电大兆瓦机组单月单作业面安装新纪录。在福建莆田平海湾海上风电场单桩嵌岩项目中，亨通光电仅用26天就完成了标段内F9机位第4根Ⅲ型嵌岩单桩的钻孔施工任务，刷新了超大直径Ⅲ型嵌岩单桩钻孔施工纪录。

2020年，亨通光电在海底电缆、海上风电工程总包、中高压系列产品等方面的业务均同比实现了较大的增幅，全年新中标海缆订单创历史新高。继2018年成功交付世界首条大长度（18.15千米）50万伏无接头交联聚乙烯绝缘海底电缆并投入使用后，2019年5月，亨通光电再次交付浙江舟山50万伏联网北通道第二回输电线路工程中应用的海底电缆，总长17.4千米。同时，三峡大连庄河300兆瓦海上风电项目中应用的22万伏3×500平方毫米单根无接头海缆也出自亨通光电，总长54千米，突破了22万伏3×500平方毫米最大生产长度的世界纪录，荣登中宣部纪念改革开放40周年大型纪录片《我们一起走过》。

2. 企业发展稳步前行

科技创新为亨通光电赢得了国内外客户的一致好评。

2016年，第四届中国工业大奖发布会在北京人民大会堂隆重举行，亨通光电一举捧回被誉为中国工业"奥斯卡"的中国工业大奖。2020年，在中共中央、国务院举行的国家科学技术奖励大会上，亨通的"铝合金节能输电导线及多场景应用"项目荣获2019年度国家科技进步二等奖。近年来，亨通光电先后荣获"国家级两化深度融合示范企业""全国质量标杆""中国出口质量安全示范企业"等称号。

未来，亨通光电将继续围绕行业技术发展趋势，以战略创新持续优化通信及电力两大主业的整体解决方案，增强产品竞争力及可持续发展的能力，以丰富的全球跨洋通信及能源项目管理经验为基础，坚定不移地打造精品网络工程、智慧能源工程，与产业链上下游合作伙伴携手，推动业务模式创新，推动公司高质量发展，推动行业和谐共生、和合共赢。

科技是企业强盛之基，创新是企业进步之魂。亨通光电将始终围绕战略创新（四大转型：从生产研发型企业向创新创造型企业转型、从产品供应商向全价值链集成服务商转型、从制造型企业向平台服务型企业转型、从本土企业向国际化企业转型。四大融合：产业经营与资本经营融合、制造服务与互联网融合、国内资源与国际资源融合、本土文化与外域文化融合），以科技创新不断为品牌赋能。亨通光电将坚守创新精神，以战略创新着眼当下、放眼未来，在行业发展的大潮中稳舵扬帆、行稳致远。

三、案例启示

第一，把品牌战略提升到企业发展战略的核心。亨通光电在品牌建设过程中制订了清晰的品牌发展规划，提出了"打造世界知名品牌，成就国际优秀企业"的品牌愿景，有明确的品牌定位——"全球领先的信息与能源互连解决方案服务商"。

第二，以创新科技驱动企业高质量发展。亨通光电形成了以"战略创新为前提、人才创新为关键、机制创新为保障、技术创新为重点、资本创新为纽带"五位一体的全面创新体系，研发实力在线缆业界位居最前列，通过创新占领行业制高点来驱动公司的"三化"融合，不仅带来了企业制造形态上向更高层次的跃迁，也驱动了质量管理上的新突破。

第三，制定质量优先战略，以卓越质量打造国际化品牌。质量好坏决定企业在激烈的市场竞争中的竞争能力。企业只有确保工作、产品和服务的质量，才能将市场做得更强更大，立于不败之地。通过质量优先战略的实施，亨通光电逐渐实现了质量成本的优化及整体质量水平的提升。

附：亨通光电品牌发展大事记

1999年，江苏亨通光电股份有限公司成立。

2003年8月22日，亨通光电在上海证券交易所上市。

2004年，亨通光电被国家工商行政管理总局认定为"中国驰名商标"。

2013年，亨通光电荣获2012—2013年度中国通信产业绿色节能技术创新奖。

2013年，亨通光电荣获江苏省质量管理优秀奖。

2014年，亨通光电被科技部评为"国家火炬计划重点高新技术企业"。

2015年，亨通光电位列全球光纤光缆最具竞争力企业前十强。

2015年，亨通光电荣获江苏省质量奖。

2016年，亨通光电获评中国通信产业年度光通信领军企业。

2016年，亨通光电荣获第二届中国质量奖评选表彰委员会"制造业组织类"中国质量奖提名奖。

2017年，亨通光电位列全球线缆企业前十强。

2018年，亨通光电荣获第三届中国质量奖评选表彰委员会"制造业组织类"中国质量奖提名奖。

2019年，亨通光电在2019年全球光纤光缆最具竞争力企业排行榜中继续蝉联全球前三强，在2019年中国光纤光缆最具竞争力企业排行榜中位列全国前两强，在2019年中国光通信最具综合竞争力企业排行中位列前三强。

2020年,"亨通光电"入选长三角示范区首批重点商标保护名录。

2020年12月,亨通光电荣膺2020年全球光纤网络最具竞争力企业前三强、2020年中国光通信最具综合竞争力企业前四强、2020年中国光纤光缆最具竞争力企业前两强。同时,亨通光电荣获2020年中国光通信行业贡献大奖、2020年中国光通信市场最佳客户服务奖。

2021年6月22日,"亨通光电"品牌荣登世界品牌实验室发布的"2021年中国500最具价值品牌"榜单第91位。

(周 瑜)

与时代同行 以品牌强国
——波司登品牌建设实践

一、波司登简介

波司登集团（简称"波司登"）始创于1976年，在全国拥有七大生产基地、两万余名员工。时至今日，波司登专注羽绒服领域45年，成为消费者公认的羽绒服专家，引领了行业发展。波司登主要从事自主羽绒服品牌产品的设计开发、生产制造、市场营销和海内外销售，并为顾客提供产品技术咨询、质量问题处理、退换货等服务。波司登集团旗下品牌包括波司登、雪中飞、冰洁等。集团通过这些品牌满足不同客户群体的需求，巩固在中国羽绒服行业的龙头地位。波司登在中国市场拥有超过4 000家零售网点，产品畅销美国、法国、意大利等全球72个国家，赢得全球超2亿人次选择。波司登羽绒服连续26年（1995—2020年）在中国市场销量遥遥领先，2020年产品市场综合占有率达24.19%，市场销售份额达51.89%，羽绒服规模总量全球第一。

波司登拥有"中国世界名牌产品""中国工业大奖""中国纺织服装领军品牌""中国羽绒行业领军企业"等殊荣，品牌第一提及率、净推荐值、品牌美誉度等都稳居行业第一。波司登连续20多年代表中国防寒服向世界发布流行趋势，并荣登纽约时装周、米兰时装周、伦敦时装周发布时尚大秀，为扩大中国自主品牌的社会影响力和国际时尚话语权做出了突出贡献。2021年6月22日，世界品牌实验室发布"2021年中国500最具价值品牌"榜单,波司登以355.26亿元人民币的品牌价值名列榜单第204位。

波司登品牌标志如图1所示。其中,"波"意指时代的波浪、时尚的潮流;"司"意指司令、领导者;"登"意指永攀高峰、永争第一。

2020年以来,新冠肺炎疫情极大地改变了世界经济格局,深刻影响着全球产业价值链重构,令纺织服装业遭遇前所未有的严峻"大考"。波司登坚守"波司登温暖全世界"的初心使命,发扬"不怕困难、永争第一"的登峰精神,努力克服疫情带来的不利影响,坚持品牌引领的发展模式,以品牌的力量引领渠道、产品、形象、供应链等全方位升级,将2020年打造为品牌"效益年"。同时,波司登以高度的社会责任感发起"波司登3亿元高品质羽绒服驰援抗疫一线"公益活动,还远赴伦敦时装周,在世界时尚舞台上为祖国加油,赢得了时代主流消费人群的青睐,取得了营收和口碑双丰收、双增长的优异成绩。波司登以行业领军者的姿态乘风破浪、逆势发展,提振了羽绒服行业市场信心。

图1 波司登品牌标志

二、波司登品牌建设实践

1. 品牌引领全局,提升价值增长新势能

波司登自品牌创立以来,始终视品牌为生命,坚定不移地实施名牌发展战略。2018年以来,波司登回归创业初心,深挖"大品牌、好品质、羽绒服代名词"的品牌资产价值,坚持品牌引领的发展模式,推进品牌升级战略,以全球视野高点定位品牌,整合全球创新资源,建立和消费者更深层次的情感链接,不断激活品牌力量,拉高品牌势能,重塑品牌价值,引领中国羽绒服行业向高质量发展迈进。

2018年,波司登羽绒服首次亮相纽约时装周(图2),以富有东方魅力的代表元素"牖"为主题,以黄公望的《富春山居图》为背景,将中国的传统文化审美和现代的科技工艺相结合,向世界展示了中国文化的底蕴魅力和波司登的匠心之美。2019年,波司登携手意大利"星空艺术家"登陆米兰时装周(图3),诠释了东西方时尚文化的完美融合,极大地改变了人们对中国羽绒服的固有印象。2020年年初,在中国时尚品牌因疫情影响集体缺席各大时装周的背景下,波司登于2月16日如期在伦敦时装周发布时尚大秀(图4),引发全场各国嘉宾齐声高喊"中国加油",让世界听到了中国的声音,感受到了中国品牌的精神和力量。

图2 波司登以独立品牌身份亮相纽约时装周

图3 米兰时装周最强阵容齐聚波司登秀场

图4　波司登参加伦敦时装周，为中国加油

波司登还积极参与"中国品牌日"系列活动，入选中央电视台"强国品牌工程"，展现出强大的品牌自信和时尚话语权，也让全球消费者都知道，中国纺织服装行业不仅有好的产品，也有好的品牌。同时，波司登聚焦主推产品的展现和线上线下门店的引流，通过各类新媒体、自媒体平台全面发声，放大品牌声量，与消费者产生强大的情感共鸣，不断提升品牌势能和美誉度，促进成交转化。排名全球前三的市场调研机构益普索提供的数据显示，波司登在中国消费者中认知度高达97%，成为消费者心目中羽绒服第一品牌。

2．匠心见证品质，助力高质量发展

质量是品牌带给消费者最直观的体验。有匠心品质的品牌，从来不会被时代辜负。45年来，波司登专注羽绒服核心主业，持续致力标准引领、品质提升。如今的每一件波司登羽绒服至少要经过62位工艺师之手、150道严苛工序，产品主要技术指标均高于国家标准，位于行业领先水平。在行业中，波司登推动羽绒服"三次革命"，首次把时装化设计理念引入羽绒服行业；同时，还将抗菌羽绒科技、蓄热升温里料、多重锁绒工艺等多项"黑科技"注入羽绒服产品，让羽绒服融时尚与科技为一体，在产品创新上展现了独特的技术魅力和科研实力。

波司登积极贯彻国际标准，狠抓全面质量管理与卓越绩效管理，先后通过中国环境标志认证、ISO 9001质量管理体系认证和ISO

14001环境管理体系认证，获得全国质量奖、江苏省质量奖、首届苏州市长质量奖等荣誉。近年来，波司登坚持发挥科技创新的引领和支撑作用，不断增强自主创新能力，已建成国家级工业设计中心、国家级博士后科研工作站、中国合格评定国家认可委员会（CNAS）认证实验室、国际羽绒羽毛局（IDFB）认可实验室、省级企业技术中心、工程技术研究中心，拥有专利287项，参与23项国际标准、5项团体标准、12项国家标准、4项行业标准的制定与修订工作，同时，承担IDFB中国理事单位、国际标准化组织/服装尺寸系列和代号技术委员会（ISO/TC 133）秘书处、全国服装标准化技术委员会羽绒服装分技术委员会（SAC/TC 219/SC1）秘书处工作，推动中国服装在标准化工作中取得重大突破。在2020全国企业标准"领跑者"大会上，波司登企业标准主要技术指标经第三方评估机构和专家评审和公示，均高于国家标准并处于行业领先位置，优势显著，波司登也连续两年（2019—2020年）入围机织羽绒服装企业标准"领跑者"名单（图5）。未来，顺应市场新变化、新趋势，波司登将发挥标准引领作用，推动对标"领跑者"标准，通过持续的自我升级和迭代，满足消费者对于产品与服务的更高需求，以高质量供给引领和创造新需求，推动中国羽绒服产业迈向全球价值链中高端。

图5 波司登蝉联机织羽绒服装企业标准"领跑者"名单

3. 设计赋能创新，勇攀产品领先新高度

创新是时代精神的主旋律，是"工匠精神"的本质要求和最好传承。波司登多次引领行业科技化、时装化变革的浪潮。在2020年世界工业设计大会上，波司登登峰系列羽绒服从入围的2 411件产品（作品）中脱颖而出，一举斩获第四届"中国优秀工业设计奖金奖"（图6）。该奖项是我国工业设计领域唯一经中央批准设立的国家政府

图6 波司登荣获"中国优秀工业设计奖金奖"

奖项,代表了国内工业设计的最高水平、最强实力。同时获奖的还有运载火箭海上发射系统、大疆无人机等"大国重器"和尖端科技产品。波司登是十大金奖获得者中唯一的服装产品,这也是自主服装品牌首次斩获该奖项。登峰系列的设计灵感源自波司登两度助力中国登山队登顶珠穆朗玛峰,是对"登峰精神"的致敬。登峰系列产品选用产自北纬43°黄金羽绒带、蓬松度达到1 000的顶级鹅绒以及防风防水、高透气性面料和航天纳米保温材料,应用蜂巢立体充绒、防水压胶处理、360°防风设计、FITGO-TECH自动系带系统、MAGIC CHAIN魔术链、RECCO生命探测仪等尖端工艺和科学技术,历经489道工序、217次修版,堪称全球顶配羽绒服。该系列羽绒服的每一个细节都是品质与匠心的体现,集聚羽绒服设计、用料、工艺及功能创新的最强实力。

攀登不止,探索不息。波司登聚焦尖端产品的研发,联合中国南极科考队共同研发设计,推出经过极端环境实测的专业保暖系列羽绒服。该系列羽绒服不仅能够满足南极科考的专业需求,也能满足极地、登山、滑雪等户外场景的御寒穿着需求。专业保暖系列助力中国南极科考队进行第36次、第37次南极科考任务(图7、图8);登峰系列助力2020珠穆朗玛峰高程测量登山活动(图9),以中国温度丈量世界高度。无论是雪域之巅,还是冰雪极地,波司登以卓越品质向世界展现了"羽绒服专家"的专业实力和品牌态度。超级产品的优异品质得到了来自权威机构的肯定,全球户外界最具权威的奖项之一,被誉为"户外界奥斯卡"之称的"2019年度户外装备大奖"(由《Qutside新户外》杂志评选)的殊荣花落波司登。该奖项评选标准严苛,获奖产品必须在产品性能、设计、穿着体验等方面远远优于同类产品。波司登是中国唯一获得该奖项的专业羽绒服品牌。

图7　2019年10月—2020年4月,波司登伴随"雪龙号"挺进南极,助力中国第36次南极科考

图8　2020年11月10日,波司登助力中国第37次南极科考队开启新征程

图 9　2020 年 5 月，波司登助力 2020 珠穆朗玛峰高程测量登山活动

在聚力专业品质的同时，波司登还洞察消费升级下的用户需求，全方位整合全球创新资源，在年轻化、时尚化上频频发力，打造具有国际化品格和国潮气质的波司登新时尚，成为国货崛起浪潮中的一道风景。近年来，波司登与高缇耶、高田贤三等国际顶级设计师及设计机构跨界合作，联手推出创新产品，引领中国服装行业发展。继 2019 年携手法国殿堂级服装设计师高缇耶推出联名系列后，2020 年，波司登再次与高缇耶合作发布"新一代羽绒服"（图 10），真正将时尚设计和科技功能完美融合。波司登还与迪士尼、漫威、星球大战等国际知名 IP[①] 资源联名合作，推出一系列受到年轻消费群体追捧和喜爱的产品。依托全面的、立体化的产品线，波司登不断夯实品牌领导力，众多名人、艺术家纷纷穿上波司登的产品为该品牌代言，波司登的时尚属性得到了市场和消费者广泛认可。

---

① IP 是 Intellectual Property 的简称，起初译作知识产权，最早在 17 世纪中叶，由法国学者卡普佐提出。伴随着移动互联网时代的降临，从商业和资本的角度来看，IP 更多地被引申为"可供多维度开发的文化创意产业产品"。

图10 波司登改写"新"时尚法则,携手高缇耶发布"新一代羽绒服"

4. 数智制胜未来,轰响转型升级新引擎

习近平总书记强调,要"把握信息革命历史机遇,培育创新发展新动能,开创数字合作新局面"。经历了疫情冲击,波司登加速推进数字化转型,把数字化落地应用到"用户、品牌、产品、渠道、零售、人资、财务"等经营管理全过程中(图11),致力于实现全业务、全流程、全触点的全面数字化目标。

图11 波司登智能物流

在供应链数字化创新方面，波司登加速智能制造升级，独立研发了拥有自主知识产权的软件系统和大数据中心，建设了中国服装行业最先进的智能配送中心和智能制造生产基地，集成了行业众多先进技术，实现所有设备的互联互通并实时和市场信息链接，在快速精准送达用户、满足市场需求的同时，指引快速生产补货，实现好卖的货不缺货、不好卖的货不生产，智能化程度和品牌快速反应能力遥遥领先于行业平均水平。波司登通过产销协同打通前端销售、中端库存与后端供应链生产外包的流程：一方面提升供应链对前端销售的快速反应供应能力，及时匹配消费端需求；另一方面与核心供应商实现数据对接，增强原辅材料仓库的精细化运营能力，有利于原辅材料的及时供应和库存控制。

在渠道升级和新零售运营方面，波司登与阿里云达成"数智化转型时尚先锋"战略合作，打通全渠道数据，在消费者研究、精准营销、商品一体化运营、导购运营等多领域进行创新与探索。通过推进全域数据中台建设，波司登整合内部信息和外部反馈大数据，强化对客户需求的洞察和研究，为消费者提供更优质的消费服务和场景化体验。凭借数字化转型的落地，波司登打通了"人货场""产销存"的"任督二脉"，使企业经营得到全面优化，商品一体化，全国一盘货，打造了"线下门店+线上云店"的店铺增收模型，提升了门店、商品、品牌以及顾客经营效益：线下渠道，尤其是自营零售网点，运营效率持续优化提升，门店结构朝着时代主流消费渠道的方向迁移；线上业务拓展明显，直播带货人气火爆，天猫奥莱店、唯品会奥莱旗舰店业绩高速增长。

5. 温暖汇聚力量，彰显社会责任新担当

波司登是做羽绒服的，是给消费者送去温暖的。做慈善，是比做羽绒服更温暖的事业。"波司登温暖全世界"不只是简单地用产品温暖消费者，更是用爱心、用慈善温暖社会。

2020年年初的新冠肺炎疫情发生之后，波司登发挥品牌力量，凝聚公益爱心，助力全球战"疫"。当时武汉封城，波司登武汉分公司接到火神山、雷神山项目负责人的电话，称需要采购一批羽绒服给奋战在一线的建设者。公司得知这一情况后，第一时间答复：不需要购买，公司无条件捐赠。1月28日，波司登就把羽绒服就送到了火神山、雷神山的建设现场。了解到抗疫一线工作者们在日夜奋战、抗击疫情的同时还面临着倒春寒的困扰，一线医务人员工作场所不能开空调，户外工作人员需要应对夜晚极低的气温，急需御寒保暖物资，波司登立即面向全国抗疫一线工作人员发起"波司登3亿羽绒服驰援抗疫一线"公益活动（图12），把最温暖的羽绒服送给最可敬可爱的人。波司登的行动赢得了抗疫一线英雄们的尊重和感谢，收获了社会各界的好评。

图 12　波司登 3 亿羽绒服驰援抗疫一线

作为一家有社会责任感的品牌企业，波司登发挥品牌优势，投身精准扶贫，助力脱贫攻坚，多年来累计向社会捐款捐物超 12 亿元，惠及全国 29 个省、108 个地级市、558 个县、109.2 万名贫困群众，把波司登的大爱和温暖传递到全国各地。

三、案例启示

第一，敢于攀登品牌梦想，坚持品牌引领发展。经历了这次疫情，波司登更加坚信：品牌是企业最大的资产，品牌力就是企业最强大的免疫力，消费者的认可是企业最大的财富。当前，国内消费环境较为稳定，消费信心持续上涨，扩大内需成为畅通供需两侧、构建双循环新发展格局的核心。比山峰更高的，是攀登者的梦想。有实力、有态度、有情怀的中国品牌，要敢于走出舒适区、挑战"无人区"、抢占制高点，通过促进制造和消费、服务相融合，逐渐形成中国品牌的核心竞争力，影响和引领全球消费市场。在"十四五"新开局、新征程中，波司登将继续发扬企业家精神和"勇攀高峰、永争第一"的登峰精神，永葆初心使命，勇立时代潮头，坚定品牌自信，坚持品牌引领，在助力品牌强国战略、温暖人民美好生活的过程中，奋力书写精彩壮美的波司登"答卷"，开创中国纺织服装品牌更加美好的未来。

第二，把握机遇，深化与国际品牌的合作。近年来，波司登把握"一带一路"机遇，不断深化与国际品牌的跨国合作。从成立上海波司登（世界）贸易有限公司开拓出口渠道，到第一个以民族服装品牌成功打入瑞士市场，从"抢跑"伦敦奥运会，在英国设立伦敦旗舰店暨欧洲总部，到深化与国际顶级设计师团队、创新资源的合作交流和资源共享，波司登"走出去"的步伐行稳致远。

第三，加快推进品牌数字化转型。中国经济进入增速换挡期，科技创新、移动互联、网络购物等新经济业态对服装市场竞争格局形成了现实挑战。服装市场已进入数字化转型的"拐点时期"，除了通过将产品原材料升级提档，加快推动"机器换人"和"智能工厂"创建等方式增强企业竞争力之外，数字化建设是波司登的一大发力点。在未来的销售渠道布局上，倚重实体门店的服装企业将迎来较大变化，新零售、直播、社群运营等手段的运用直接加速了企业线上线下的融合。波司登将全面推动数智化转型，将数字化落地应用到用户、品牌、产品、渠道、零售、人资、财务等方面。

附：波司登品牌发展大事记

1976年，波司登集团成立。

1995年，波司登荣获美国纽约博览会金奖、俄罗斯圣彼得堡博览会金奖，把时装理念引入羽绒服行业。

1996年，国际奥委会授予波司登羽绒服"亚特兰大奥运会特许产品"称号。

1998年，波司登随科考队到南极、北极，登顶珠穆朗玛峰。

1999年，波司登成为中国首个进入瑞士市场的服装品牌。

1999年，波司登被国家工商行政管理总局认定为"中国驰名商标"。

2001年，波司登获得法国高质量科技产品证书。

2002年，波司登羽绒服被作为外交礼品赠予俄罗斯、芬兰等多国领导人。

2006年，波司登走进哈佛商学院。

2007年9月，波司登获得"世界名牌"称号。

2007年10月，波司登在中国香港主板上市（股票代码：HK03998）。

2009年，波司登被中国品牌研究院评选为"国家名片"。

2011年，波司登获得全国消费品领域"中国工业大奖"。

2011年10月，波司登旗舰店在英国伦敦的牛津时尚街区开业。

2012年10月，波司登走进牛津大学。

2013年，英国首相戴维·卡梅伦对波司登在英国市场的创新战略给予肯定。

2014年1月，波司登进军美国，在纽约曼哈顿联合广场开设了一家时尚体验店。

2014年9月，波司登进军时尚之都意大利，亮相米兰世博会。

2018年9月，波司登以独立品牌身份亮相纽约时装周。

2018年10月，波司登携手美国、法国、意大利的3位国际设计师发布联名系列。

2018年11月，波司登荣获《Outside新户外》杂志评选的"2019年度户外装备大奖"。

2019年9月，波司登以独立品牌身份亮相米兰时装周，联手意大利国宝级艺术家发布星空系列羽绒服。

2019年10月，波司登发布登峰系列羽绒服。至此，波司登已连续22年助力中国登山队攀登珠穆朗玛峰。

2019年11月，波司登携手国际殿堂级设计师高缇耶发布联名系列。

2020年2月，波司登亮相伦敦时装周，作为行业领导品牌为中国加油。

2020年5月27日，波司登助力国家登山队完成珠穆朗玛峰高程测量。

2020年10月，波司登再次携手高缇耶发布"新一代羽绒服"。

2020年11月，波司登联合中国南极科考队推出专业保暖系列羽绒服，助力第36次、第37次南极科考。

2020年11月，波司登登峰系列羽绒服荣获2020年"中国优秀工业设计奖金奖"。

2021年1月，波司登荣获2021年国际体育用品及运动时装博览会（ISPO）全球设计大奖。

2021年6月22日，世界品牌实验室发布"2021年中国500最具价值品牌"榜单，波司登品牌价值名列榜单第204位。

（姚佳琪）

奋斗雅鹿　共创价值
——雅鹿品牌建设实践

一、雅鹿简介

1972年，雅鹿集团股份有限公司（简称"雅鹿集团"）的前身鹿河光明针织厂创立于江苏省太仓市。在董事长顾振华先生的带领下，雅鹿集团以满足消费者潜在的心理需求、追求客户满意为宗旨，经过49年的发展和检验，已经成为业界标杆，是一家以羽绒服、男女装为主的多品牌综合服装经营集团。多年来，雅鹿积极实施品牌发展战略，拥有"雅鹿""雅鹿·自由自在""蓝冰"3个中国驰名商标。雅鹿羽绒服以产品研发设计创新为核心，以羽绒服时装化的款式设计引导了人们传统冬季着装观念的转变，成为"真正的羽绒服专家"。2020年，雅鹿集团线下门店突破3 500家，营业中门店覆盖全国除西藏、海南、台湾以外所有省、直辖市和自治区。2020年完成营收60亿元，实现利润2亿元。

时至今日，雅鹿集团经营板块已拓展至服装、化纤、地产、金融、物流等众多领域。公司获得中国纺织服装企业竞争力500强、中国服装行业竞争力10强、全国服装行业百强企业、中国羽绒行业功勋企业、中国纺织品牌文化创新奖、全国纺织和谐企业建设先进单位、江苏省优秀民营企业、江苏省百强民营企业、江苏省服装（纺织）自主品牌30强企业等诸多殊荣。2020年，雅鹿集团位列"2020中国民营企业500强"第418位、"2020中国民营企业制造业500

强"第242位、"2020江苏民营企业200强"第75位、"2020江苏民营企业制造业100强"第50位,雅鹿品牌价值达259.17亿元。2021年6月22日,世界品牌实验室发布"2021年中国500最具价值品牌"榜单,"雅鹿"以310.29亿元人民币的品牌价值名列榜单第257位。目前,雅鹿的服装板块呈现以雅鹿羽绒服、雅鹿男装、雅鹿女装、雅鹿优选、电子商务等为主体的多元化发展格局。

雅鹿品牌标志如图1所示。标志中含有一大一小两个"V"。小"V"意指胜利(Victory),代表必胜的理念与信心;大"V"意指价值(Value),代表衡量标准与结果。

图1 雅鹿品牌标志

二、雅鹿品牌建设实践

(一)村企合作,实现乡村振兴

雅鹿村是由苏州璜泾镇(现璜泾街道)的长沙、新市、鹿南、飞跃4个村在2006年10月合并,并经过上级党委、政府批准后,由雅鹿集团公司资助冠名的。2007年4月,雅鹿集团出资1 000万元资助雅鹿村,规划建设占地100亩(约合6.7万平方米)工业园区,建设1万平方米标准厂房,目前雅鹿村已建设有面积为6万平方米的标准厂房。此外,雅鹿集团无偿为雅鹿村担保借款1 100万元,发展村级经济,使得雅鹿村从2006年村可支配收入不足10万元的著名贫困村,发展成为2017年就业率达100%、人均年可支配收入达4.25万元、村可支配收入达1 310万元的"全国文明村",拥有以服装、加弹、针织为主的民营企业61家,建有太仓市最大的无公害露天蔬菜基地,辐射带动200多户农户受益。

2007年,雅鹿集团在民生与公益事业建设方面也为雅鹿村注入了活力:资助建设雅鹿村物业房,成立社区服务中心,开展系列乡村道路、桥梁等公共设施建设,资助农机设施投入,每年对严重贫困户进行慰问,等等。

从 2009 年开始,雅鹿集团与雅鹿村每年都会投入 50 万元以上资金,共同搭建文化节平台,开展精神文明建设。每届文化节都会持续举办 10 天以上。到 2020 年,雅鹿村已举办了 12 届文化节。在文化节期间,雅鹿村会通过组织一系列的表演、互动、展示、评优、表彰等活动来宣扬优秀文化,以此提升老百姓的精神文明程度。雅鹿村还作为全市首批"乡风文明岗"示范村,设立了科技致富岗、征土动迁岗等 14 个岗位,打造了"乡风文明画卷",展现出了 70 位"乡风文明"志愿者的先进人物形象。

经过雅鹿集团和雅鹿村的村企合作,雅鹿集团在快速发展的同时,也带动了雅鹿村的快速发展。雅鹿村不但甩掉了"贫困村"的"帽子",而且成为经济社会、精神文化全面发展的社会主义新农村典型,先后获评苏州市先锋村、江苏省社会主义新农村建设先进村。2015 年 2 月,雅鹿村获得"全国文明村"称号,在人民大会堂,习近平总书记亲自为雅鹿村颁奖。2017 年 1 月,中央电视台第 7 频道春节联欢晚会摄制组到雅鹿村拍摄 2017 年中国农民春节联欢晚会。

(二)变革模式,打造产业生态链

在 1998 年以前,传统的羽绒服臃肿厚重,其主要的功能就是防寒。1998 年,雅鹿集团带着创新的"基因"进入羽绒服市场后,就以时尚的款式设计以及轻、薄、软的特色博得消费者青睐,俏销市场,引导了人们传统冬季着装观念的转变。如今,羽绒服成为男女老少各个消费群体都愿意购买的时尚产品。雅鹿集团拓展了市场边界,带动了一大批企业的发展,其自身也迅速成长为行业领先企业,被大众熟知。

从 2008 年至 2013 年,受气候变暖、产能过剩、快时尚发展、线下竞争加剧、线上冲击等多重因素的影响,雅鹿集团通过传统的重资产经销体系商业模式开展的羽绒服业务在经营中遇到了很大的挑战。至 2013 年,公司的传统商业模式已不适应时代需求,亟须变革。

2014 年以来,雅鹿集团对商业模式进行彻底变革,加快线上、线下转型融合发展。

(1)商业模式变革:在"成就梦想、共创价值"的理念指导下,雅鹿集团从重资产制造型企业转型为轻资产品牌服务型企业，整合资源，打造雅鹿生态链，从依靠一己之力转变为与合作伙伴开放共赢。公司抓品牌推广、产品研发、供应链建设，允许合作伙伴投资生产和门店，实现利益共享。

（2）打造品质男装：将产品线由单季羽绒服扩充为四季男装；定位为高品质、低价位的国民男装品牌；丰富店态，形成男装店、工厂店协同发展局面；重塑终端门店形象。

（3）聚焦电商发展：将电商业务作为战略性业务来发展；加大供应链基础设施的建设和投入；在营销上积极探索和创新，推进品牌与业务的年轻化；提升电商业务在公司业务中的占比。

（4）聘请具备丰富服装行业运营及研发、管理经验的人才团队，引入华为绩效管理、终端门店合伙人机制，上线产品生命周期管理（PLM）研发系统、智能仓储物流系统（WMS）、终端零售系统、新零售客户关系管理（CRM）系统、财务结算系统，打造雅鹿服装产业生态链。

雅鹿集团通过商业模式的结构性变革，全面提升了公司经营效率和质量：一是通过生态协作的方式，卸下了资产重、风险大的包袱，轻装上阵；二是砍掉了多余的中间环节，打造直接触达一线消费者的终端门店，增强了对市场和消费趋势变化的洞察力；三是通过利益分享机制激活生态内各组织单位的积极性和协作性，充分发挥了社会资源的价值，激发了组织活力与动力；四是对雅鹿男装和雅鹿电商新业务的聚焦发展使得集团公司自2014年以来又迎来了高速的增长。

在雅鹿服装产业生态链中，加盟商、运营商、供应商按固定的分成比例透明合作经营，三方共担风险、共享利益。雅鹿集团主抓品牌建设推广、产品设计研发、物流供应链建设，供应商负责服装生产制造，加盟商负责投资终端门店。

雅鹿服装产业生态链具有强大的数据分析和财务结算体系支撑，实现了可视化数字管理支持和准确高效的销售结算。雅鹿集团依托智能仓储物流系统，打通仓储物流的各个环节，实现了仓储物流的网络化、智能化、集成化、协同化，建成了苏州示范智能车间、苏州企业技术中心；上线PLM研发系统，提升了产品对市场需求的快速反应水平，促进了供应链生产决策联动，使得300家供应商能够实现快速高效互联，形成了完整的柔性供应链体系。

（三）匠心智造，塑造中国名牌

雅鹿集团从乡村企业起家，秉承"以创新取胜，塑世界名牌"的经营理念，发展成目前获得中国驰名商标、中国名牌产品、国家免检产品三块"金牌"的企业集团，狠抓质量、追求一流服务的决心始终未变。

雅鹿集团建有江苏省工业设计中心、苏州市企业技术中心等技术研发平台，起草制定了国家标准GB/T 14272—2011《羽绒服装》、GB 31701—2015《婴幼儿及儿童纺织产品安全技术规范》、GB 18401—2010《国家纺织产品基本安全技术规范》以及纺织行业标准FZ/T 73053—2015《针织羽绒服装》。

质量是企业在市场竞争中得以生存和发展的基础保证，而标准化的实施能够最大限度降低产品的成本，提升产品质量，创造持久的经济效益。雅鹿集团积极贯彻国家标准及行业标准，严格执行雅鹿羽绒服质量内控标准。雅鹿内控标准高于相关国家标准与行业标准，各项物理指标都有一个等级的提高，保证了雅鹿羽绒服的卓越品质。内控标准的实施可使产品更安全，有助于保护消费者的合法权益不受侵害，而且生产和使用产品的过程对环境更加友好，对人体健康有利，能够实现社会发展与环境和资源协调的、可持续的和谐关系。

2020年，雅鹿羽绒服入选《2020—2021年度中国消费品市场高质量发展优选品牌名录》。2021年，雅鹿集团入围江苏省品牌服装产业链重点跟踪培育企业、第二批"江苏精品"重点培育企业。

（四）以数字化转型打造新消费智能互联体系

2018年，雅鹿集团开展了新零售数字化转型，从传统的服装零售企业逐步转型为数字化智能零售企业，从而成为人文与科技交融促进的时尚行业领导企业。为实现数字化驱动，雅鹿集团不仅内部的后台管理体系使用了钉钉、云课堂，内部考勤和内部的交流沟通、会议的安排、邮件收发，甚至直播也都通过钉钉来实现，就连流程管理和审批也实现了办公自动化。此外，雅鹿集团除了针对员工管理、薪酬管理、工资结算建立人力资源系统外，企业资源计划系统、客户关系管理系统、产品生命周期管理系统、仓库管理系统等也都实现了数字化和大数据运行，这为数字化驱动奠定了坚实基础。

雅鹿集团在数字化转型上不断加大投入，全力打造面向新消费的企业智能互联体系。一是打造线上线下营销互联。雅鹿男装于2018年启动电商业务，联合天猫实施线上线下融合的新零售业务模式，当年就实现销售额破亿元。目前又搭建了微商城、小程序、淘宝品牌号上的云店等线上平台，来支持每家门店、每位导购的业务开展。二是打造柔性供应链互联。公司搭建了数据中台，打通各系统数据，全流程跟踪业务情况，使得公司的300多家供应商能够实现快速高效互联。目前公司主推产品能在3小时内落地一线。三是打造物流智慧互联。

（五）一鹿有爱，践行社会责任

饮水不忘掘井人，致富不忘社会忧。随着经济实力的增强，雅鹿集团奉献给社会公益事业和扶持弱势群体的资金越来越多。近些年来，雅鹿集团为社会公益事业和新农村建设支出超过5 000万元。多年来，雅鹿集团不但回报本地的父老乡亲，还在更大的范围内践行企业社会责任，回报社会。

2006年，雅鹿集团捐资500万元，联手共青团中央，全面启动"雅鹿青年创业计划"，设立"全国农村青年中心雅鹿发展基金"。

2008年以来，雅鹿集团先后为四川汶川地震灾区、青海玉树地震灾区、新疆地震灾区、内蒙古雪灾灾区捐款捐物，价值300多万元。

2017年，雅鹿集团赞助中央电视台社会与法频道推出的首档国家级大型电视扶贫公益真人秀"决不掉队"栏目。2017年9月，雅鹿集团、中国下一代教育基金会、中央电视台"决不掉队"栏目组三方协同启动"一鹿有爱、决不掉队"雅鹿公益万里行活动，深入贫困区域，开展精准扶贫行动。活动中，雅鹿集团共捐赠河南清河集村350户贫困居民、贫困小学及养老院，安徽灵璧县冯庙镇王刘村121户贫困居民，捐赠物品包含雅鹿羽绒被、保暖羽绒服、书包、文具、体育用品及现金等，累计投入资金超50万元。

2018年，为响应国家东西部帮扶政策，落实"太仓-玉屏"东西部帮扶协作，雅鹿集团与贵州玉屏中等职业学校结对，完成校企合作订单班签约仪式。本次校企合作的目的是实现订单式人才培养，让学生实现就业，达到"职教一人，就业一人，脱贫一家"，有效助力脱贫攻坚。同年5月，中央电视台社会与法频道"大篷车中国行"栏目组至雅鹿集团总部就企业社会责任的主题进行了采访。

自新型冠状病毒肺炎疫情发生以来，雅鹿集团高度重视抗疫工作。2020年2月13日，雅鹿集团首批抗疫物资1000多箱防寒羽绒服在寒潮来临前捐赠至武汉江汉区慈善会，用于疫情防控一线及后勤保障人员防寒。2月13日，中国气象局启动重大气象灾害三级应急，寒潮、暴雪预警齐发。对于雅鹿集团来说，疫情就是命令，疫情中来袭的寒潮更是吹响了"冲锋号"。为紧急提供这批捐赠羽绒服，及时支援寒潮期武汉防疫战斗，雅鹿集团的仓储一线员工全体行动，克服疫情困难，加入了提前复工的江苏企业行列，用行动抗击疫情。雅鹿集团以高度的社会责任感和强烈的家国情怀加入这场战斗，以坚强的决心、坚定的信心，与社会各界共同打赢疫情防控攻坚战。

此次捐赠的羽绒服原本计划晚几天才能清点发出，但在此前，集团时刻关注着湖北地区的天气变化。气象预警发出后，雅鹿集团第一时间投入支援响应。集团董事长顾振华亲自部署安排，要求仓库当即落实捐赠货品出库。在企业尚未复工的情况下，2020年2月12日晚，集团仓库一线员工紧急集结，当晚连夜加班加点，整理出首批捐赠的羽绒服。2月13日上午，在太仓市慈善总会的协助下，首批羽绒服发车运送至武汉前线，而此时距离寒潮、暴雪预警发布仅过了一两个小时。疫情紧急，寒潮加急，货物清点出库需要争分夺秒。整整一个晚上，仓库所有员工没有半刻停歇，按照装箱运输标准，把1000多箱羽绒服在第二天一早整整齐齐全部码好。

2020年2月15日，雅鹿集团联合雅鹿村共同成立"一鹿同行、共同战'疫'"村企联合临时党支部。雅鹿集团志愿者协同村镇干部走进基层重点防疫一线，开展防疫宣传、村居排查、驻点检测、心理疏导、秩序维持等疫情防控志愿服务。在疫情防控的关键期，这些雅鹿志愿者们充当起社区防疫之"战"的后备力量。

2020年2月20日晚，雅鹿集团第二批捐赠物资连夜驰往武汉抗疫一线。其中，3 000件防寒羽绒服捐赠至武汉市青山区慈善会，支持青山区防疫工作；4 000件防寒羽绒服捐赠至武汉市汉南区红十字会，支持汉南区防疫工作；700件防寒羽绒服捐赠至武汉协和江南医院，支援抗战疫情一线医务人员。

2020年2月21日，雅鹿集团紧急调配1 300件羽绒服，在太仓慈善总会协助下捐赠至太仓市娄东街道、陆渡街道、科教新城、沙溪镇、浏河镇、浮桥镇、璜泾镇、双凤镇。为了守住社区疫情防控的最后一道防线，这些村镇的干部和社区工作者不分昼夜地陪伴和守护着一个个小区、一片片街道……他们用自己的赤子之心坚守岗位，雅鹿集团则用温暖守护这群可敬的"逆行者"。

三、案例启示

雅鹿集团早在2000年就提出"以创新取胜、塑世界名牌"的理念。2009年，雅鹿集团成为国内唯一一家使用朵绒作为羽绒服装填充物的企业，并在当年获得了国家专利，被授予"真正的羽绒服专家"的荣誉，实现雅鹿品牌的二次飞跃。"成就梦想、共创价值"是雅鹿集团企业精神的核心。2021年，雅鹿集团继续用创新做强做优服装产业链，促进服装产业生态链稳定健康发展。在品牌建设上，导入品牌战略管理，赋能数字化，进一步扩大品牌效应，提升品牌影响力与品牌价值；在技术研发上，深化与高校的产学研合作，提升新型面料研发、服装流行趋势研究、服装设计及个性化定制水平；在终端运营上，大力优化终端门店结构，全面推进门店精细化运营，建立有计划的售卖体制；在产品供应链上，培育核心供应商，强化柔性供应链，打造爆品。积极求变、创新发展是雅鹿集团自成立以来就在坚守的发展理念，可以说是雅鹿集团最核心的优势所在。

雅鹿集团作为太仓市地标性企业及服装龙头企业，在新时代改革发展的机遇中，将继续坚持"以客户为中心"的经营理念，以"让人们穿着更体面"为企业使命,进一步整合优势资源,打造生态链共赢体系,成为国民服装品牌新典范,继续抒写雅鹿新辉煌。

附:雅鹿品牌发展大事记

1986年,雅鹿服装厂成立,"雅鹿"商标获准注册。

1992年,江苏雅鹿集团公司成立。

1998年,江苏雅鹿集团公司变更为江苏新雅鹿集团有限公司。

2001年,雅鹿工业园区羽绒服生产基地一期工程竣工。

2001年,雅鹿被国家工商行政管理总局认定为"中国驰名商标"。

2006年,江苏新雅鹿集团有限公司变更为雅鹿集团股份有限公司。

2006年,雅鹿荣获"最具市场竞争力品牌"称号。

2009年,江苏雅鹿品牌运营股份有限公司成立。

2011年,雅鹿国际广场竣工。

2012年,雅鹿集团荣获"江苏省信息化与工业化融合试点企业"称号。

2016年,雅鹿集团荣获"全国纺织工业先进集体"称号。

2019年,雅鹿集团荣获"全国服装行业百强企业"称号。

2020年,雅鹿集团入选"2019年江苏省服装行业50强""2019年中国服装行业百强企业"。

2020年,雅鹿集团入选"2020中国民营企业500强""2020中国民营企业制造业500强""2020江苏民营企业200强""2020江苏民营企业制造业100强"。

2021年6月22日,世界品牌实验室发布"2021年中国500最具价值品牌"榜单,"雅鹿"品牌价值名列榜单第257位。

(夏　杰)

引领光电科技　创新绿色能源
——中利品牌建设实践

一、中利简介

江苏中利集团股份有限公司（简称"中利集团"或"中利"）成立于1988年，是一家致力于电缆及新材料、新能源、光通信、高端装备等研发生产的国家重点高新技术企业，于2009年11月27日在中国深圳证券交易所上市（股票代码：002309）。中利集团旗下拥有13家国家高新技术企业，并拥有江苏总部、东北、华南、西部四大区域生产基地，服务体系已遍布全球，建立了完善、快捷的销售和服务网络，产品覆盖全国32个省、自治区、直辖市以及欧洲、美洲、东南亚、非洲的30多个国家和地区，并与客户建立了良好和稳定的战略合作关系，为全球的通信行业、设备制造行业、电力行业、太阳能行业和新能源行业等市场提供优质的产品和服务。

中利品牌诞生于1991年，目前拥有中国名牌产品、中国驰名商标、江苏省名牌产品等荣誉。中利集团以严格的管理、优良的产品和优质的销售服务在特种电缆及光伏电站行业中享有盛誉。公司生产的"ZL"牌通信电缆获得中国名牌产品、江苏省著名商标等荣誉，电线、电缆获产品质量免检证书。

中利集团生产的特种软电缆连续10多年销售量在行业内排名第一。其中，阻燃软电缆和防火低烟无卤软电缆双双填补国内空白，成功打响中利的品牌。中利的特种软电缆销售份额占到运营商市场的

50%以上，使中利很早就成为中国移动、中国联通、中国电信的战略供应商，并与华为、中兴等大型通信设备商建立了全球核心合作伙伴关系，产品远销全球各地并不断延伸覆盖范围。

中利集团是国内首家自主研发和生产通信阻燃软电缆的企业，也是首家通过信息产业部的鉴定并取得入网证书的企业，起草了行业标准《通信电源用阻燃耐火软电缆》，代替我国原先采用的日本标准。中利集团连续多年被华为评为优质供应商、优秀核心合作伙伴，这是华为对中利品牌的高度肯定。借助国家级博士后流动站和工作站的平台，中利集团发挥13个国家级高新技术企业、11个省级工程技术研究中心的优势，研制开发了通信电源用阻燃铝合金软电缆系列、新能源车用连接线、陶瓷化聚烯烃电缆料等120多个重点新产品。

二、中利品牌建设实践

（一）注重商标保护，优化品牌文化

1991年开始，中利集团在自己生产的电缆上使用"ZL"图形商标。随着企业规模的不断扩大，公司对其进行了注册，该商标于1996年7月7日被核准使用在第9类电线、电缆商品上，注册号为852433；2001年12月21日，另一"ZL"图形商标被核准使用在第9类电线、电缆商品上，注册号为1686285。中利"ZL"图形商标被评为中国驰名商标、江苏省著名商标、苏州知名商标。公司积极进行商标的注册，并第一时间对商标进行了保护。中利集团获得2015年最佳品牌形象奖，连续多年获评线缆行业、光通信行业最具竞争力10强企业。中利集团始终注重品牌形象的建设，致力于将公司建成国内领先、国际知名的科技型企业。

中利集团目前拥有中国驰名商标、中国名牌产品、江苏省著名商标、江苏省名牌产品、"中国民营企业品牌最具竞争潜力100家"等荣誉。2017—2020年，中利集团连续四年荣获"中国移动优秀供应商"荣誉。从2009年至今，中利集团连续多年被华为技术有限公司授予"优秀供应商""优秀合作伙伴""全球优秀核心合作伙伴企业""最佳质量奖"等荣誉。

中利集团向来注重企业文化和品牌管理，2010年，董事长王柏兴亲自带领中、高层领导赴上海交通大学MBA研究生班深造学习，提升管理水平。公司内部有一套严密的现代化管理体系，通过了ISO 9001质量管理体系认证、ISO 14001环境管理体系认证和GB/T 28001职业健康安全管理体系认证。公司的组织机构合理，适应当今的市场经济规律，并有良好的管理体制，不管是在销售方面还是在内部生产管理方面都取得了卓越的成就。公司严格贯彻ISO 9001、ISO 14001和ISO 18001国际标准，使产品策划、设计与开发等全部过程按照程序控制文件执行。

中利集团积极服务"一带一路"建设，随着国家"一带一路"倡议热潮的兴起，将产品重点销往30多个国家和地区，为全球通信行业、设备制造业、轨道交通行业、电力行业、矿工行业、船舶及海洋工程行业、太阳能新能源行业等提供优质产品和优良服务，并与全球客户建立了良好和稳定的战略合作关系。中利集团积极响应国家脱贫攻坚号召，创新推出的"智能光伏+科技农业"模式被国务院扶贫办认定为可复制重点推广项目，成功帮助43个贫困县、75万贫困户顺利脱贫。中利集团目前拥有18 GW组件及13 GW电池产能，全球累计自建电站项目超7.5 GW。2021年是"十四五"规划的开局之年，随着国家"碳达峰""碳中和"目标的提出以及一系列宏观政策的发布，新能源行业迎来新的发展机遇，中利集团将着重发展太阳能光伏板块。

中利"ZL"图形商标（图1）以圆形将我们引入一个全球化的网络世界，代表中利集团全球化的发展目标。该商标由Z、L两个英文字母变形组合而成，整体色调采用中国红为主色、灰色为辅色，两色有机地结合在一起，表达了中利人传统而不固执、创新而不浮夸的品质，展现出中利人深沉而睿智的人格魅力。在公司企业文化建设中，公司领导团队以其深厚的

图1 "ZL"图形商标

文化底蕴和独特的管理智慧，高瞻远瞩，追求卓越，从战略高度洞察到企业文化对公司科学发展的重要性，进而身体力行，积极宣传和贯彻落实企业价值观，促进了企业文化在公司内外的传播。为保证公司文化、发展方向和绩效目标落地，公司领导授权各部门负责人、股东等相关方，组织策划和实施了学习培训、调研、座谈会、展板和内部网站宣传、职工文体竞赛等活动，并开展多种形式的双向沟通，确定全员目标。

（二）制定品牌战略，建立品牌培育管理体系

中利集团按照品牌战略的管理思想和品牌建设的要求，建立了品牌培育管理体系，识别了品牌建设的关键过程，不断提升自身品牌建设的能力和绩效。中利集团依据经营发展的战略目标，制订了系统化的品牌发展规划，明确建设的关键过程，通过多种手段提高产品质量和服务水平，不断提升顾客满意度；建立起顾客对公司的信任，不断提高品牌知名度和美誉度；通过商标注册，与各地工商部门保持联系，依据法律来维护企业的合法权益；建立品牌建设的监视、测量、分析和评审机制，借助监视和自我评价的结果对品牌战略和方针进行适宜的调整。

中利集团注重推进品牌战略，取得了快速、高效、健康的发展，"G"商标在行业内具有很高的知名度和美誉度。"G"商标被原国家工商行政管理总局（今国家市场监督管理总局）认定为中国驰名商标，多次被评为江苏省著名商标，被原国家质量监督检验检疫总局（今国家市场监督管理总局）评为中国名牌。公司高层领导高度重视品牌建设工作，从提高产品质量和实施系统的品牌管理两个方面培育企业的品牌。

（三）持续提升质量管理水平

1. 制造水平

中利集团拥有860多台生产设备，其中关键设备230台，单位产量能耗为普通国产设备的28%。公司实验室有350多台检验设备，其中关键设备50多台，还有多台行业内先进的研发试验设备。实验室通过了CNAS认证和德凯质量认证，同时也是我国国内唯一与美国保险商实验室（UL）合作的实验室，获评江苏省特种电缆高分子材料

重点实验室、江苏省企业院士联合创新中心、江苏省企业重点研发机构、江苏省工程技术研究中心等。"ZL"牌通信电源用阻燃耐火软电缆在通信领域连续 30 年国内市场占有率位居第一。

2. 产品执行标准先进性

中利集团所有产品从原料到出厂实行条码技术全过程跟踪并追溯产品质量。公司贯彻实施 ISO 质量管理体系标准，每月由公司质量监督站对质量体系运行情况进行检查、考核，确保质量管理体系稳定、有效运行，每年投入资金推进技改创新，提升制造水平和工艺能力。公司产品标准采用国际电工委员会（IEC）标准及相关国家、行业标准 120 多项。公司起草了行业标准《通信电源用阻燃耐火软电缆》，参与制定了《电动汽车充电用电缆》《通信电缆光缆用无卤低烟阻燃材料》等行业标准 20 多项。公司已获得泰尔认证中心（TLC）、中国质量认证中心（CQC）、加拿大标准协会（CSA）、美国船级社（ABS）等权威机构的认证。

3. 实施全面质量管理

中利集团自 2005 年获得全国质量管理奖以来，将产品质量视为公司发展的基石，秉承"诚实守信，持续改进，保质保量，满足客户个性化需求"的质量理念。公司的质量方针：以科技创新保持中利产品领先、优质、可靠；持续提高过程的效率和有效性，实现合作共赢、和谐发展；全心全意为顾客提供优良服务，为员工提供优良的工作、生活环境和发展机遇，打造中利百年老店。多年来，公司积极推行 ISO 9001 质量管理体系和国际铁路行业标准（IRIS）管理体系，实施全面质量管理，确保产品质量水平。此外，公司还积极推进卓越绩效管理模式，通过标杆对比找出差距，进行改善，同时开展现场 6S 管理、六西格玛管理等，使公司质量管理水平可对标国际同行。

（四）完善机制提升品牌效应

1. 服务机制

中利集团建立了完善、快捷的销售和服务网络，制定了销售服务相关制度，如加强市场服务规范化管理，规定顾客投诉处理方法，办理售后服务证明，定期进行顾客满意度测评，等等。目前，中利集团已与国内三大电信运营商以及华为、中兴、中电投、中广核、招商新能源集团等著名国有企业建立了战略合作伙伴关系,产品远销全球各地并不断延伸覆盖范围。

2. 服务基础条件、服务规定执行情况

为确保顾客需求得到及时有效的响应,并为顾客提供满意的服务,中利集团不断完善销售和服务网络,围绕"顾客满意"开展工作。公司制定了《服务投诉管理办法》,规定24小时内处理完服务投诉;通过制定《质量反馈信息处理》《顾客投诉处理规定》《产品售后调试与服务管理规程》等产品质量异议处理相关管理规定,建立了投诉处理流程,并对异议处理的质量和效率进行重点监测。对于来自顾客的产品投诉,公司实行日通报、月总结制度,对集中突出的问题,召开专题会议,下达整改指令,并持续改进。

3. 顾客满意度

每年1月,公司营销部根据上年度销售量排名抽样原则向客户发出《用户评价表》。公司把对顾客满意程度的测量作为对管理体系绩效进行监视和测量的一种重要工具,通过测评顾客满意度指数,了解公司产品及服务的质量现状,分析让顾客满意和不满意的因素,掌握顾客目前的需求和未来的期望。

4. 品牌忠诚度

公司定期测评顾客忠诚度,了解公司竞争者的产品质量状况,为管理评审和质量改进提供信息,持续提高管理体系的业绩。公司关注顾客关系建立和维系方法的不断完善,根据战略发展要求,通过月度销售业绩汇总分析、投诉及质量异议分析、顾客满意度调查分析等形式定期评价客户关系管理方法,从组织框架、销售渠道等多方面持续改进客户关系管理,保证其适应公司的战略发展。为便于持续改进建立顾客关系的方法,公司形成了从顾客需求收集到内外部服务运营机制检验的PDCA(P代表计划,D代表执行,C代表检查,A代表处理)循环优化流程,以追求卓越的服务质量。公司顾客忠诚度连续多年保持在90%以上。

三、案例启示

第一，增强民营企业品牌效应。2020年，中利集团入围中国制造业企业500强，这是民营企业力争一流，实现质量更好、效益更高、竞争力更强、影响力更大的集中体现，更是民营企业勇于创新、充分发挥市场主体活力的丰厚回报。中利集团将加快实施转型升级，增强创新能力和核心竞争力，打好"三大攻坚战"，积极参与国家重大战略和区域协调发展战略，保持企业发展势头良好，保证质量效益稳步提升。此外，中利集团不断强化品牌管理与基础性宣传，目前拥有注册商标122项，未来将进一步开展海外商标注册。

第二，规范品牌运用。中利集团注重品牌使用标准及规范，设计了适合海外的中利标识与品牌标语，并加强品牌规范运用。一直以来，中利集团注重对自身品牌形象标准化的统一管理，通过多语种网站、宣传片、产品手册来宣传中利品牌。

第三，强化品牌传播。为加大品牌形象在行业内及多领域的推广力度，中利不断加强在国内外电力、通信主流媒体及大型工程领域的统筹策划宣传，每年组织参加海内外大型展会超过20次，未来将更多地以新品发布、新闻发布、客户座谈等形式强化对品牌的传播。

第四，积极承担社会责任。中利集团发展30多年来，热心支持社会慈善事业的发展，尽可能地回馈社会、奉献爱心，积极参与慈善募捐和救助活动，在助困、助残、助孤、助老、助医、助学等方面对困难人群鼎力相助，在造桥、修路、文化、体育、救灾、扶贫等方面为社会事业慷慨解囊。公司带领党员和团员深入开展为孤寡老人、乡村留守儿童、空巢老人等"送温暖"活动。公司成立至今累计向社会捐款达1.5亿元，充分彰显了民营企业的社会担当。

中利集团在经营发展、产品创新、产业融合、客户管理、运营机制、回馈社会等方面无不体现着当初定下的"诚信、敬业、团结、创新"的企业精神，也体现着中利集团这个制造业民营企业应有的社会担当及品牌形象。

附：中利品牌发展大事记

1996年，中利集团注册中利"ZL"商标。

2001年，中利"ZL"商标升级。

2002年，中利集团荣获江苏省质量管理奖。

2003年，中利集团获评科技部"国家火炬计划优秀高新技术企业"。

2005年，中利集团再次荣获江苏省质量管理奖。

2007年，"ZL"牌通信电缆被国家质量监督检验中心评为"中国名牌产品"。

2009年11月27日，中利集团在深圳证券交易所中小板上市。

2012年，"ZL"牌通信电缆被江苏省名牌战略推进委员会评为"江苏名牌产品"。

2018年，中国品牌建设促进会发布中国品牌价值评价信息，中利品牌强度为869，品牌价值为21.82亿元。

2020年，中利集团入选全球线缆产业最具竞争力企业20强、中国光通信最具竞争力企业10强、中国制造业企业500强。

2020年，中国品牌建设促进会发布中国品牌价值评价信息，中利品牌强度为901，品牌价值为78.48亿元。

（陆健豪）

莱克电气："一高二创"创高端民族品牌

一、莱克电气简介

莱克电气股份有限公司（简称"莱克电气"或"莱克"）的前身是苏州金莱克电器有限公司，创立于1994年，英文名为"King Clean"（意为"清洁之王"），是一个典型的原始设计制造商（ODM）出口型企业，创立之初便快速成长为全球环境清洁领域当之无愧的领跑者。2009年，莱克电气创立"莱克"品牌，开始了自主品牌建设新征程，同时确立了莱克新品牌切入市场的策略，即高端定位、品类创新和科技创新的"一高二创"的创牌策略。莱克与多个世界500强企业战略合作，2020年产值达62.8亿元，产品远销120多个国家和地区。莱克全球研发中心拥有600多名工程师和设计师，设立了博士后工作站和国家级CNAS实验室，每年申请技术专利200余项，累计拥有专利1 600余项。公司拥有莱克（LEXY）、碧云泉（bewinch）、吉米（Jimmy）等自主品牌，其中莱克品牌是定位于环境清洁和健康小家电领域的高端民族品牌，主要产品包括立式多功能无线吸尘器、大洁净空气量甲醛专用净化器、水离子涡扇电吹风和智能空气调节扇等。

莱克自创牌以来，始终坚持高端定位，坚持通过创新塑造品牌，已成为中国的高端小家电民族品牌，环境清洁电器的市场领先者、技术上的领导者。面对国内外复杂的市场环境，如消费正在分层分级、销售渠道线上线下不断分化等，莱克不断将新产品、新品类推向市场，于2018年全方位构建多产品品牌生态。在2020年疫情背景下，莱克品牌互联网渠道销量仍然以100%增速迅猛发展，销量喜人。其中，吉米品牌除螨仪品类稳居行业第一，碧云泉品牌在净饮机品类全渠道市场占有率位居第一，且4 000元以上的产品客单价为行业第一。

二、莱克品牌建设实践

（一）"立足高端"的品牌定位

2009年创牌之初，莱克在吸尘器行业所面对的主要竞争对手是飞利浦、松下、美的、海尔。这些都是出自大企业的综合类大众化品牌，名气大。莱克意识到，如果与它们同质化竞争，消费者会购买大品牌产品而不会购买莱克这个没有品牌知名度的产品。只有差异化定位，莱克才有可能突出重围。莱克积累的优势是市场意识、客户意识和强大的研发能力。要想在市场上站稳脚跟，就要发挥自身优势，靠产品的差异化创新来进入市场，走细分领域的专家路线。当时中国市场还没有高端的国内小家电品牌，中国经济经过30多年改革开放，工业化水平和消费水平大幅提升，这个时候是创立高端民族品牌的最佳时机，而创立高端民族品牌也是中国企业家的使命和责任。于是，莱克确立了高端定位的原则，目标愿景是把莱克打造成环境清洁和健康小家电领域的领先者，同时也确立了莱克的高端定位、品类创新和科技创新的"一高二创"的创牌策略。

1. 莱克品牌诠释

莱克的价值承诺：科技创享品质生活。

LEXY中，L代表Luxury，即产品奢华的设计和品牌高端的定位；E代表Excellent，即产品卓越的性能和品牌持续的科技创新；XY代表未知，即莱克对通过创新创造品牌的坚持和对探索未来的恒心（图1）。

图 1　LEXY 品牌诠释

2. 创牌策略

莱克坚持通过创新打造高端化、个性化品牌。莱克的创牌策略是"一高二创"（图2）：高端定位——通过产品高端化形象设计（奢华、经典、创新、匠心）提升品牌价值；品类创新——创造全新的用户需求；科技创新——加速产品功能、性能的提升和迭代。

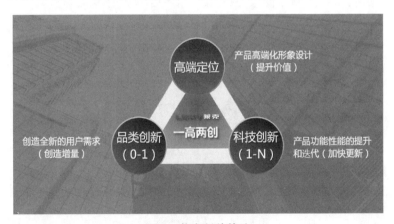

图 2　莱克创牌策略

3. 创新产品——明星机型案例

一直以来，莱克致力于创造全新的用户需求，不断进行品类创新和科技创新，为用户带来开创性的健康品质家电（图3）。

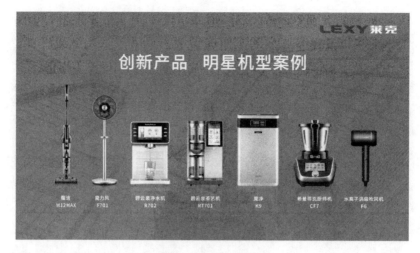

图3 莱克明星机型

2011年,为适应国内地板家庭清洁需要,公司成功发明了国内首款能擦地板的吸尘器。该产品解决了地板表面污垢吸不干净和吸尘器噪声大的两大痛点问题,使莱克的品牌知名度和美誉度大幅提升(图4)。

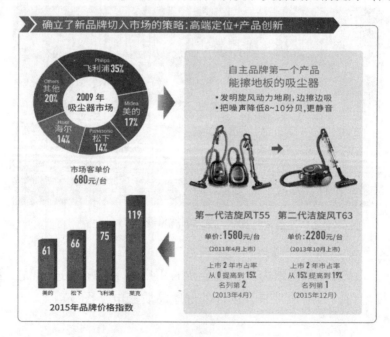

图4 莱克新品牌切入市场策略

(1) 品类创新——首创魔洁立式吸尘器。

近年来,莱克产品不断向高端化、智能化升级,以适应中国家庭消费升级的需要。2015年,莱克针对有线吸尘器使用不便、手持式吸尘器吸力小等痛点,独创开发了国内第一台立式无线吸尘器。

随后,莱克通过坚持不懈的创新,不断更新技术和提升产品性能。2020年,由莱克的28位工程师历时2年研发的魔洁系列立式多功能无线吸尘器颠覆了传统无线吸尘器的设计理念。该产品以其独特的立式设计使家居清洁更加轻松省力,能解决养宠物带来的地面脚印污垢、掉毛等清洁难题,并且吸力和续航达到了世界一流水平。该产品拥有国内外18项发明专利并荣获"中国家电科技进步一等奖""中国红顶奖""德国工业设计红点奖""美国工业设计优秀奖(IDEA)"等大奖。

(2) 品类创新——独创免安装智能净水机。

针对办公室、客厅无水源喝不到净化水的痛点,莱克于2014年独创开发了免安装智能净水机(图5),填补了免安装净水机市场的空白,为广大消费者提供了无直接水源情况下移动式速热净水、茶艺的全新体验。同时,公司创立了台式智能净水机品类的新品牌——碧云泉。该品牌产品先后获得"中国红顶奖""中国家电艾普兰奖""中国净水金鼎奖""中国家电院智享之选奖"等多项大奖。

图5 莱克免安装智能净水机

多年来,莱克持续秉承为用户提供"健康饮水文化"的养生之道的理念,于2020年开创智能茶艺机全新品类,为饮茶用户提供"好茶用好水,好水泡好茶"的全新产品。

（3）科技创新——研发超大洁净空气量净化器。

针对中国室内装修存在甲醛污染风险的问题，莱克专门研发了高性能静音甲醛净化器K8（图6），2015年新国标颁布，该产品性能遥遥领先国内同类产品。

图6　莱克超大洁净空气量净化器

在该系列产品的研发过程中，莱克独创甲醛分解技术，把甲醛分解成二氧化碳和水。最新产品K9除甲醛和PM2.5的性能全球领先，而且超静音，在睡眠模式下基本没有声音。该产品荣获"中国红顶奖""中国家电艾普兰奖""中国家电院'智享之选'奖"等众多大奖，2020年更是被中国轻工业联合会授予空净行业唯一消费升级产品大奖。

（4）科技创新——创新开发智能空气循环扇。

2017年，针对传统风扇吹风硬、噪声大，空调房太冷不宜久待等痛点问题，莱克创新开发了智能空气循环扇（图7）。

图7　莱克智能空气循环扇

4. 创造品牌价值

莱克制定了以产品为中心的三大品牌发展战略，以此打造高端品牌价值：通过优秀的设计来呈现产品的高端形象；通过产品创新、技术创新开发具有独创性和性能领先的产品，满足用户需求，创造美好生活；通过精密模具、精密制造和智能制造、精益生产打造产品的一流品质。

5. 塑造品牌个性

莱克以其新型吸尘器独特的立式设计和卓越性能塑造了品牌个性，颠覆了传统无线吸尘器的设计理念，克服了传统手持无线吸尘器使用手感重、操作不方便的痛点，从而打造"莱克=立式=轻便"的品牌个性认知，为用户带来了更轻便的家居清洁体验。

6. 打造匠心品牌

工匠精神是莱克的创新源泉。20多年来，专注匠心为莱克积累了雄厚的科技创新能力。莱克秉承追求卓越、精益求精的理念，以精湛设计、精密制造、精工细作为客户创造更好的体验。弘扬工匠精神，用一丝不苟的工匠精神来打造高端民族品牌和国家名片，是莱克永恒的追求。

7. 多品牌策略

面对国内外复杂的市场环境，如消费正在分层分级、销售渠道线上线下不断分化，莱克不断将新产品、新品类推向市场，并根据市场的变化提出了多品牌战略。

近年来，莱克电气先后创立了莱克（LEXY）、吉米（JIMMY）、碧云泉（bewinch）、三食黄小厨（theSuns）等品牌。每个品牌定位于各个特定的消费人群、特定的品类和特定的重点渠道（图8）。

图8 莱克"高品质健康生活"产品生态链

（二）打造品牌管理体系，扩大品牌知名度

为扩大品牌知名度，莱克搭建了由品牌部、国内营销公司、电商营销公司、跨境营销公司等组成的品牌管理机构，聚焦品牌价值营销，建设高端品牌形象。莱克坚持两个品牌管理原则：一是围绕不同的消费群体和品牌定位，做调性匹配的品牌价值营销，做长远品牌营销规划，提升品牌知名度与美誉度；二是将品牌推广与销售渠道相结合，并从销售流量与销售转化角度思考品牌宣传，结合销售数据不断调整内容和策略。

1. 新品发布会

近年来，莱克于每年3月和9月举办两场全网曝光的大型新品发布会，面向全媒体和市场销售渠道推广新品。平均每场发布会曝光量过亿，有上百万用户参与互动。2020年6月，莱克发布了专为中国家庭量身定制的莱克最高端的魔洁立式吸尘器M12 MAX。

2. 展会品牌推广

莱克每年组织不少于3次家电展会、广交会等大型展会出展。2021年3月，莱克携全系列健康家电亮相中国家电及消费电子博览会（AWE）并召开发布会，成为清洁家电行业首家入选中央电视台《大国品牌》的企业。

3. 参加行业论坛

莱克每年多次参加由中国家用电器协会、中国质量检验协会净水设备专委会和空气净化设备专委会等专业机构举办的行业论坛，推广品牌。

例如，莱克每年组织并参加由中国家用电器商业协会主办，莱克电气、中国家电品牌研究中心等单位联合承办，莱克电气、卡萨帝、方太集团三家具有代表性的高端家电品牌发起的中国高端家电品牌G50峰会。海尔、老板电器、索尼、A.O.史密斯、博西、夏普等国内外众多主流品牌及全国重点渠道商共同参与和见证了G50峰会扬帆起航。

4. 布局全媒体

莱克的全媒体布局主要有以下几个方面：① 聚焦电视媒体，莱克广告在中央电视台全年多频道、多频次覆盖；② 在互联网知名点位进行品牌布局，使用户搜索端呈现莱克高端品牌形象；③ 通过网络新闻等持续进行全网媒体曝光，增大品牌搜索热度。

（三）提升品牌美誉度

1. 美誉度管理平台，维护品牌信誉

莱克建立了系统化的品牌危机管理制度，以《用户投诉处理机制》《突发事故处理流程》《质量信息反馈流程》《重大突发事件报告制度》等多重流程和制度确保品牌危机、舆情、投诉能够及时得到监测与处理。公司构建了舆情管理及投诉数字化系统，能够实行舆情系统7×24小时监测管理机制，24小时内响应，践行日/周/月报运营机制，实时处理品牌危机。

截至2021年3月，莱克品牌美誉度达53.15%，对比上年同期26.74%，增幅高达98.77%。

2. 第三方权威机构评测

一方面，莱克与中关村在线、太平洋电脑网、天极网等国内领先的信息技术与商务门户长期合作，由资深编辑对莱克旗舰产品进行深度测评与传播；另一方面，莱克筛选优质新媒体进行原创视频、图文等多样化评测内容产出。

例如,知名科技媒体36氪着重从使用轻便性、清洁能力(毛发是否缠绕、地板污渍、大小灰尘)方面对莱克所代表的立式吸尘器与普通手持吸尘器进行专业评测。测评结果显示,立式吸尘器"轻便更省力",其强大的清洁能力也超过普通手持产品。评测结果由36氪的主站及其站外自媒体账号联动,进行矩阵式全网铺发。

此外,莱克还邀请15人(8男、7女)进行30次反复推拉实验,其中12人明显感觉立式吸尘器更加省力,力气较小的7名女性体验者均明显感觉到使用莱克吸尘器更加轻松。

(四)市场布局与多渠道营销

目前,莱克品牌已经实现线上、线下全渠道覆盖。

1. 线上业务

莱克已经实现了主流网络销售平台(天猫、京东等)的全覆盖,并从2016年开始持续发力,扩大至电视购物渠道、B2B渠道(银行、保险等行业)等新兴业态,为不同购买习惯的消费者提供了更便利的购买方式,为用户呈现多样的产品体验。同时在2019年进驻跨境电商渠道,深耕以俄罗斯、意大利、以色列等欧洲国家为主的海外市场。

2. 线下业务

莱克已经建立了覆盖全国的销售网络,形成直营分公司深耕核心城市、区域销售商覆盖并拓展其他城市及周边市场的渠道布局,并在此基础上进驻了5 000多家零售门店。

公司的销售渠道不断向多元化和个体化方向发展,如大连锁3C(计算机、通信、消费类电子产品)渠道、地方连锁门店、购物中心、超市、专卖店(沿街专卖店、购物中心专卖店、家居广场专卖店)等。

此外,公司通过提供全程营销培训服务(包含品牌营销、活动推广、门店运营、产品销售、用户沟通等),让品牌价值始终如一地传递到终端。

3. 线下核心门店巡回发布会

莱克聚焦核心门店,通过异业合作、老客户推荐、社区推广约客等形式精准邀约高端客户参加新品发布会。例如，在魔洁立式吸尘器M12 MAX发布会现场采用品牌发布和产品发布的形式进行品牌和高端产品推广，建立体验式营销机制，介绍莱克的品牌故事，让客户现场体验M12 MAX的立式更轻便的特点，以及强大的清洁能力。该产品得到现场邀约用户的认可，平均每场发布会成交高客单价8 000元吸尘器M12 MAX 50台，平均销售金额40万元。2020年，公司举行了近百场新品M12 MAX与品牌发布会，提高了品牌知名度，实现了高附加值产品的消费转化。

4. 线上内容营销：整合数字化营销模式

在数字化营销盛行的新形势下，莱克借助线上互联网营销渠道，如小红书、抖音等，持续实施畅销品内容营销策略，打造网红渠道销售额过亿元单品M10R吸尘器，并保持高端M12系列持续销售。

（五）新渠道、新模式销售

1. 互联网直播新营销：网红带货主播助力电商销售

通过与网红主播薇娅进行战略合作，莱克碧云泉智能净水机单场直播销售超过15 000台，客单价3 000元的三食黄小厨智能烹饪机单场直接销售超过3 000台，创薇娅直播及厨房家电品类客单价之最。吉米除螨吸尘器直播单场破1 156万元销售额，是除螨机细分品类客单价和销售金额最高的直播案例。

2. 跨境电商：聚焦自主品牌高端产品

2019年年初，无线吸尘器在海外市场日渐普及，给中国的吸尘器品牌出海创造了良好的机会。莱克捕捉到了这一机遇，推出了JIMMY品牌JV51无线吸尘器。产品一经上市就赢得了欧洲十多个国家客户的喜爱，JV53、JV83、JV65、JV63等系列产品当年销售额近亿元。

2020年年底，莱克推出了JV85系列高端无线吸尘器。该系列吸尘器以其横筒上把手的轻便设计、高达200AW的超大吸力、70分钟续航时间、强大的擦地去污和处理毛发的清洁能力迅速占领海外市场。

（六）品牌标准化管理

1. 品牌形象标准化

莱克搭建了六套品牌标准识别系统，分别对品牌标志规范用法、企业形象识别系统（CIS）、品牌线下专卖店规范用法、品牌形象管理与规范用法、标准化品牌介绍规范和品牌传播规范形成监管、培训、考核的闭环。

2. 品牌资产管理标准化

莱克对历年的品牌荣誉、品牌奖项、行业标准及规范、发明等背书进行系统化管理，建立了动态的、可量化的品牌资产管理数据库。

三、市场认可

（一）大国品牌践行责任与担当

作为环境清洁家电行业的领军品牌，一直以来，莱克潜心研究用户需求，凭借前瞻性的产品设计、强大的研发优势、良好的质量口碑和强大的市场影响力，成为清洁家电行业首家入选中央电视台《大国品牌》的企业。

（二）品牌价值评估不断提升

2020年，莱克品牌价值估值高达70.01亿元，高居轻工行业清洁家电企业第一位，这使莱克成为近20年来国内原始设备制造商（ODM）转型创立自主品牌中极少数成功的经典案例。

（三）遵守网络监管，确保产品质量

1. 建立自查机制

莱克制定了《企业对外宣传的管理规范》，对于公司重大科技成果以及涉及传播重要专利技术、产品信息、各类重要奖项和荣誉等方面的内容，由品牌部进行合规性检查，由法务部执行监管。

2. 完善平台监督机制

（1）莱克建立了电商商品上架审核机制，对商品广告词、传播语、画面等在发布前进行符合广告法和平台上架要求的合法性培训和审查。

（2）莱克致力于产品质量追踪和服务质量提升，其产品质量追踪方法见表1。

表1 产品质量追踪方法

追踪方法	具体说明	追踪频次	适用范围	追踪内容	重要程度
线上评论调查	在线上平台（天猫、京东）追踪客户购买后的评论，特别关注客户使用中存在的问题，统一整理数据后，反馈给相关责任部门，择期完成回复	每天	国内市场	店铺负面评价	重要
售后服务电话100%回访调查	重点追踪用户在产品使用过程中的满意度，并进行评价打分，将调查信息反馈给相关责任部门，择期完成回复	每周1次	国内售后顾客	修复及时性、更换零件情况、收费情况、服务人员态度、网点技术	重要
安装用户100%服务满意度调查回访	针对使用安装服务的用户，了解安装服务中心的服务态度、技术技能、使用用户体验等	每人1次	国内市场安装类产品	安装时间、安装清理、操作指导	非常重要

3. 提升合规意识

莱克长年组织开展对国家相关法律法规要求的学习和培训，并要求营销相关人员至少每月参加1次培训。

（四）保护知识产权

1. 建立长期市场动态监控及知识产权保护机制

莱克在这方面采取的具体措施有：成立专项服务小组为莱克品牌长期服务；通过联合相关执法机关进行查处、新闻媒体曝光等合法的手段遏止侵权行为；建立长期信息情报网络和专门的信息库，定期进行研究、整理、统计；对侵权频率高发区域进行长期、持续、有计划的市场监控，掌握侵权规律；定期对市场侵权情况做汇总分析、建议报告等。

2. 运用行政和刑事打击手段，维护自身权益

（1）行政维权。通过调查获取制售假行为的相关违法证据后，向工商局、质监局、海关等监督部门提交证据材料，提出查处申请并配

合查处行动。

（2）法律维权。针对涉案金额巨大的侵权行为，通过调查收集立案前所需的证据和整合报案材料，向公安机关提交证据材料并提出立案申请，协调配合公安机关对涉案目标的查处行动。例如，针对苏州某知名家电企业侵犯莱克除螨仪产品外观设计专利且以低价销售产品之行为，莱克通过诉讼方式积极维权。最终，案件以调解结案，对方下架产品，销毁模具，并向莱克支付了一定数量的和解款。案件结束后，莱克该款除螨仪产品销量显著提升。

四、案例启示

莱克在高端化和大健康领域拓展产品生态，坚持高端定位、品类创新和科技创新的策略，以产品为中心打造高端品牌价值。同时，莱克通过优秀的设计来呈现产品的高端形象，创造全新细分品类以满足用户需求，依靠产品创新和技术创新开发具有独创性且性能领先的产品，通过精密模具、精密制造和智能制造打造产品的一流品质。

通过为消费者带来差异化价值和与众不同的高品质产品体验，莱克形成了品牌的独特性，因此莱克的产品在市场上就拥有了话语权、定价权，从而确立了专业、高端的品牌定位。

2020年，莱克品牌价值估值超过70亿元，位居环境清洁行业第一，成为近20年来国内原始设计制造商（ODM）转型创立自主品牌的企业中极少数成功的经典案例，也是清洁家电行业首家入选CCTV《大国品牌》的企业。

故而，企业要长久发展就必须拥有自己的品牌，品牌才是企业的基石。

附：莱克品牌发展大事记

莱克品牌发展历程分为三个阶段：

（一）第一阶段（1994—2004年）：专注吸尘器，十年磨一剑

1994年，工程师出身的倪祖根先生创建苏州金莱克电器有限公司，率领60名员工，从一个吸尘器产品、一条生产线开始了以吸尘器研发制造为经营模式的创业之路。

1996年,金莱克正式将英文名命名为"King Clean"(清洁之王),寓意着莱克的目标是做吸尘器领域的王者。同年,公司出口额突破2 000万美元,公司也成为全国最大的吸尘器制造厂。

1997年,莱克成立了电机厂,开始实施自主研发、自主生产,从此踏上了构建莱克核心竞争力的战略之道。

1997年,莱克自主研发了国内首台转速超过3万转/分的高性能、低成本、长寿命吸尘器电机,并在以后的几年里先后投资数亿元从日本引进了20多条世界上最先进的高速电机自动化生产线,形成了年产3 000万台高速电机的生产能力。

1999年,莱克投资设立模具厂,先后从德国、瑞士、日本引进了大量先进的模具制造设备,实现了模具制造水平的升级和整个产品的成本降低。

2004年,莱克成为全球销量第一的吸尘器研发制造企业,吸尘器年产销量突破800万台。

(二)第二阶段(2005—2009年):依托电机技术,实现多元发展

2005年,莱克以电机为核心开始了相关多元化发展,首先进入了园林工具领域,进行链锯、割草机、绿篱机、打草机、吹吸机、高压清洗机等产品的研发、生产和销售。

2007年,莱克进入汽车电机领域,为福特、丰田、尼桑等知名企业提供暖风机和冷凝器电机。

2008年,莱克开始研发生产厨房小家电产品。

至2009年,莱克已与世界众多知名品牌建立了长期战略合作关系,其中有10余家是世界500强企业,如伊莱克斯、博世、西门子、飞利浦、松下、艾默生等。

(三)第三阶段(2009年至今):发展内需市场,致力品牌建设

2009年4月,莱克宣布进军国内市场,并正式启用"LEXY莱克"品牌。

2011年,莱克成功发明了国内首款能擦地板的吸尘器——洁

旋风。

2012年，莱克总部和全球研发中心大楼落成并启用。同年，吸尘器年产销量首次突破1000万台，吸尘器产销量累计突破1亿台。公司实现销售收入5.3亿美元、整机产销量1300万台，再创历史新高。同时吸尘器国内市场开拓也取得了重大进步，市场占有率达到了14.6%，在国内市场排名第二。

2014年，莱克成功开发国内第一台8万转的直流刷吸尘器电机。

2014年，莱克Ismart大吸力吸尘机器人问世，解决了传统扫地机器人吸力不足的困扰。

2014年，莱克成功研发了世界上第一台集高端台式设计、反渗透膜过滤技术、智能化水质监控三位一体的高端台式反渗透智能净水机。

2015年，莱克首创三级龙卷风过滤大吸力多功能无线吸尘器魔洁M8，搭载业内顶尖的每分钟8万~10万转超高速无刷数码电机。

2015年5月13日，莱克电气成功登陆上海证券交易所。

2016年，莱克首台智能免装反渗透净水机上市，实现水质智能监控、即热即饮。

2016年，莱克自主研发的数码电机率先应用于高端厨电产品，开创了原汁机、萃取机技术的新时代。

2017年，莱克电气获国家级工业设计中心认定（工业和信息化部）。

2018年，莱克在中国家电及消费电子博览会（AWE）上发布魔洁M8 Lite无线吸尘器。该款吸尘器较以往产品减轻了重量，更适合女性用户。

2020年5月，莱克电气旗下品牌吉米（JIMMY）在北京举行新品线上发布会，推出吉米艾买提A8上手把手持无线吸尘器。

2020年6月，莱克举行2020新品线上发布会，发布了为中国女性特点量身定制研发的无线立式吸尘器魔洁M12 MAX。

2021年，莱克成为首家入选中央电视台《大国品牌》的清洁类家电企业。

（崔承翔）

正己身 创名牌
——德尔品牌建设实践

一、德尔简介

德尔未来科技控股集团股份有限公司（简称"德尔"）创办于2000年，公司于2011年成功登陆资本市场，成为国内A股上市企业之一（股票代码：002631）。公司总部位于历史文化名城苏州，以地面铺装材料产业为经营主业，目前总注册资金超30亿元，2020年销售额达89.1亿元，员工人数超过5 000人。公司的主要产品有复合地板、实木地板、密度板、定制衣柜、定制橱柜、软体家具、石墨烯及二维材料制备设备、石墨烯导热材料、石墨烯空气净化宝及石墨烯恒温杯等。公司连续多年被评为"全国地板行业质量领先企业"及"全国产品和服务质量诚信示范企业"。

德尔自成立以来，始终坚持创新求变、锲而不舍的进取精神，努力实现自我价值与梦想。公司实行董事长领导下的总经理负责制。作为国内专业的木地板品牌服务商，德尔坚持以科学发展观为指导，在全面和充分考虑各相关方利益的基础上，确定了公司的使命、愿景、价值观，形成了独具特色的企业文化体系。同时，高层领导积极营造诚信守法、创新求变、快速反应和学习等方面的经营环境，并不断完善企业组织治理，形成团队合力，谋求跨越式发展，致力于为消费者提供绿色环保、科技创新的家居产品和前沿的家居体验，立志成为中国最有影响力的地面材料品牌服务商。

二、德尔品牌建设实践

(一) 打造独具特色的企业文化

建立优秀的企业文化、塑造卓越的企业品牌、立志成为中国最有影响力的地面材料品牌服务商是德尔坚定不移的战略目标。公司的使命、愿景、价值观如表1所示。

表1 德尔的使命、愿景、价值观及其诠释

项目	内容	诠释
使命	让全天下的客户放心、省心、悦心	让全天下的客户对于德尔的产品买得放心、装得省心、用得悦心
愿景	立志成为中国最有影响力的地面材料品牌服务商	德尔致力扩大品牌影响力,目标是实现全中国市场份额领先,朝行业龙头位置发起冲击
价值观	客户第一、结果导向、创新创变、团队援助、专业高效、简单务实、真诚热爱	围绕使命和愿景的实现,内部构建共创、共享的核心价值观体系,并通过价值观月度考核,支撑战略落地。客户是衣食父母。德尔要求员工做到:面对客户时不推诿、不找借口。关注客户需求,尽最大努力满足客户需求,给予客户极致的体验感。遇到困难时,提出自己的主张和思路,变不可能为可能。敢为人先,不断探寻新思路、新方法。提议并参与形成制度,统一标准,规范流程,提高工作效率。对工作和行动的结果好与不好都能坦然接受,勇于承担。对待同事及客户,主动问候,热情周到;对待工作,爱岗敬业。乐观向上,积极健康,爱护自我。珍惜国家、父母、公司提供的平台,常怀感恩之心

德尔把"客户第一、结果导向、创新创变、团队援助、专业高效、简单务实、真诚热爱"确定为公司核心价值观。德尔认为,关注客户需求,尽最大努力满足客户需求,给予客户极致的体验感是自身的责任,致力将企业文化内化于心、外化于行,敢为人先,不断探寻新思路、新方法,有前瞻意识,运用创新成果带来突破性业绩。

德尔企业文化经历了以下发展阶段:

(1) 初始期:文化塑造阶段(2000—2006年),值企业创业阶段。该阶段企业最重要的任务是活下来，以企业家精神为主导，倡导创新的经营理念。以锲而不舍的进取精神实现自我生存的文化是这个时期的主基调。

（2）发展期：文化发展阶段（2006—2012年），值企业快速发展阶段。在各行业竞争日益激烈的当下，保障企业不断进步的根源之一就是企业文化。德尔品牌打响后，企业内部的文化进一步发展丰富，形成"创新、务实、承诺、透明、高效、担当"的价值观。

（3）反思期：文化反思阶段（2012—2020年），值企业资本积累后稳定运营阶段。企业发展壮大以后，文化的重要特征是规则。只有显性规则确立时，文化才有稳定的基础。

（4）稳定期：文化稳定阶段（2020年至今）。当文化可以成为企业竞争力之时，核心要素是价值观。德尔通过全体员工价值观共创法，对应企业新的五年战略规划，梳理出"客户第一、结果导向、创新创变、团队援助、专业高效、简单务实、真诚热爱"的核心价值观。

（二）强化质量管理

德尔注重承担产品质量和服务的安全责任，始终坚持"质量第一，诚信为本；常抓不懈，持之以恒"，对产品的设计、上游产品采购、生产等过程严格控制，始终坚持"三不"原则，即不合格原材料坚决不入仓、不合格半成品坚决不注入下道工序、不合格产品坚决不出库，保证产品满足生产标准和客户要求。

德尔设立了首席质量官，对质量问题实行一票否决制。公司通过每日晨会、每周质量例会、月度经营管理分析会、不定期质量专题会、季度质量之星评比等形式，积极引导和监督全员重视质量，让"质量是企业的生命"这一理念成为广大员工的行为规范。

德尔重视质量管理体系建设，按照GB/T 19001—2016《质量管理体系 要求》、GB/T 24001—2016《环境管理体系 要求及使用指南》、GB/T 28001—2011《职业健康管理体系 要求》等规定，结合公司实际，同时建立管理体系和重要制度，建立完整的质量管理流程，并且严格按照该流程执行，确保产品质量安全；注重引进新技术,以自动化设备代替人工,提高产品制造的一致性,实施智能化、信息化,将生产过程的产品状态进行完整记录和智能控制,确保产品合格下线。具体措施见表2。

表2 德尔确保质量安全职责的措施

名称	具体措施
质量职责	公司制定了产品质量规划、质量方针及目标,建立了首席质量官制度,聘任生产总监担任首席质量官,明确其在产品和服务质量安全方面的职责。通过推行卓越绩效模式,推进精益生产,实施"全程、全员、全面打造卓越质量价值链"的质量管理
产品质量安全制度	公司建立并不断完善质量管理体系,确保公司产品和服务质量安全可靠。不断健全用户要求,确保质量安全事故零发生
质量教育	每季度保持2次邀请行业专家进行专项辅导,每季度根据业绩排名外派前10%优秀员工外出参加专项学习
质量分析、质量绩效考核	品管部为质量管理体系的主控部门,每人进行绩效考核
质量改进活动	每月固定召开质量分析会。每季度进行区域销售座谈沟通会
质量安全保障措施	按GB/T 19001标准制定质量管理体系文件并执行

(三) 用顶尖设计讲好品牌故事——全球化思维下的新布局

2013年,德尔携手全球知名装饰设计公司德国夏特(Schattdecor)集团和英特普莱特(Interprint)集团。德国夏特集团成立于1985年。经过近30年的发展,这家位于德国巴伐利亚的企业已经成为装饰设计行业的佼佼者。英特普莱特集团成立于1969年,是全球装饰纸行业的领头羊之一。德尔集合几方优势设计力量,与合作者联手打造出一系列风尚地板,为中国消费者带来全新的视觉享受。

2018年,德尔与意大利设计巨头第三千年(TERZO MILLENNIUM)公司在意大利签约,正式成立德尔欧洲设计中心,完成国际化战略上的又一重要布局。德尔欧洲设计中心由第三千年公司旗下的伊丽莎白和莫里吉奥工作室负责,汇聚全球室内设计、品牌创意、摄影艺术领域的顶尖人才,专注于德尔地板及地面装饰产业的艺术设计。

作为行业领导者，德尔成立20余年来始终致力为消费者提供健康环保的家居体验。与国际知名设计团队的联手，不仅彰显了德尔的全球视野与思维，也将全面整合全球顶尖设计与供应链资源，引进国际前沿设计理念，为产品的设计研发注入新鲜血液，结合中国市场需求为消费者提供国际领先的极致地面装饰和艺术家居空间解决方案，引领行业的发展。德尔与国际设计知名公司强强联合，将汇聚来自全球的创意理念与设计资源，构筑德尔瞭望国际的前沿阵地，这也是德尔推进国际化战略的又一里程碑事件。德尔以此为契机，整合多方优势资源，全力打造行业巨舰，以行业领导者的姿态引领中国地面装饰产业发展。

德尔多批次选派设计人员赴外地进行考察、学习，研究和掌握国内外木地板行业的新设计、新技术、新工艺，不断提高研究团队的设计水平和自主创新能力。由于新设计研发的产品附加值更高，更符合智能制造大环境下人们对地板产品的需求，因此，在近几年国际国内大环境不好的形式下，公司利润依然保持稳定的增长。现代企业研发机构的高效运用直接体现在经济效益的提升上，因此德尔在未来的发展中会更加重视设计研发工作，从事新品设计研发时更加注重成本的控制和科技含量的提高，以此提升国内地板产品的设计质量，推动国内木地板行业的发展。

（四）用心服务，赢得客户对品牌的认可

企业要想能够在市场经济大背景下取得稳步发展，在市场竞争中获得一席之地，顾客是立足之本。德尔始终坚持以顾客为中心，紧紧围绕"客户第一"的价值观，由产品运营中心、中国区销售中心、口碑运营部专门收集信息，获取顾客和市场的需求、期望以及偏好，建立完善、快捷的营销和服务网络，提供满足顾客与市场需求的产品，赢得和保持顾客的满意与忠诚，实现公司与顾客的共同发展。

根据客户需求，德尔提供的服务包括：专业的安装环境测评、送货入户、地板铺装、成套的辅料解决方案、售后质保及产品维护保养、客户回访服务等，让客户放心购买、省心安装、安心使用。公司拥有总部400呼叫中心客服团队、2 000多个城市服务商、20 000多名专业安装服务工人,为客户提供全天候的线上和线下产品咨询、安装及维保服务,让客户无后顾之忧。对于客户的报修,德尔提供24小时快速响应、72小时解决的快速服务,保证了极高的服务响应性。

为了更好地了解顾客接受服务的满意度,德尔成立了公司总裁项目——用户心声,每月采用多种不同的方法对不同的顾客样本进行调查,及时了解顾客的新需求、顾客使用产品的反馈、竞争品牌的动态、顾客满意度以及顾客对公司产品或服务的意见和改进建议等信息。这一项目使公司能够迅速应对市场的变化,掌握顾客需求趋势,把握市场机遇,满足顾客的需求甚至超越顾客的期望,从而赢得客户信赖,获得稳定、持续的发展。2018年、2019年、2020年,德尔通过零售渠道、整装渠道、电商渠道、工程渠道对顾客满意度进行了综合调查(表3),平均满意度为96.4%。

表3　顾客满意度关键绩效指标情况

指标	2018年	2019年	2020年
顾客满意度	95.16%	96.21%	97.83%
顾客投诉响应时间/时	≤1	≤1	≤1
首次反馈时间/时	≤24	≤24	≤20
有效解决时间/天	4.75	4.53	4.40

(五)技术升级和产品创新——品牌建设的核心

作为一家高新技术企业,德尔高度重视研发投入和技术创新,切实贯彻并坚持以技术创新作为企业核心竞争力,依靠自主创新实现企业可持续发展,在产品设计、环保技术、生产工艺研发等方面保持了行业领先优势。公司以"自主创新、重点跨越、支持发展、引领未来"为指导方针,确立了以市场为导向、以企业为主体、产学研紧密结合的技术创新体系,坚持创新驱动发展战略,以科技创新和机制创新为双轮驱动。在大家居行业,公司创新成果丰硕,拥有多项国内领先的核心技术和专利技术,见表4。

表4 公司主要发明专利

序号	专利名称	申请号/专利号	专利类型	授权日
1	一种复合实木地板及其制作工艺	2014100836140	发明专利	2016-06-15
2	一种耐磨的复合实木地板	2014100831838	发明专利	2016-02-24
3	一种实木地板	2014100833725	发明专利	2016-02-24
4	一种抗变形的复合实木地板	2014100835491	发明专利	2016-02-24
5	多层指接防水实木地板	2013102156382	发明专利	2015-08-19
6	一种插入式锁扣地板	2013102157154	发明专利	2015-05-13
7	地板切割方法	2008101550520	发明专利	2011-11-23
8	预应力结构的层压木地板	2008101631994	发明专利	2010-12-29
9	一种芯板结构及使用该芯板结构的复合板	2020204653012	实用新型	2021-04-06
10	一种复合地板	2019205577136	实用新型	2020-05-05

德尔设立了专门研究院。研究院依托国家级高新技术企业、江苏省企业技术中心、苏州市工程技术研究中心，是面向地面材料（木、石、塑、纤维等）产业领域的重大科研载体，是推动德尔高质量发展的创新引擎。研究院总投资3 000多万元，占地5 000多平方米，建筑面积3 300多平方米，下设七大中心：产品策略研究中心、CMF创意设计研究中心、智能装备研究中心、产品材料研究中心、胶黏剂与涂料应用研究中心、检验检测中心、综合管理中心，以及2个中试场地，主要承担德尔的新产品开发、新工艺研发、前瞻性研究、重大技术问题攻关、对外技术合作等职能。目前，研究院已自主完成研发新产品项目100多项，先后实现了活性原木地板热地板、无醛添加系列、无醛芯强化木地板、强化木地板、实木复合地板、纯实木地板等产品的升级，有4项升级的产品被认定为江苏省高新技术产品。研究院可承担国家重大科研项目，目前已参与完成1项国家重点研发计划项目和1项"863计划"项目。公司近三年科技活动经费总支出约

6 500万元（表5）。公司坚持技术研发和产品创新，同时注重研发的精准投入，坚持以市场为导向，积极推进技术进步，开发新产品，应用新技术，切实发挥技术创新在调整产品结构、增强核心竞争力方面的作用。

表5 近三年研发投入情况

项目	2018年	2019年	2020年
研发投入/万元	2 148	2 318	2 050
销售收入/万元	65 489	66 343	61 301
研发占比	3.2%	3.4%	3.3%

公司注重研发团队建设。研究院现有在职人员75人，其中本科以上学历30人、硕士学历4人。研究院一向注重专业人才的培养，与众多知名高校、科研机构开展了校企合作，定期组织相关研发设计人员提升学历。同时，研究院内部人员不断参加行业内技术交流会和高层次培训，并有多人被政府部门认定为高级技术人才。研究院树立了科技是第一生产力的观念，努力加强专业人员培养，聘请各知名高校权威人士担任客座专家，开展系统培训，针对员工基础和岗位需求，分别开展基本素质培训、专业技能培训和学位学历培训。

（六）倡导环保，引领行业无醛时代

德尔开创了实木复合地板及强化地板的无醛时代，成为行业内首个以"无醛"为标杆的企业。德尔拥有无醛添加系列三大科技：

1. 大豆蛋白胶

德尔无醛添加系列采用的大豆蛋白胶由多位中科院留美博士联合研发而成。它以可食用大豆为原料，利用纳米技术，做到了不含甲醛、苯酚等任何有害物质，且生产加工工艺简单，没有废气、废水、废渣等的排放问题，完全颠覆了传统的有醛黏合剂。

2. 井密结构

德尔发明的井密结构专利（图1）定义了地板的全新概念，是传统平面结构理论的创新，是自然平衡原理的新发展，为地板生产工艺带来了重大革命。井密结构专利集预应力结构的层压木地板、结构指

接板材、一种指接板材地板三项专利技术于一身，降低了变形系数，增加了弹性及强度。井密结构地板在使用中耐地热，不变形，更稳定，比普通结构地板使用的添加剂更少，使无醛添加成为现实，从细节要求环保。

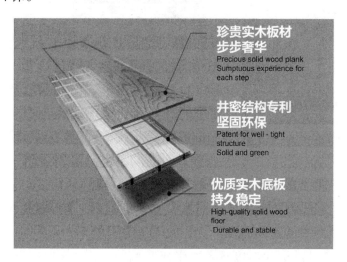

图1　德尔地板专利：井密结构

3. PALOCK 锁扣

德尔无醛添加系列创新采用最新研发的实用新型专利——一种插入式锁扣专利技术。这种锁扣有三大优势：① 一拍即合，保证安装方便高效；② 井密结构芯材，在普通圆弧锁扣的基础上进行深度优化，保证地板经久耐用；③ 安装过程完全免胶，保证环保。

德尔站在环保的高度，本着对客户的健康负责的态度，集结精英研发人员组成专业技术团队，并建立研发中心，专门从事环保地板工艺的研究。研发中心建有产品检测实验室、木地板结构实验室、产品工艺实验室、木材改性及胶黏剂应用实验室等专业机构。源源不断的技术支持，助力德尔实现品牌产品环保、用户使用放心的目标。

（七）共享知识，不断学习

德尔致力于创建学习型企业，秉承"全员学习，创建现代化企业团队"的理念，建立了德尔特色的知识管理系统。

（1）根据员工类别、职级的不同需求，分别制订了相应的年度培训计划，如图2所示。

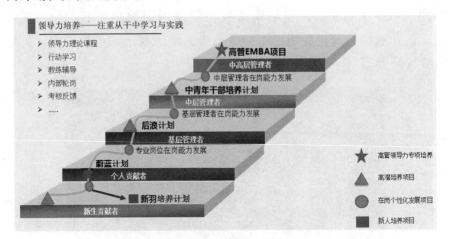

图2　德尔按对象培训管理体系

（2）不断将隐性知识显性化，显性知识标准化，创建AAA级标准化体系，推广标准化管理。

（3）通过培训体系以及"产学研""产学用"合作项目等形式搭建学习平台。

（4）建立了以跨专业组织活动、设立交流平台、规范组织培训、提升岗位素质为主要形式的员工学习与共享平台，把公司对员工的培养与员工的自我提升有效地结合起来。

（八）用爱承载，践行社会责任

德尔，作为地板行业的领导者，也是社会公益的先行者，致力维护最高标准的商业行为和道德规范，在为消费者提供绿色健康的环保产品的同时，一直在践行着企业应有的社会责任，关爱健康，关注公益，投身公益活动，实现企业社会责任的担当。作为一家富有社会责任感的企业，德尔时刻关注自身的业务决策对社会、环境和经济所产生的影响。企业社会责任的核心价值观是德尔从事商业活动的指导原则。

德尔长期注重培养员工的社会责任感，鼓励员工参与公益事业，积极参与社会公益性捐款，在公众场合展示公司的良好精神风貌，树立公司的公众形象。

2004年，德尔发起"爱心无国界，捐助东南亚海啸灾区重建"活动。

2004年起，德尔在北京大学、清华大学、南京大学、南京林业大学、复旦大学、同济大学设立德尔奖学金与助学金。

2008年，德尔发起援助汶川地震灾区重建的捐款活动。

2014年，"德尔好声音音乐教室"公益项目在全国引起一股公益热潮，旨在通过为灾区和贫困地区的学校购买音乐教具，组建音乐教室，来帮助孩子们实现音乐梦想。

2012年，德尔与中华环保基金会及著名钢琴家郎朗一起发起"星·众环保宣传计划"，用名人的公众影响力带动普通民众对环保事业的支持。

2017年起，德尔与新浪、腾讯、网易共同开展"中国足球未来星"青少年体育培养公益活动，倡导健康而富有激情的生活。

（九）转型突破、品牌企业的渠道战略选择

在地板行业的零售终端，德尔开创性地在全国2 000多家专卖店推出体验式营销，抛弃传统的产品销售手段，通过终端标准化、生动化、体验化，倡导价值消费理念，极大地提升了消费者的购物体验，使品牌的价值更加深入人心，这是地板品牌顺应消费者需求升级的绝佳范例。

在互联网时代浪潮中，网络家装及整装业务近年来异军突起，德尔地板顺势求变，抓住互联网时代的用户交互入口，不断进行新的战略布局。同时，诸多从事互联网家装及整装业务的企业面对消费者日益提升的品牌化消费诉求，纷纷抢夺优质品牌商资源。德尔凭借卓越的品牌影响力，结合产品与服务的双重优势，与国内多家家装企业达成合作关系，成为家装企业优选的合作伙伴，借助互联网，改善企业运营效率，提升用户服务满意度。

在多元化营销方面，德尔不断进行"新零售"产业探索，推动新营销模式落地，成立专门的虚拟直播团队、社群营销团队，开展多平台、多工具的尝试，在抖音、淘宝直播、京东、天猫等多平台进行直播，相继推出"全城联动""芯选""总裁价到""风云惠""乘风破

浪"等大型直播活动，实现线上引流、线下签单的O2O（Online To Offline的缩写，即从线上到线下）联动效应。

德尔围绕用户需求进行全方位、立体化的渠道布局，为消费者提供了更为专业、便利的服务。

三、案例启示

品质是品牌的"生命线"，品质就是效益。德尔成立21年来，始终秉承无醛环保的初心，致力打造更环保的好地板。在选材上德尔坚持采用全球最高等级优质木材，从原材料到成品要经过20道繁复工序，层层递进，以雕琢艺术品的态度，用心打磨产品，追求完美品质。

技术是品牌的核心竞争力，高质量、高标准的产品离不开技术的支持。德尔不断增加技术研发投入，累计投资数千万元，建立了独立的产品研发中心。多年的技术研发带来了生产工艺的持续改进。德尔独创的四大核心技术为其生产出远超国家标准、国际标准的地板保驾护航。

服务是品牌发展的助推剂，专业、高效的服务是和消费者良好沟通最直接的桥梁。德尔制定了标准化服务形象规范和物料使用规范，大力提升服务专业程度，致力通过整套完善的服务体系，为所有消费者带来一场"省心、放心、悦心"的购物体验，从细节之处彰显对顾客的用心，以高效率的服务极大地促进消费者满意度的提升。

战略选择是品牌经营的集中体现。德尔有着国际化的视野和格局、产融化的思维和行动，在新旧动能转换和产业升级的大时代，主动抢抓产业机遇，强化创新驱动，力促企业转型。公司秉承"聚焦大家居，培育新材料"的发展战略，坚持做强做大家居产业，不断切入家居产业细分领域，研发推出更多年轻化、个性化且更加环保和健康的各类家居产品，利用智能家居改变传统家居产业；同时，将石墨烯新材料的相关储备技术逐步转化为适用于消费者的产品，拓宽公司的未来发展空间，立足新起点，开创新局面。

每个时代都有自己的喧哗与纷扰，每个时代也都有自己的机遇与挑战。德尔是一家不断创新、主动迎接时代的机遇与挑战的公司。积跬步以致千里，20余年的品牌坚持将德尔打造成了优质的品牌。德尔重视品牌建设，努力打造品牌核心竞争力，无论是品牌质量，还是品牌口碑，德尔都用心做到尽善尽美，有如此一颗致力于完善品牌的心，德尔毫无疑问在市场上占有重要地位，有显著的影响力。从2000年品牌创立，到2011年成功上市，延续至今，德尔的每一步都走得无比坚实和辉煌，这也铸就了德尔传奇式的发展历程。德尔以"让全天下的客户放心、省心、悦心"为使命，立志成为中国最有影响力的地面材料品牌服务商。未来，德尔将坚持创新、绿色、健康、可持续发展的理念，不断奋进，砥砺前行。

附：德尔品牌发展大事记

2000年，德尔（DER）品牌在中国正式运营。

2002年，首届"DER全国首席代表"会议召开，首席执行官汝继勇宣布德尔的国际发展宏图，知名影星关之琳成为德尔品牌形象代言人，自此，德尔拉开了品牌化的序幕。

2003年，德尔赞助足坛"龙马之战"，与西班牙皇家马德里足球俱乐部（简称"皇马"）合作，皇马巨星贝克汉姆、罗纳尔多、齐达内、劳尔、卡洛斯、菲戈等人成为德尔走向世界的名片。同年，德尔获选担任中国林产工业协会地板专业委员会副理事长单位。

2004年，德尔开始在北京大学、清华大学、南京大学、南京林业大学、复旦大学、同济大学设立奖学金和助学金，资助优秀学子及贫困学生。

2005年，德尔再度携手皇马。

2007年，德尔先后成为北京2008年奥运会及残奥会家装和公装地板供应商，同时被质检总局授予"中国品牌"称号。

2009年，德尔以71.15亿元的品牌评估价值，荣膺"中国500最具价值品牌"。

2010年，亚洲品牌500强在中国香港揭晓。作为家居行业为数不多的代表品牌，德尔以第359名成功上榜，与索尼、三星、汇丰银行等全球知名企业站在同一领奖台上。

2011年11月11日，德尔正式在深圳证券交易所挂牌上市，成功登陆A股市场。

2012年，德尔携手中华环保基金会以及著名钢琴家郎朗，发起"星·众环保宣传计划"，共同致力于环保观念的普及。

2013年，德尔成为中国南北极科考站专用地板供应商。同年4月和11月，德尔分别在北京钓鱼台国宾馆和上海时尚创意中心创新推出无醛添加系列和德系风尚地板，引发行业环保和时尚变革。

2014年，德尔与星空传媒共同推广"德尔好声音音乐教室"公益行动，通过为灾区和贫困地区学校捐助音乐教具及提供培训，帮助更多孩子实现音乐梦想。

2016年，德尔成为中国国家击剑队高级赞助商，助力国家击剑队剑指里约、为国争光，并同时发布无醛芯系列。

2017年，德尔成为2017国际冠军杯中国赛高级赞助商，与国际顶级赛事合作，开创体育营销新纪元。

2018年，德尔地板成为2018中国首家阿根廷国家足球队官方赞助商，与阿根廷足协签约，携手传奇，共创未来。

2020年12月，"发现产品力价值——2020中国房企信赖-家居十大品牌评选"结果揭晓，德尔荣获"2020中国房企信赖-家居十大品牌"奖。

（沈晓莉、张 莹）

做科学至上的创新型中药企业
——雷允上品牌建设实践

一、雷允上简介

雷允上药业集团有限公司（简称"雷允上集团"或"雷允上"）始创于清雍正十二年（1734年），以近300年历史的"雷允上"为统一品牌，以"聚百草·泽万民"为使命，秉承"300年雷允上，传承健康智慧"的品牌主张，恪守"精选道地药材允执其信，虔修丸散膏丹上品为宗"的祖训，传承发扬温病学说精髓。集团以传统中医药为根基，充分汲取现代科技成果，积极向科技与品牌双驱动的创新型中药制造企业转型，已成为在多个治疗领域具有独特优势的大型中药集团。

雷允上集团产品管线覆盖呼吸系统用药、泌尿系统用药、补益类用药、消化系统用药、妇科儿科用药、脑科用药、心血管用药、抗肿瘤用药等8个临床治疗领域，主要药品品种涵盖片剂、散剂、颗粒剂、丸剂、胶囊剂和软膏剂等众多国药准字号产品。雷允上集团拥有多个独家产品、国家保密配方及国家中药保护品种，其中不乏国家级非物质文化遗产项目的国家绝密配方产品六神丸、"国字一号"健延龄胶囊、苦黄系列产品、补肺活血胶囊、消癥丸、复方苁蓉益智胶囊、脑安滴丸、灵宝护心丹等重点产品。通过与国内外权威医疗机构的合作与研究，雷允上集团为更科学、更规范、更精准的应用提供最新的临床及实验数据：在呼吸领域，与呼吸疾病国家重点实验室（广州医科大学）钟南山院士团队合作，利用现代生物医学技术阐明六神丸产品抗炎、抗病毒的作用机制；在泌尿领域，经过20多年的临床应用，证实肾衰宁胶囊在临床应用中可多靶点干预肾病进程，改善慢性肾衰患者临床症状，提高肾小球滤过率，有效降低肌酐、尿素氮水平，稳定残余肾功能，延缓肾病进展；在补益领域，由京城四大名医施今墨先生的经验方"补益神气精血方"演变而来的健延龄胶囊获得第一个具有抗疲劳、抗衰老、延年益寿功效的保健药品的国家级卫药健字号批文，是名副其实的"国字一号"；在消化领域，借助国际先进的组织工程人工肝脏技术，明确苦黄系列产品在内质网应急、氧化损伤、肝纤维化、利胆退黄、减轻脂变、免疫调节及重建、肝脏再生及凋亡等方面的确切作用及关键机制；在中医特色妇儿科领域，结合网络药理学、血清代谢组学和分子生物学技术，将较全面地探索和阐明消症丸抑制乳腺增生的可能作用机制及潜在治疗靶点；在中医特色脑科领域，通过现代临床研究发现，复方苁蓉益智胶囊可以增加脑区激活程度、阻止海马体萎缩、抑制T-tau蛋白的聚集、改善脑血流量及血管内皮功能，填补了我国中成药在治疗痴呆领域的空白，先后获得中国高校科学技术一等奖、国家科技进步二等奖等一系列殊荣，而脑安滴丸作为国家"八五"攻关课题研究成果，药理作用明确，可有效抑制血栓形成，抑制血小板聚集，增加大脑供血，保护缺血脑组织，降低氧化应激；在中医特色心血管领域，探索了灵宝护心丹对动脉粥样硬化发生、发展及对心肌缺血的保护作用机制，以及在多途径多靶点抑制改善心动过缓等方面的确切作用及关键机制；在抗肿瘤领域，我国首个上市的中药抗肿瘤乳剂——鸦胆子油乳注射液和鸦胆子油口服溶液临床广泛用于肺癌、肺癌脑转移及消化道肿瘤的治疗。

雷允上集团致力于将中国传统中医组方与现代药理学相结合，将中国传统医药精准化，通过科学阐释和临床价值挖掘，实现中国传统医药更科学、更规范、更精准的应用，为患者提供更为精准的中医药治疗方法及组合解决方案。

二、雷允上品牌建设实践

在经济全球化时代，品牌是企业乃至国家综合核心竞争力的体现。品牌发展是制造业高质量发展的必由之路和重要标志。从国际上看，一个国家或地区经济崛起的背后，往往是一批品牌的强势崛起，其中民族品牌的崛起更是成为构筑国家形象的重要力量，承载了中华民族伟大复兴的梦想。雷允上集团是中国百年品牌企业的代表之一，是一个时代的缩影。透过雷允上走过的历史足迹，我们清晰地看出我国民族品牌企业的发展脉络，这些足迹同时也深刻反映着我国民族企业品牌的百年兴衰。

时间有重量，历史有温度。经过300年岁月淘洗，雷允上从阊门的一家药铺发展成为集工业、连锁、医馆于一体的中医药大健康平台。在这一路的发展中，有太多的故事值得我们去探索、去传承。

1. 三百年雷允上，传承健康智慧

雷允上，这个历经三百年历史淘洗的中华老字号之所以能够经久不衰、不断壮大，很大一个原因就在于品牌文化独特的凝聚力和创新力。它在思想、制度、环境各方面融入了文化的精髓，点滴沉淀。三百年来，雷允上始终恪守"精选道地药材允执其信，虔修丸散膏丹上品为宗"的祖训，遵照严格的选料标准和精湛的制作工艺，以追求卓越的工匠精神为大众制造高品质产品，使自身在三百年的发展过程中立于不败之地。

近年来，雷允上集团通过一系列社会活动，将其品牌更大范围地传递给更多的消费者。从举办吴门医派高峰论坛，打造高端抗衰补益名方"健延龄胶囊"品牌新形象，到亮相央视黄金时段，再到大型中医药文化纪录片的拍摄，雷允上集团用自己的努力向国民源源不断输出中医药文化的价值观，重塑人们对中医药的印象。

2. 名医名药铸就吴门经典

为了让传统中医药文化得以延续，雷允上集团主动担起复兴中医药文化的重担。为了让中医药文化可以进入更多人的生活，除了积极参与各类关于中医药行业的社会活动之外，雷允上诵芬堂、沐泰山、王鸿翥、天益生等百年老店坚持聘请著名老中医坐镇。这些老中医曾师从近代吴门大师,深得师门真传,所开具的每一剂药方都辨证精确、配伍严谨,其精湛的医术常常吸引周边患者群集而来。

除了名医坐诊,雷允上集团还大量收集经典名方,严格选用道地药材,制成各类疗效、口碑俱佳的经典名药,如六神丸,其配方为中国四大绝密药方之一。作为温病学说最有代表性的用药,六神丸自问世以来,就传誉四方。梅雨时节,天气闷湿,人体一旦被细菌感染或湿气入侵,就很难痊愈,此时使用六神丸,可有效抑制细菌,清凉解毒,快速消炎止痛。与此同时,雷允上集团又基于六神丸原理开发出了六神胶囊(内服)、六神凝胶(儿童、成人外敷)、六灵解毒丸(儿科用药)等组方精当、功效显著的六神系列产品,全方位深入人们的生活,让中医药的智慧在生活中永久流芳。

3. 雷允上对传统工艺的传承与发扬

雷允上对传统工艺的传承与发扬主要有以下方面:

(1) 国家级非物质文化遗产——六神丸制作技艺。雷允上六神丸已有150多年历史,自清代同治初年一经问世就享有盛名。在当时中药称重都以两、钱作单位时,六神丸已用厘(1两=10钱=1 000厘)作单位。药丸每1 000粒仅重3.125g。由于六神丸是当时最小的微丸,无法采用一般的泛丸工艺制作,必须经过独特药材处理及成型工艺。直到现在,现代机器仍无法完全取代其手工操作。雷允上六神丸独特的微丸制作技艺于2008年入选第一批国家级非物质文化遗产名录,对中药的生产起到了重要的影响作用,为中医药的传承提供了宝贵的财富。目前,由国家发改委、国家中医药管理局批复的雷允上六神丸标准化项目正在进行中,为我国的中药标准化建设树立了优秀典范。

(2) 六神丸制作技艺传承人——李英杰。李英杰是中华人民共和国成立后雷允上六神丸制作技艺第三代传人。自从六神丸1979年荣获国家优质产品金奖后,在李英杰和其师傅徐志超的共同努力下,雷允上严格把控六神丸生产制作的每一关,六神丸也先后于1984年、1989年蝉联国家质量金奖。2009年,李英杰成为经国务院批准的国家级非物质文化遗产中医药类唯一的六神丸制作技艺传承人，与金世元、王孝涛、颜正华、张伯礼、杨巨奎等当代国医大师一起被业界誉为当代"中医药八大家"。目前，雷允上六神丸制作技艺第四代传承人为李英杰的女儿——李明莹。传统工艺的代代相传让传奇国药瑰宝六神丸薪火在传承中永续，为人民造福。

（3）江苏省非物质文化遗产——雷允上膏方制作技艺。雷允上膏方制作技艺是雷允上传统的医药项目，开创伊始，师徒相传，不断涌现出一批批全面掌握膏方熬制工艺的传承人。雷允上膏方制作遵循传统工艺，由经验丰富的膏方制作工艺传承人亲司炉台。其膏方经浸泡、煎煮、沉淀、过滤、浓缩、收膏、凉膏、质检等多道流程，慢熬而成。这些膏方工艺传承人对药性全面了解，火候拿捏得当，手法技巧娴熟，收膏时"滴水成珠"的本领，更是"冬练三九、夏练三伏"的结晶。雷允上膏方重在名医诊断、妙在科学炮制、贵在道地药材，可以达到"其黑如漆、其亮如镜、入口即化"的至善境界，为苏州及周边区域民众所称道。2016年，雷允上膏方制作技艺被评为江苏省非物质文化遗产。

（4）让古法技艺薪火相传的制度——"师带徒"。师徒相承、技艺永传是中华文明质朴的形式和美德。在当前新形势下，雷允上审时度势，成立师带徒专项小组，弘扬工匠精神，让优秀的传统技艺在师带徒的模式中得到传承。

4. 雷允上始终坚持医药并济方针，传承吴门医派文化

吴门医派是中医文化的重要组成部分，雷允上则是吴门医派的集大成者。

（1）如今，雷允上拥有以诵芬堂为代表的几十家老字号连锁药店，并于2013年开设极具吴门医派特色的中医馆，升级中医坐堂问诊服务，医养结合，以一对一定制化健康服务模式为大众健康服务。

（2）雷允上加强与浙江大学、江苏省中医药研究院、南京中医药大学、苏州大学等学术院校的合作，特聘中医药专家为其进行研发技术指导，充分挖掘吴门医派的丰富宝藏，用匠心炮制国宝中药，将中医药智慧发扬光大，让大众活出真健康。

(3) 雷允上始终以传统中医药文化精粹之一的温病学说理论体系为基础，开发众多产品造福于民，如六神丸、诸葛行军散、灵宝护心丹等都是中医学、吴门医派医学理论的经典体现。

三、案例启示

1. 做科学至上的创新型中药企业

在科学标准一统天下的今天，药物的安全性与功效是药物评价的首要标准。雷允上集团以传统中医药为根基，积极向科技与品牌双驱动的创新型中药制造企业转型，充分汲取现代科技成果，已成为在多个治疗领域具有独特优势的大型中药集团。

随着"做科学至上的创新型中药企业"战略的推进，雷允上集团以诚信为本，精选道地药材，并建立专业的采购种植中心，保证药材道地纯粹；积极启动中药材溯源项目，走访全国，考察中药材市场与基地，为质量把控第一道关卡。与此同时，雷允上集团加大研发投入占比，分别从工艺技术、药理药效及作用机制、毒理安全性、临床循证医学证据、中药专利这几方面进行创新，用科学、充足的临床数据为药物的药理和药性做出明确清晰的解析。

2. 老药新用抗击疫情

早在公元前700多年出现的《周礼》中即记载有"疫病"一词。中医药对疫病的防治有着深入的认知，以吴门医派为代表的传统温病学派为中医药防治传染病提供了大量的经典治法和经典方剂。其中，拥有150多年历史的雷允上六神丸是传统温病学派治疗温热疫病的重要代表方剂，在历次温热疫病暴发过程中都发挥了不可或缺的作用。

作为雷允上集团的品牌产品，雷允上六神丸在治疗烂喉丹痧、咽喉肿痛等病症上有显著疗效。这个1 000粒仅重3.125 g的小药丸自问世以来就凭借其卓越的疗效广为大众所称道，并远销海外。近年来，经过临床研究发现，雷允上六神丸在防治流感、抗击病毒、灭菌消炎方面效果甚佳。

新冠肺炎疫情暴发之后，雷允上集团充分发挥中医药力量，启动老药新用计划，将传奇国药六神胶囊/丸重新进行研发，并在体外实验中初步发现六神胶囊/丸能够抑制病毒进入细胞并减少炎症风暴。在广东省人民政府新闻办公室第二十四次新闻发布会上，钟南山院士团队中的杨子峰教授表示：六神胶囊/丸具有抗新冠病毒作用，对新冠病毒炎症具有显著抑制作用。国家卫健委高级别专家组组长、中国工程院院士钟南山与欧洲呼吸学会候任主席安妮塔·西蒙斯博士进行视频连线时介绍了中国抗击新冠肺炎疫情的成果和经验，在连线 PPT 中介绍了六神胶囊、连花清瘟的相关体外药效数据。空斑实验显示六神胶囊和连花清瘟在无毒浓度下有抑制 SARS 病毒的作用，电镜结果显示这两种药物作用于感染细胞后病毒颗粒减少，以上数据可以为使用中药的医生提供参考。

钟南山院士团队用现代科学方法对六神丸抗击新冠病毒、抑制新冠病毒炎症作用的发掘让雷允上六神丸再一次走出国门，进入国际视野。这颗微如芥子的小药丸在时光的淘洗下，不断展现出传统中医药文化的无穷魅力，以及中医传承数千年的强大生命力。

百年中医药智慧历久弥新，为建设健康中国、实现中华民族伟大复兴的中国梦贡献着无穷的力量。有着三百年历史的雷允上将继续肩扛中医药复兴的大旗，坚持科学创新，与众多中医药品牌共同推动中医药文化的可持续发展。

附：雷允上品牌发展大事记

1696 年（清康熙三十五年），雷允上创始人雷大升诞生。雷大升，字允上，号南山，吴中名医，留名于《中国人名大辞典》。

1715 年，雷允上弃儒从医，修合丸散膏丹。

1734 年，雷允上在苏州古阊门内专诸巷天库前周王庙弄口开设"雷允上诵芬堂"老药铺。

1759 年（清乾隆二十四年），贡品《姑苏繁华图》中收入雷允上诵芬堂药铺，显雷允上繁荣之势。

1860 年，为避太平天国战乱，雷允上后人至上海避难，于 1861 年在上海法租界兴圣街（今新北门永胜路）开设雷允上诵芬堂申号。战乱平息后，部分族人返回苏州，在原址重设药号。雷允上诵芬堂由一家分为苏、申二家，苏店为总号，申店为分号。

1864年，六神丸问世，该药以六味名贵中药配制而成，能消肿解毒、清热止痛，服后六神皆安，故名六神丸。远销东南亚一带，被视为"神药"。

民国时期：雷允上获得了诸多国际和国内奖项，众多名流政界人士纷纷给雷允上题词，业界始有"南有雷允上，北有同仁堂"之美誉。

1928年（民国十七年），雷允上诵芬堂依法收执"九芝图"商标注册证书。"九芝图"商标成为我国最早的注册商标之一。

抗日战争时期，日本商人企图以其王牌货"仁丹"配方与雷氏传人交换六神丸配方。面对日本人的利诱和迫害，雷氏族人和雷允上职工誓死保住了六神丸配方。

抗日战争时期，由于缺医少药，大量常熟沙家浜游击区新四军伤员生命岌岌可危。得知消息后，雷允上暗中向新四军提供大量药品，其中就包括六神丸，挽救了无数新四军战士的生命。

1956年，雷允上后人将六神丸秘方献给国家，六神丸被列入国家中药保密品种。雷允上积极拥护社会主义改造，带头参加公私合营。雷允上苏州总号与上海分号分家，各归当地政府经营管理。

1980年，雷允上"九芝图"注册商标被授予国家著名商标称号。

1984年，雷允上六神丸被列入国家绝密项目。

20世纪80年代，北京四大名医之一施今墨老先生制定了补固神气精血方，并于1959年国庆之际献方国家。国家经多方考量，将药方授予苏州雷允上独家生产。雷允上运用经典微丸工艺泛丸后灌装胶囊，制成健延龄胶囊。1987年，健延龄胶囊获得时任卫生部部长陈敏章亲自签发的中华人民共和国第一个保健药品批文"卫药健字Z—001号"。

1995年，雷允上被原内贸部认定为第一批中华老字号企业。

1997年，中国远大集团公司与苏州医药集团有限公司共同出资，组建雷允上药业有限公司。

2008年，雷允上六神丸制作技艺入选第一批国家级非物质文化遗产拓展项目名录。

2009年，雷允上李英杰入选国家级非物质文化遗产项目雷允上六神丸制作技艺代表性传承人，并被誉为"中医药八大家"之一。

2010年：

① 雷允上入选中国四大《中医药堂》邮票。

② 雷允上获得首届中国非物质文化遗产博览会银奖。

③ 商务部授予雷允上药业有限公司"中华老字号"称号。

④ "雷允上"入选中国中药企业传统品牌十强。

2011年，雷允上被评为传统名优中药保护与生产示范基地。

2012年：

① 雷允上被评定为中国驰名商标。

② 雷允上启动企业股份制改造工作，稳步推进企业整体上市。

2013年，雷允上膏方制作技艺入选苏州市非物质文化遗产代表性项目名录。

2014年：

① 雷允上荣获苏州市"十大自主品牌"称号。

② 雷允上参加太湖世界文化论坛2014年中医药文化发展高级别（澳门）会议。

2015年：

① 雷允上开展"无痛过年"慈善项目，向中国抗癌协会捐赠雷允上天蟾胶囊。约500位低收入癌痛患者获得资助。雷允上帮助他们控制癌痛，让他们无痛过年。

② 雷允上主导成立中国抗衰老促进会中西医结合专业委员会，启动"抗衰防病中国行"项目，走进10多个城市、110多个社区，传播自我保健和抗衰防病理念。

③ 雷允上独家推行一套以武当太极拳法为基础的养生拳法——健延拳，以帮助由衰老引起的各种慢性病患者，并在全国范围内推广。这是国内首次实行的"药术并用"方案，以实现全面健康养生。

④ 雷允上开展"天佑行动——中国肺癌患者援助项目"。来自14个城市的4 000例非小细胞肺癌患者将从中受益。

⑤雷允上举办以"传承健康智慧,复兴中国医药"为主题的首届吴门医派高峰论坛暨雷允上300周年庆典活动,传承吴门医派,探索中医药企业未来发展之路。

2016年:

①雷允上膏方制作技艺入选江苏省非物质文化遗产名录。

②雷允上加入世界中医药学会联合会,并成为联合会成员之一。

③由国家发改委提出、国家中医药管理局立项批复的雷允上六神丸标准化项目正式启动。

④雷允上成为"中华老字号振兴计划"专家委员会成员之一。

⑤雷允上成为世界中医药学会联合会中医药文献与流派研究专委会首届常务理事成员。

⑥雷允上获第六届中国公益节"2016年度责任品牌奖"。

⑦雷允上首次荣登"2016年中国品牌价值榜单"。

2017年:

①雷允上集团大健康产业集群全面形成,包括商业、国药连锁、健康养生、中医馆、常熟雷允上、沈阳雷允上、长春雷允上,完成广东雷允上、云南雷允上的并入。

②雷允上获苏州市质量奖。

③雷允上六神丸荣登2017"健康中国·品牌榜"。

④雷允上全国首届健延龄杯"本草英雄"中医药文化传播大赛成功举办。

2018年3月,雷允上集团荣获"2017年度苏州高新区科技工作先进单位"荣誉称号;苏州雷允上国药连锁总店获评2017年度特色商贸十佳企业、统计诚信单位、姑苏区文明单位。

2018年6月,雷允上六神丸荣获第四届中华中医药文化大典"百年精品国药奖";雷允上集团荣膺"2018中国中药研发实力排行榜"前20强。

2018年8月,雷允上六神丸凭借其匠心卓越的品质、超群出众的口碑,荣登2018"健康中国·品牌榜"。

2019年6月,雷允上集团荣膺"中医药非物质文化遗产十大影响品牌"称号。

2020年1月，新冠肺炎疫情暴发初期，雷允上集团向中国红十字基金会捐赠价值100万元的六神丸，同时调配公司在全国各地的抗病毒药品优先供应给疫情所在区。

2020年5月，雷允上中药传统技艺（泛丸）被列入第七批苏州市非物质文化遗产代表性项目名录；雷允上集团荣获江苏省"五一劳动奖"荣誉称号。

2020年7月，雷允上集团荣登2019年度中国医药工业百强系列榜单"中国中药企业TOP100排行榜"。

2020年8月，雷允上六神丸蝉联"健康中国·品牌榜"锐榜，苏州雷允上国药连锁总店荣膺中药特色子榜第五名。

2020年11月，雷允上集团的六神丸名列咽喉中成药"TOP20"榜第八名。

2021年5月，雷允上集团获评"点赞2021我喜爱的中国品牌"；雷允上集团荣膺"2021中国品牌影响力100强"。

（吴　静）

中国好黄酒　苏州同里红
——同里红黄酒品牌建设实践

一、同里红简介

中国苏派黄酒的酿酒历史与酒文化传承已有 2 500 多年，其传统酿造技艺入选江苏省非物质文化遗产名录。作为苏派黄酒代表企业的苏州同里红酿酒股份有限公司（简称"同里红"）地处太湖之滨苏州市，企业占地 300 余亩（约合 20 万平方米），年产优质黄酒 4 万吨，拥有大中小型酒库 10 多个，是一家集研发、生产和销售于一体的国内知名黄酒企业（图1）。2016 年，世界 500 强企业恒力集团正式入驻同里红，入驻后，通过智能生产线，实现"人工+传统"与"机器+现代"的生产工艺相融相合，进一步提高黄酒酿造的安全性，使品质更有保障。

图 1　同里红酿酒展厅

"同里红"作为企业的主打品牌，曾荣获"上海酒品大赛金樽奖"金樽佳酿及品质金奖、"江苏省名牌产品"等殊荣，且连续三年获得中国酒业协会"青酎奖"，是2010年上海世博会苏州馆唯一指定黄酒品牌。

二、同里红品牌建设实践

对企业而言，品牌是无形资产，是知名度的象征。为进一步提高品牌认知度和品牌价值，同里红以营销战略为公司品牌建设蓝本，近几年，着重从产品定位、品牌管理、营销推广三条主线实行精细化管理，持续进行品牌升级，深耕酒类市场，加大品牌推广力度。

（一）产品定位"有中国特色"

1. 抓住市场机会，首创中国"清雅型"黄酒

经过细致、缜密的市场调研，同里红结合现有技术设备，通过计算机精准控制反应温度和含氧量，成功开发出清雅型黄酒。清雅型黄酒是在传统风格黄酒的基础上进行了优势整合，在品质上、风格上形成特色，与原有黄酒形成错位发展，这是同里红对现有市场进行的进一步细分、补充和挖掘。自推入市场以来，清雅型黄酒作为新型黄酒，为黄酒市场注入了新的活力与生机，深受年轻一辈的喜爱。

同里红不仅在产品风格上对产品进行错位发展，在产品开发上，也进行了差异化营销。例如，同里红的同薏酒（图2），在产品定位上，作为一款80后的养生酒，产品配料进行了创新：精选52%薏仁米与48%太湖圆糯米，独创薏米与糯米的黄金配比，传承古法酿造技艺，纯手工冬酿，以优质清雅型酒基为胚，保证更好地与薏米的功能成分融合，将天然营养价值无限放大。同薏酒的色泽澄黄透明，不浑浊，香气优雅细腻，口感也很有特点，入口绵甜，而且酒精度不高，只有15.6度。在视觉设计上，瓶身为薏米造型，以大米的奶白色为主色，正面配农耕插画，采用木质酒塞，简约大气。在营销方法上，因一年只生产一次，且每次限量发售，同薏酒上市以来，供不应求。

图2 中国酒业协会"青酌奖"产品——同蕙酒

2. 酿造工艺加持,将"传承"与"创新"融入品质

对于酿造业来说,酿造工艺是企业技术的核心,是质量的基础,工艺技术更是新产品开发、老产品更新换代的重要保证。作为中国清雅型黄酒品牌的首创者,同里红采用的是"前缸后罐法酿造工艺",这是对百年黄酒酿造工艺的继承与发扬。麦曲香、酒药香、纯粮香是在酿造时淀粉糖化、酒精发酵、蛋白分解的过程中逐步形成的,纯净自然,不带异味,糖、酒、酸的味感恰到好处,具有苏派清爽型黄酒的典型风格,且因发酵过程为恒温,同里红黄酒具有"喝酒不上头"的特点。另外,同里红黄酒恰处于绍派、海派二者之间,吸收了二者的长处,故香气清雅、口感醇厚、柔和、爽适。同里红将传承与创新融于品质之中,这才在品质制胜的时代迎来了更大的机遇。

3. 补位高端品牌,产品体系加快完善

近几年,随着经济的快速发展和消费的升级,同里红抓住市场发展机遇,跻身高端市场,以品牌强势渗透到不同细分市场,先后研发并上市了多款高端产品,补位高端品牌,为中国高品质黄酒代言,加快完善其产品体系（图3）。

图3　同里红产品系列分布图

其中，在2019年年底上市的"同里1956"是同里红高端品牌的代表，按"天有时，地有气，材有美，工有巧"的造物法则，经过20年的陈酿而成。多年的时间贮存赋予了"同里1956"醇香浓郁、馥郁柔和的口感。同时上市的高端系列代表还有"同里红·紫""同里红·金""同里红·红"系列，选用5~10年的原酿黄酒，包装大气典雅，取"紫气东来""金玉满堂""中国红"之意，尽显中国黄酒深厚的文化底蕴。

高端产品的补位，通过上乘的产品质量和卓越的品牌形象，吸引了价格敏感度低、品牌忠诚度高、消费能力强的消费者，极大地增强了品牌的市场竞争力。

（二）品牌管理"有文化底蕴"

作为世界三大酿造酒之一的黄酒，是中国独有的最古老的传统酒种，有着悠久的历史和丰富的文化内涵。同里红对既有的黄酒文化资源进行整合，对外讲好同里红品牌故事，做好"黄酒"文章。

1. 品牌形象

同里红黄酒品牌源自中国江南最著名的千年古镇同里，承载着中国千年的文化和历史沧桑。品牌设计的创意来源于"江南的印象和时间的味道"。品牌标志（图4）用同里最有代表的桥和月，体现了中国千年古镇同里的自然风貌和深厚的文化积淀；用图形从小到圆满的变化，体现黄酒历经时间的发酵而产生的变化，形成了古朴、自然的风格。同里红品牌标志获得了"2021德国国家设计奖·优胜奖"。

为了促进和统一品牌使用规范，同里红先后颁布了《企业标识使用规范》《同里品牌视觉形象识别手册》等规范条例，针对品牌标志的细节和使用场景做了进一步要求，包括品牌标志的图形、色彩、印刷字体、辅助图形，以及在办公系统、环境系统和广告系统中使用的要求。

图4 同里红品牌标志

2. 品牌文化

同里红的品牌故事与千年古镇同里脉脉相通。同里红的品牌起源是发生在同里古镇上被口口相传的一段美好的爱情故事"珍珠塔"。同里的历史可追溯到距今五六千年前的"崧泽文化"和"良渚文化"。早在新石器时代即有先民在此刀耕火种、生息繁衍。明嘉靖四十四年（1565年）的进士陈王道，官至南京道监察御史。现同里古镇上有一个珍珠塔景区，就是陈王道的故居。为庆祝爱女历尽曲折终与爱人喜结良缘，陈王道特将府中家酿用酒取名为"同里红"，寓意"永结同心，吉祥红火"。自此，"珍珠塔"浪漫爱情与同里红黄酒一起在江南名声大噪，后同里红作为朝廷贡酒，称道于世。同里红的品牌故事以真实的历史故事为依据，赋予品牌以文化内涵，遵循真实性的原则，保证情感的真实性，传达了同里红的品牌态度。

与同里红相关的神话传说和历史典故很多，较为知名的有同里最富有神话色彩的古桥富观桥石雕"桃花浪里鱼化龙"、与北宋时期吴江同里唯一的状元魏汝贤相关的同里状元黄酒的故事等，其品牌文化丰富多彩，底蕴深厚。

3. 品牌管理

同里红对自身品牌进行科学管理，找准品牌市场定位，保证品牌质量，精心为品牌包装，并且不断地根据市场需求进行升级换代，巧妙地为品牌设计广告，深刻地挖掘品牌的文化内涵；同时，加强对企业的科学管理，抓好人才、管理、科技、产品、营销、公共关系等战略的落实，全面增强品牌市场竞争力。

在组织结构上，公司成立品牌部，负责品牌传播；公司办公室负责公关关系管理和社会责任管理；生产研发部门负责产品品质管理。此外，公司还成立了跨部门的品牌管理小组，配备全方位的专业人员，综合运用企业资源，通过计划、组织、实施、控制来实现企业品牌战略目标。同里红还通过定期员工内部培训、调研学习、专业水平提升、完善考核机制等内部管理体系，建设优秀员工队伍，打造优质黄酒品牌。

（三）营销推广"有传播流量"

针对品牌市场进行分析后，近几年同里红进一步加强了品牌的强化输出，利用线上、线下、传统媒体等各种渠道在苏州及周边城市进行全方位的品牌渗透，每年的广告投入达千万元人民币。

1. 媒体传播增加流量

新媒体时代的到来为信息的传播与交流提供了更为广阔的空间。公司目前已开设的账号包括微信公众号、新浪微博、抖音、百家号、百度推广号、阿里云等，并建有官网，其中旗下一款产品的抖音账号仅2021年3月的总播放量就破百万次，点赞数达两万多次，粉丝量达三万多名；另外在2020年大闸蟹开捕节、中秋、国庆期间投入手机百度开屏广告，总曝光量达4 866 893次，为落地页导流超266 487次，平均点击率为5.48%。在新媒体日益普及的背景下，受众数量不断增多，同里红也在抓住机遇，增加其品牌曝光率，不断提升品牌形象。

2. 户外活动助力推广

同里红品牌的户外推广活动主要的形式有户外活动和户外广告。同里红积极参加苏州市政府、吴江区政府组织的各种大小型户外活动，例如：苏州市政府牵头组织的"姑苏八点半"，为苏州市重点打造的夜经济品牌，同里红累积参与约20场；苏州"五五购物节"，同里红作为吴江区老字号品牌入选,在苏州市区、吴江区和桃源镇三大活动地点进行展示推介等,增加产品品牌的曝光度。

目前,同里红的户外广告载体以高炮、灯箱、大牌、路旗和公交车身为主,主要推广策略为先以吴江地区为样板市场,通过样板市场的成功打造,快速复制至全国其他地区,由点及面,最终达到全面覆盖,以此来提升企业和产品的公众认知度,强化同里红黄酒的品牌形象。

3. 品牌会展传播形象

受中国酒业协会、中国酒类流通协会、江苏省酒类行业协会、江苏省工商联酒类行业商会邀请,同里红每年参与大型展会约十多次(表1),并且重点以国际糖酒食品交易会、中国酒业博览会、中国国际酒业博览会为主要切入点。对企业而言,参加大型专业会展可以给自身提供一个大型的展示舞台,向汇聚于此的业界同行及相关人士展示产品、企业实力和品牌形象,提高产品知名度和市场竞争力,更加有利于促进行业内信息交流和自身产品市场的开拓。

表1 同里红近几年参与的大型专业展会

活动时间	展会名称
每年4月、9月	中国国际酒业博览会
每年5月中旬	中国国际酒类博览会
每年5月中旬	国际糖酒食品交易会
每年9月	中国酒业博览会
2018年	第十六届酒乡旅游文化节
2019年	第十届上海市酒类市场金樽奖推广活动
2020年	《华夏酒报》国际葡萄酒(中国)大奖赛黄酒专场
2020年	第四届老字号山东博览会
2020年	中国国际食品餐饮博览会

4. 赞助活动宣传口碑

借助厂商活动,提供赞助活动物料,同里红品牌精准进行社群和圈层的开发与维护,既能达到宣传的目的,又能开发客户,形成新的增长点，不仅使渠道更具广度和深度，而且更有利于口碑营销，对品牌形象有极大的促进作用。例如：年会活动赞助类，如苏州市广告协会年会；节日活动赞助类，如《吴江日报》七夕活动；品牌活动赞助类，如复旦 EMBA 苏皖同学会赞助活动；联谊活动赞助类，如海门秋实新春联谊会；等等。同里红每年直接赞助的大中小型活动达数十场，极大地提升了同里红黄酒的品牌形象。

三、案例启示

同里红黄酒以其独特的产品定位、颇具特性的品牌管理、别具一格的品牌推广策略，给传统酒业在新时代的发展提供了丰富的实践经验和启示，对其他处在转型发展期的企业有着重要指导意义。

1. 打造品类细分，找准新生代用户

在整个酒类行业市场上，用商品大类来划分，基本格局以白、啤、红、黄四大类为主，其他以药酒、米酒等为小品类酒。黄酒以独特酿造技术为基础，以强身健体、驱寒暖身为优势，以历史悠久、极具文化底蕴为附加，且价格层级可适合多种人群。同里红拥有百年历史，在苏州地区负有盛名，在产品上富有经验。在新时代酒文化之下，坚持自身特性、重新整合自身、取长补短是企业提升竞争优势的重要举措。针对新时代用户的消费习惯，同里红保留传统，加强创新力，打造了受年轻一代喜爱的清雅型黄酒；同时针对中高端市场，通过技术改进补齐了中高端产品，并坚持在传承中保持创新，使得中高端产品展现了差异化，从不同用户角度打造了完整的属于同里红的黄酒生态体系。

2. 打磨成功产品，塑造成熟品牌形象

以名为始，同里红的名字中就饱含江南文化的底蕴。同里红的品牌标志选取了最具江南印象代表性的桥与月，古诗词中对苏州的印象也大多集中在此。该标志从给人的第一印象上就展示出江南文化，体现了中国千年古镇同里的自然风貌。同时，同里红品牌标志从小到圆满的变化也体现了同里红经历时间沧桑、逐渐成熟的过程。

以酒为终：同里红黄酒成色澄清透明，不浑浊，香气优雅细腻，入口绵甜,与江南温婉的风格完美契合。同里红从整个产品外观设计到品牌标志设计、口味设计都围绕着明确的主题,打磨出了极具特色、富有江南风味的产品。

在制作工艺上,同里红建立了自己的黄酒大数据,并在生产关键环节通过机械化、自动化、信息化、清洁化酿酒的联动控制,实现了生产工艺"人工+传统"与"机械+智能"相结合,制作流程中也秉承着用心酿好酒的精神。

3. 产品文化联合,推动发展走向未来

作为传统黄酒的继承者、清雅型黄酒的开创者,同里红历经多年的发展体现了企业文化精神。历经多年的风霜,面对时代的挑战与变革,同里红不断推陈出新,打造出更具文化特色、更具生命力的产品。这是产品在文化上的发展、文化在产品上的延伸,同时也是一家企业精神文化的体现。

面对新时代的挑战,同里红拥抱变化,积极寻求新的品牌发展之路,在互联网推陈出新,利用新媒体打造属于自身的忠实客户群。同时,同里红借助政企联动模式,在苏州传统节假日实施产文联合,推动文化发展。在品牌不断进化的过程中,同里红秉承着"中国好黄酒,苏州同里红"的理念,致力传承百年文化,以品质赢天下,做好中国黄酒的守门人。

附:同里红品牌发展大事记

1930年,吴江县主要的5家酒坊合并为毛记、达记两家酒坊。

1956年,毛记、达记两家酒坊合并为公私合营联谊酒厂。

1966年,公私合营联谊酒厂更名为国营红卫酒厂。

1969年,国营红卫酒厂更名为国营吴江酒厂,其后成立第二酒厂。

1989年,第二酒厂更名为国营吴江酒厂桃源联营厂。

1993年,国营吴江酒厂桃源联营厂更名为苏州市御龙酒业有限公司。

2003年,苏州市御龙酒业有限公司生产的"同里牌"黄酒先后

获得"苏州市名牌产品"和"江苏省名牌产品"称号。

2005年,苏州市御龙酒业有限公司更名为苏州市新同里红酒业有限公司。

2009年,同里红联合江南大学,投资新建现代化酿造、生产、研发、包装工厂,占地近200亩(约13.3万平方米)。

2011年,苏州市新同里红酒业有限公司被中国酒业协会黄酒分会评为"苏派黄酒实验基地"。

2016年,恒力集团进驻苏州市新同里红酒业有限公司,成立苏州同里红酿酒股份有限公司,进行酿酒智能化升级和黄酒"大数据"分析。

2017年,同里红整合产品体系,从原料开始严格把关,形成全流程酿造标准化控制,被评为"江苏省农业龙头示范企业"。

2018年,同里红进行股本改造,迈上新的台阶,成为"中华老字号"会员单位。

2019年,同里红进一步提高产品品质,其研发的"同薏酒"荣获中国酒业协会"青酎奖"。

2019年,"同里状元"获评"2019上海酒品市场金樽佳酿"。

2019年,"同里1956"新品发布。

2019年,在WLA世界美酒大奖赛中,同里红旗下产品"玉满江南"获"年度黄酒状元大奖","同薏酒"获"年度黄酒金奖","1565红花瓷"获"年度黄酒银奖"。

2020年8月,同里红获评江苏省酒类行业"苏酒优质品牌"。

2020年10月,"同里红·红"黄酒获2019年度"青酎奖"酒类新品(黄酒)称号,大厨师原酿料酒获谷物酿造料酒金奖。

2020年11月,同里红成为江南大学食品学院第七届董事会董事单位,同时成为健康食品产业创新发展共同体成员单位。

2020年12月,同里红被吴江区商务局授牌"吴江老字号"。

(乐 军、徐圣毅)

中亿丰罗普斯金：
在国际新格局下的品牌建设

一、中亿丰罗普斯金简介

中亿丰罗普斯金铝业股份有限公司（简称"中亿丰罗普斯金"）是国内集铝型材研发、生产、销售和成品门窗制作于一体的知名大型上市企业，前身为1993年由台湾罗普斯金集团和吴县铝加工厂合资成立的苏州罗普斯金铝合金花格网有限公司。2020年，苏州中恒投资有限公司（现更名为中亿丰控股集团有限公司）入股罗普斯金。2020年12月，公司正式更名为中亿丰罗普斯金铝业股份有限公司。

中亿丰罗普斯金铝业股份有限公司现注册资本为6.5亿元，总资产达14.34亿元，2020年年底在职职工有785人，占地面积约47万平方米。公司法人治理结构完善，组织架构精干高效，中共党组织、工会组织健全。近年来，公司持续在资源综合利用、绿色工厂、市场开拓等方面加大技术、资金投入，不断提升精细化管理和安全生产水平，盈利能力持续增强。

在近30年的发展历程中，中亿丰罗普斯金不仅创造了大量物质财富，获得了社会各界的认可，还创造了宝贵的精神财富，形成了底蕴深厚、内涵广博的企业品牌文化。通过多年不断的建设和创新，这种品牌文化深深地熔铸在企业的生命力、凝聚力和创造力之中，成为引领员工朝着共同方向前进的一面旗帜，并以其特有的强大力量把中亿丰罗普斯金推向可持续发展的快车道。现在，中亿丰罗普斯金的品牌建设呈现出与时俱进、不断创新、有效融合"和合文化"的发展趋势。

二、国际新格局下品牌建设的必要性

以大数据、云计算、物联网、人工智能、3D打印等新一代信息技术的广泛应用为特征的新工业革命推动了传统生产方式和商业模式的变革，促使全球产业链出现重构，传统"微笑曲线"发生变形，国际分工出现新格局。

这既是巨大挑战，也是难得机遇。品牌日益成为企业经营优势的载体，企业必须运用商标制度来保护和维持其品牌的独特性，不断提高品牌的知名度和美誉度，创建优势品牌。品牌，尤其是知名品牌是企业声誉、信用、形象的集中体现，其中凝聚了企业的产品研发投入、市场营销投入、内部管理投入等。因此，对于企业而言，良好的品牌是其立足市场、获得消费者认可的前提与保障。品牌创建是一个长期而系统的工作，需要企业确定符合自身发展的品牌战略，并有效地予以执行。唯有如此，才能塑造出国际知名品牌，使企业能够在激烈的市场竞争中做到长盛不衰。

中亿丰罗普斯金将品牌建设、企业形象建设与企业文化建设紧密结合，开展形式多样的品牌、企业文化建设活动，使"传奇、创新、绿色、永续"的企业精神、"高质铝赋能美好生活"的企业使命、"缔造全球一流铝业智造商"的企业愿景、"信为本，诚为基，德为源，创为先"的企业价值观真正内化为员工的自觉行动，提升企业发展的软实力，展示企业发展的全新品牌形象。公司把品牌建设贯穿到生产经营的全过程，运用先进品牌力对企业进行全方位的规范整合，树立鲜明的企业品牌形象，打造强大的核心竞争力，使品牌内涵成为引领员工前进的灯塔，成为鼓舞员工拼搏的号角，成为指导员工言行的坐标，成为振奋员工精神的旗帜，推动企业高质量发展。

三、中亿丰罗普斯金品牌建设的主要途径

（一）确立品牌建设战略地位，打造全球大品牌

品牌是企业竞争力的综合体现，是企业人格化的象征。为增强企

业综合实力,提高企业知名度和美誉度,增强产品竞争力,打造企业品牌体系,加快公司发展步伐,中亿丰罗普斯金将品牌建设作为一项系统工程,加强顶层设计、整体规划,建立完善的品牌建设组织架构,形成了长效协同工作机制。为切实抓好公司品牌建设工作,组建了专业队伍,建立了品牌建设工作体系。

1. 完善工作机制

(1)健全品牌建设工作体系,明确公司各层级工作职责、流程、制度、标准,加强工作评价考核,提升工作专业化水平。

(2)落实各级工作职能。市场推广部作为公司业务支撑机构负责公司层面的品牌建设工作,各地经销商负责各自区域的品牌建设,按照公司统一部署,积极推进制度标准一体化建设,完善品牌传播、品牌维护、品牌塑造、品牌管理等工作。

2. 深化品牌传播

(1)创新品牌传播,加强新闻宣传效果,传递公司价值理念,传播公司发展成就,积极展示公司对国家和社会的巨大贡献。

(2)加强新闻宣传的统一策划和组织实施,深化新闻宣传工作联动,结合公司重大部署、重点工作、重要活动,持续开展高密度、高质量传播;强化新闻宣传资源的日常储备、培育和积累,不断充实和完善对外宣传选题库、资料库、文章库、观点库。

(3)按照"统一领导、分级负责、归口管理、权威发布、及时互动、有效沟通"的原则,建立完善新闻发布制度和工作机制,规范工作流程,创新发布形式,确保新闻发布效果。

3. 强化品牌维护

(1)建立健全舆情预警系统、舆论引导体系和舆情协同处置机制,提升舆情监测、研判、处置和舆论引导水平。

(2)强化舆情风险防范。结合"二十四节气表",定期分析社会舆论热点,梳理公司舆论敏感点,预判排查舆情隐患和风险点,制定应急预案,加强事前预防;建立重大决策、重点工作事前舆情评估会商制度。

(3)完善舆情监测网络,建立公司舆情专责队伍,创新舆情监控新机制，完善覆盖各单位的舆情监测网络。深化监测成果应用，加强信息实时共享，强化舆情预警，推进舆情闭环管理。

4. 加强品牌管理

（1）重视品牌基础管理，建立健全品牌标识、广告影视、展览展示等工作规范和标准体系，不断提高公司品牌统一管理水平。

（2）强化品牌标识管理，制定《中亿丰罗普斯金品牌视觉识别系统》应用手册，并严格执行，推进公司标识标准化管理，明确标识应用要求，规范标识应用范围，防止标识使用不当，积极推广统一的"中亿丰罗普斯金"品牌。

中亿丰罗普斯金从实际出发，充分发挥自身优势，结合对行业的深刻理解、对市场需求的深入调研以及专业优势，从根本上进行变革，以户为导向，打造针对不同市场的门窗产品品牌：罗普斯金，以系统门窗的型材批发为主营业务的品牌；善科，针对住宅、商业体、公共设施项目的甲方、建筑承包商以及建筑设计院提供工程铝型材；因诺，契合家装风格的艺术门窗品牌，通过生动化、多样化、创新化的门窗体验方式，使用户感知产品设计理念与风格。经过多年努力，中亿丰罗普斯金已从"型材生产商"转变为"系统门窗解决方案提供商"，以制造为基础，强化终端服务，借助资本市场，实现重新强势崛起。

在品牌推广上，中亿丰罗普斯金始终坚持主题一致原则，推进统一品牌建设。由于新产品不断开发，而品牌传播追求短、平、快，因此产品品牌的传播主题可以不断变化。与此不同，企业品牌的传播更讲求主题一致、持续推进、突出共性、整合有力。品牌的核心价值是品牌传播的主线，同一阶段品牌传播的核心只有一个。因此，中亿丰罗普斯金始终如一地强化品牌整体概念，保持品牌主题的一致性，围绕主线开展品牌传播，给目标受众始终如一的感觉。品牌传播的主要途径有媒体宣传、公关活动、事件营销等。媒体宣传的平台既包括传统的报纸、杂志、电视、广播等渠道，也包括网络、手机、博客、微博、微信、微电影等新媒体。中亿丰罗普斯金抓住各种有利时机，充分利用各种媒体，特别是有效运用新媒体，做好形象公关，讲好自己的故事,广泛传播品牌形象,传递品牌价值。面对移动互联网快速发展的态势,公司迅速"拥抱"互联网,推进企业网站改版升级,开通微信公众号、视频号等新媒体。与此同时,公司高度重视公共关系,加强与各级宣传主管部门的联系、与各类新闻媒体的沟通、与社会公众的互动,构建顺畅、融洽、和谐的公共关系。公司还积极组织员工参加各类技能比赛以及行业举办的各类会议和活动,充分利用专业展会、行业论坛、产品推介会等平台,扩大品牌影响力。此外,公司持续关注在企业发展中涌现的先进典型,有重点地宣传他们的先进事迹,每年配合"五一""七一""十一"等时点的表彰活动,组织媒体进行集中报道,通过人的品质和精神,彰显企业的境界和追求,在公众认识中塑造企业品牌,并整合多元化品牌传播平台,提升品牌形象。

(二)以文化为魂,彰显品牌特质

品牌内生于企业的文化,外化于公众的认知。一个优秀的企业品牌,应该展示本企业长期积淀的精神气质,呈现出富有特色的高辨识度。基于这样的认识,中亿丰罗普斯金对自身历史进行梳理并进行广泛调研,整合、提炼与自身气质紧密相关的文化要素,围绕使命担当,传承匠心精神,持续开展以"罗普斯金风采"等为主题的企业文化活动,力争实现高级别的文化活动示范效应。

根据习近平总书记关于扎实抓好非公有制企业党建的重要指示,中亿丰罗普斯金以习近平新时代中国特色社会主义思想为指导,以"党建同心,发展同行"的理念创建"红色铝行家"党建工作品牌,用家的理念构建党群关系,牢筑党建"根"与"魂",充分发挥党组织的先锋模范带头作用,以党建促进企业高质量发展。同时,中亿丰罗普斯金以"和合"理念作为企业文化的核心,成立中亿丰罗普斯金和合文化研究院,打造全新的中亿丰罗普斯金品牌,为实现公司高质量、可持续发展提供源源不断的精神力量。

(三)以质取胜,用优质产品打造坚实的品牌根基

中亿丰罗普斯金作为建筑铝型材供应商,产品质量是其品牌最有力的背书。"门窗质量好"已成为中亿丰罗普斯金一张亮丽的品牌

"名片"。为持续提高产品质量的管控水平，公司在质量体系负责人公司分管生产的副总经理颜廷柱的带领下，建立了由多个维度组成的横向到边、纵向到底的产品质量管理体系，形成"源头、过程和终端"全产业链的产品质量管理机制。公司根据GB/T 19001—2016《质量管理体系 要求》、GJB 9001C—2017《质量管理体系 要求》，建立起公司实际运行需要的纲领性文件《质量手册》和规定公司各部门职责的《程序文件》以及具体如何实施的《管理文件》和质量记录等文件。其中《质量手册》是贯彻公司的质量方针、质量目标、质量要求和质量活动的法规性文件，对影响质量的活动提出了要求，明确了行动准则；《程序文件》以本公司已建立的质量管理体系程序文件为基础，结合GJB 9001C—2017《质量管理体系要求》的特殊要求，补充制定了部分程序文件，以确保武器装备质量管理体系有效运行和符合标准要求。公司通过对质量管理体系文件的实际运行，实现工作质量和产品质量的有效控制，从而申请有资质的认证单位进行质量管理体系审核，获取质量管理体系证书。公司获取质量管理体系证书后，每年进行一次外部监督审核，每三年进行一次换证审核。在内部管理过程中，公司每年举行内部审核和管理评审，以确保质量管理体系平稳运行，从管理上按"过程清楚、责任明确、措施落实、严肃处理、完善规章"五条标准逐项落实。

（四）创新发展，为品牌注入不竭动力

创新是引领高质量发展的第一驱动力。中亿丰罗普斯金深入贯彻习近平总书记重要讲话指示精神和十九届五中全会部署，坚持把创新摆在全局工作的核心位置，把科技创新作为驱动公司高质量发展的重点领域，着力推进经营管理创新，全面提升创新发展水平。

1. 推动科技创新

公司围绕引领铝合金产品前进方向、服务铝合金行业生态圈、推动产业技术升级、做强产品的定位，发挥罗普斯金学院优势，带动集团整体的科技创新。同时，公司坚持科技创新"四个面向"，主动布局前沿性技术，着力攻克"卡脖子"技术，积极研发新款式、新功能，组织集团重大科技专项研发，支持企业开展重点科研项目研发，围绕高端、智能、绿色三大发展方向，攻关关键核心技术，引领行业技术进步。

2. 加强前沿技术研究

公司开展并持续推进新产品、新材料、新工艺、新装备的研发，突破数字化、绿色化、产业化、智能制造等关键技术，形成行业领先的科技研发和技术服务能力。

3. 构建人才梯队，培养科技创新团队

公司对核心技术攻关人才实行股权激励、分红激励等政策，加大奖励力度，提升科技工作者干事创业的热情，同时，举全司之力，助推高端科技人才养成，培育具有行业话语权的科技领军人才。

4. 制造模式创新

公司瞄准市场与用户需求，推进由生产型制造向服务型制造转变；推动从单一向系统集成转型，提供整体解决方案，发展覆盖产品全生命周期的专业服务，获取综合收益；运用工业互联网、大数据等信息技术，积极发展定制生产，满足多样化、个性化需求。

5. 推动"互联网+"

（1）互联网+供应链：发展在线交易服务平台，融合供应商圈、客户圈、金融圈、物流圈。

（2）互联网+工业基础：应用物联网、云平台、大数据和人工智能等技术，打造"云平台+数据资源+评价预警+工业应用"的智能运维模式，助力科技服务创新。

（3）互联网+设计工程：通过有效的智能化平台，解决设计、施工、交付等不同环节的衔接问题，实现从规划到整体交付的全过程高效服务。

（五）以诚相伴，用优质服务诠释品牌丰富的内涵

中亿丰罗普斯金坚持准确把握品牌定位，深刻认识到品牌的灵魂在于客户价值。在市场经营活动中，建立战略性服务观是企业处于不败之地的关键，也是赢得客户依赖的法宝。公司将"客户为根、服务为本"的理念纳入服务细节，为经销客户提供技术指导及支持；协助经销商拓展销售渠道，提供业务支持；协助经销商接待甲方来司考察,洽谈工程项目;提供展厅设计方案,协助零售客户装修展厅;提供广告设计方案,协助客户进行市场推广;为客户鉴别真伪,督促经销商做好售后服务;定期开展经销商服务满意度调查;加强服务创新,推动服务转型升级,提升客户服务感知度,不断优化社会信息化的服务和应用环境。

(六) 以法律保护品牌是企业品牌建设的重点

法律保护是确保企业品牌建设有序实施的制度保障。品牌在法律层面上表现为商标权、商号权、地理标志等知识产权。因此,中亿丰罗普斯金凭借内部专业团队及外部顾问律所的专业力量,对商标、产品专利等进行专业法律保护,确保企业在市场上的合法地位,保证企业品牌建设有序实施,为品牌价值提升提供保障。

(七) 秉持诚信奉献精神,用心回报社会

中亿丰罗普斯金努力做优秀企业,追求经济、社会、环境综合价值最大化。长期以来,中亿丰罗普斯金秉承"热心慈善、回馈社会"的核心理念,积极开展各项社会公益活动,为社会贡献力量,实现优秀企业的社会价值。公司持续多年致力公益事业,肩负社会责任,获得社会各界认可,被评为"最具爱心慈善企业""社会责任杰出贡献企业",进一步提升了中亿丰罗普斯金企业品牌的美誉度。

四、案例启示

第一,品牌建设和品牌管理相融合。中亿丰罗普斯金围绕"缔造全球一流铝业智造商"的企业愿景,全方位加强品牌建设,把品牌建设融入企业经营活动各层面和各环节,通过品牌管理提升公司的战略管理水平。一方面,充分发挥公司全产业链的规模和实力优势,打造个性鲜明、形象统一、有生命力的企业品牌;另一方面,不断为品牌注入新内涵,强调质量、信誉和责任,持续提高品牌的美誉度和忠诚度。

第二,品牌文化与"和合文化"相融合。中亿丰与罗普斯金因高质发展的要求、协同发展的大趋势相遇相知。为了"和"出凝聚力、"合"出新格局,中亿丰罗普斯金从"融入"走向"融合",全方位形成发展合力;从"要素驱动"转向"创新驱动",启动高质量发展新引擎;从"双赢"向"多赢"升华,和合共生,创造最佳商业生态;紧紧抓住高质量的发展关键,积极进行"党建文化、资本、品牌、科技和产业"等方面的融合。

在国际新格局下,中国制造业企业需要重视品牌建设,打造品牌核心竞争力。为了实现这个目标,中亿丰罗普斯金确立了品牌建设战略地位,全方位优化品牌建设传播体系,推进品牌的国际化发展,展现了中国制造业品牌融入全球市场的实力与自信。

附:中亿丰罗普斯金品牌发展大事记

1993年,中亿丰罗普斯金股份有限公司前身——苏州罗普斯金铝合金花格网有限公司成立。

1998年,868推拉气密窗问世,成为国内系统门窗的先驱。

2000年,2000型艺术门问世,被誉为"罗普斯金门",成为铝合金门的代名词。

2010年1月12日,苏州罗普斯金铝业股份有限公司在中国深圳证券交易所挂牌上市。

2016年,黄埭新厂区建成并全面投入使用,占地47万平方米。

2020年11月,公司被中国建筑材料企业管理协会评为"2020中国建材企业500强""2020中国建筑铝型材企业20强"。

2020年12月,公司正式更名为中亿丰罗普斯金铝业股份有限公司。

2021年,公司"因诺"品牌产品获得2020—2021AT世界建筑设计与技术"北极星至尊奖"和"金集奖"。

2021年2月,公司与南京航空航天大学正式签约,双方在人才培养、科学研究、产学合作、智能智造等方面建立战略合作关系。

(沈靖宇)

百年老字号 续写新华章
——稻香村品牌建设实践

一、稻香村简介

稻香村食品集团股份有限公司（简称"稻香村集团"或"稻香村"）的前身是苏州稻香村茶食店，创始于1773年的苏州，已持续经营248年，是"稻香村"品牌的创立者，"稻香村"糕点类商标的持有者。

历经清朝、中华民国、中华人民共和国的时代变迁和民族资本、公私合营、国营、集体改制和股份制等经营体制的变革，稻香村持续经营近两个半世纪。2006年，苏州稻香村食品厂被商务部认定为首批"中华老字号"。2009年，"稻香村苏式月饼制作技艺"被列入江苏省非物质文化遗产保护名录。2013年，"稻香村"糕点类商标被评为中国驰名商标。

经过一代代稻香村人的传承与创新，稻香村已成为闻名中外的大型现代化食品企业集团，目前在全国拥有10个现代化加工中心、3个研发中心，还有馅料厂、印务厂、仓储物流中心等。2021年，苏州稻香村品牌价值达167.29亿元，是中华老字号传承与创新发展的标杆企业。

目前，稻香村集团拥有800多家专卖专营店，覆盖全国大部分地区；产品出口至美国、澳大利亚、德国等40多个国家和地区；已经连续多年在天猫、京东等主流电商平台糕点类目、月饼类目取得骄人成绩；产品深受国内外消费者喜爱，成为闻名中外的食品品牌、中国味道的名片。

稻香村致力传承中国传统工艺精粹，延续并创新开发了各种糕点、月饼、粽子、炒货、休闲食品等1 000余种产品，涵盖散称糕点、日配、休闲、节日特产、坚果炒货、速冻肉食六大门类，成为中式糕点的集大成者（图1）。

图1　稻香村集团传承复兴中式糕点

凭借着卓越的品牌口碑，稻香村收获了社会各界的好评，先后获得"中国轻工业二百强企业""中国轻工业食品行业五十强企业""农业产业化国家重点龙头企业""中国月饼行业十大品牌""省级扶贫龙头企业"等多项荣誉。

二、稻香村品牌建设实践

（一）筑牢根基促进发展

作为百年老字号企业，稻香村不断完善上中下游产业链布局，夯实基础，筑牢根基。近些年来，稻香村在苏州工厂成立了非物质文化遗产传承中心，传承糕点技艺，培养专业人才；在山东建设了3个现代化生产加工中心，并建设企业文化展厅，发展工业旅游；在北京，工厂占地90亩（约6万平方米），建筑面积达8万平方米；在河北香河，总投资10多亿元的现代化工厂正在加紧建设中。

近三年内，稻香村集团营业收入始终保持稳定增长，纳税总额也连年增长，企业进入高质量发展的新阶段。

（二）狠抓质量坚守品质

稻香村集团不断提升质量管理水平及质量发展能力，提高产品质量水平，为消费者"舌尖上的安全"保驾护航。

稻香村集团注重食品质量安全管理体系建设，通过了中国质量认证中心（CQC）颁发的ISO 9001：2015及危害分析与关键控制点（HACCP）体系认证证书，依据ISO 9001：2015《质量管理体系 要求》、ISO 22000：2005《食品安全管理体系》、GB/T 27341—2009《危害分析与关键控制点（HACCP）体系 食品生产企业通用要求》及GB 14881—2013《产品生产通用的卫生规范》的要求，以及HACCP原理、糕点生产卫生通则等相关法律法规，结合公司的实际情况，形成了"诚信为本、安全至上、优质高效、追求卓越"的质量文化，在质量管理与创新方面形成了成套标准体系。集团在产品检验、计量管理、现场管理、人员管理等环节均有一套成熟完善的管理制度，以保证持续输出合格的产品。近年来，集团没有发生严重质量安全事故，信用度良好，获得了苏州工业园区市场监督管理局颁发的"重合同守信用企业"证书、中国食品工业协会颁发的"企业信用等级AA级"证书，以及联合资信评估公司授予的"AAA级信誉单位"等称号。

稻香村集团不断增强质量发展能力，使生产厂房车间均达到十万级净化标准，建有配备中央空调且全程监控的良好作业规范（GMP）模范车间（图2），拥有国际领先的全自动化生产线百余条，从原料进厂至产品出厂各工序及各关键点都实行严格的标准与控制，以确保产品生产的专业化、标准化，保证了产品的质量统一性。稻香村集团从源头控制产品质量，制定了严格的供应商管理办法，对原料供应商进行定期评价，建立合格供应商名录。公司采用先进的U8后台数据录入系统，通过系统数据统计分析，能够及时掌握质量控制情况，并得到所在工业园区统计办公室认可。公司先后获得行业协会授予的"江苏省质量安全放心食品生产经营单位""全国糕点月饼质量安全优秀示范企业""消费者放心长效管理先进示范企业""全国月饼质量安全优秀示范企业""全国产品和服务重量诚信示范企业"等称号。

图2　稻香村现代化生产车间

稻香村集团产品生产严格按照国家相关标准执行。根据每年一度的企业内审及管理评审验证结果，公司产品质量处于可控状态，产品出厂检验合格率100%。

此外，稻香村集团重视员工培训，不断加强员工质量意识，规范操作程序，加强各相关部门对产品质量的监督检查，提高管理水平。公司相关方包括消费者、经销商、供应商、公司员工、主管政府部门、银行等。对不同的相关方，均有相应的专人负责沟通，及时了解相关方的需求。公司每年进行顾客满意度调查，满意率达到95%以上。

（三）科技赋能创新驱动

百年品牌发展至今必有其独有的生存发展之道。对于稻香村而言，诚信是立足之本，创新则是发展之源。

稻香村集团不断增强技术创新管理能力及研究开发能力，目前在苏州、山东、北京三地拥有自主研发实验室，配备国内外先进实验、化验设备和专业研发工作人员,并与国家科研院所、大专院校共同搭建产学研合作平台。传承有序的家传配方、现代科研机构的合作转化、企业自身强大的研发人员、每年保持20%稳定增长的研发投入,让稻香村一步步走向创新与改良的新高度。从2005年开始,企业为加快技术进步,对现有生产设施、工艺装备进行技术改造,积极研究创新技术,优化生产流程,淘汰落后工艺和装备,并加强糕点产品工艺、配方的革新,开发研制出功能性低糖蛋糕、饼干、月饼等产品,以适应追求营养健康、控制食糖摄入量的人群需要,特别是"三高"的特殊人群。产品投入市场后,深得消费者青睐,创造了良好的社会效益和经济效益。2020年,稻香村集团大力推行数字化办公方式,升级了采购、终端销售、财务等各板块系统,推动企业的信息化、数字化、智能化建设。

稻香村集团已经取得诸多创新成效,获得多项专利,使其品牌拥有很高的技术价值、经济价值及社会价值。其中,月饼翻转机构、桃酥饼压制滚筒、防尘搅拌机、撒粉装置4项技术极大地改进了企业的生产工艺,提高了生产效率;桃酥、蛋卷产品的研制,是在传统制作的基础上,对产品进行改良,更适合工业化生产,并符合消费者的需求;桶装食用油取用辅助装置的研制,减少了生产过程中原材料的浪费,提高了产能,并节约了大量劳动力。仅"一种桃酥"(专利证号 ZL2013 2 000538.3)和"一种蛋卷"(专利证号 ZL2013 2 000583.9)专利授权收入就达8 000万元。近年来,稻香村集团作为全国焙烤制品标准化委员会(SAC/TC488)及全国焙烤制品标准化委员会糕点分技术委员会(SAC/TC488/SC1)委员,参与了多项标准的制定与修订。2020年,参与制定的GB/T 39654—2000《品牌评价 原则与基础》国家标准已经发布。《食品工业》2013年第2期上的论文《HACCP在苏式月饼生产中的应用实践》由苏州稻香村与苏州农业职业技术学院联合发表,将传统手工制作产品进行了系统化、标准化规范,为GB/T 19855—2015《月饼》标准中苏式月饼提供相应的依据。此外,稻香村集团还参与了国际食品法典委员会(CAC)区域标准《粽子》《速冻饺子》的制定。

稻香村集团注重创新成果转化，已经把创新成果转化为生产力，将科研中心和教学成果转化为面向市场的成品，并结合自身产品特点加以改良和创新。例如，引进了辅酶的改良使桃酥口感更酥松，入口即化无残渣感；制作苏式鲜肉月饼时将一种天然结凝材料用于馅料调配，锁住了水分，减少了经加热后馅料中水分向酥皮的渗透，保证了鲜嫩的口感。

稻香村集团借助科技赋能创新营销方式，依托全国800多家专卖店、商超专柜及海外渠道，通过多年积累的大数据沉淀与分析，直面消费者需求，以消费者为中心推动产品创新与革新。在持续不断的发展与创新中，公司不失时机建立起领先行业的"稻香村电子商务营销体系"，利用大数据对用户消费行为进行分析、指导、决策，连续多年实现在京东、天猫等电商平台糕点、月饼类目销量第一。此外，公司还尝试了时下流行的直播带货，并自建直播团队，开发微信小程序商城，尝试社群营销，打出了线上创新营销组合拳。2020年，稻香村线上销售取得了显著成果，电商销售量增长30%。

（四）优化服务提升体验

同其他有形产品一样，服务也要凭借优异的质量才能带给消费者深刻的印象和良好的体验。稻香村集团注重服务基础设施建设、服务能力建设，并做到服务全面响应。

稻香村集团现有800多家专卖店、商超专柜，营销网点遍布全国各地。2009年，公司相继在天猫、京东等主流电商平台开通了自营旗舰店，为广大消费者提供更优惠的价格、更便利的线上服务。自2013年起，稻香村推进"出海"战略，开拓海外市场，服务海外消费者。2016年年底，公司逐步对服务基础设施进行进一步的智能升级，跟随新零售趋势，为消费者提供2小时极速达、智慧款台等便民服务。自2018年起，稻香村在沈阳、成都开设多家新型智慧门店。2021年，稻香村第一家体验店在苏州正式营业，营销模式由原本的"工厂配送+包装"改变为"门店现烤+伴手礼"，为消费者带来多方面的中国传统美食体验服务（图3）。

图3 位于苏州观前街上的稻香村百年老店

稻香村集团拥有完善的线上线下服务体系，并不断规范服务流程：线上成立专业的电商团队，负责天猫、京东、拼多多等主流电商平台的运营，进行全运营周期的管理，在团队准备、仓储物流、经营商品、营销计划、节日促销等各个环节均有规范的流程管理；线下则拥有更加完善的自营和经销商服务体系、规范，为店面规格、店面选址、店铺装修设计、运营管理系统、人员素质培训等方面提供科学的体系支撑。稻香村注重对服务人员的培训，拥有完整的培训体系和标准化的培训手册。以加盟商服务管理为例，公司配备有专业的培训师，对加盟商进行系统的理论和实践相结合的培训。培训地点有两处，理论部分设在公司，实践部分则设在稻香村旗舰店（实习一周）。系统的培训不但让加盟商深入了解公司历史文化，还使其能够直观地认识产品，研究并解决在实际经营中所遇到的问题，从而保证加盟店高效的管理与运营。

稻香村集团注重消费者、经销商、供应商等各类型客户的沟通，设立了专门的投诉渠道，有专人负责与客户沟通，及时了解客户的需求并解决投诉问题。为解决全国经销商订购货物的问题，公司安装了网络订单服务系统。经销商通过网络就可以直接看到产品详情、实拍图，完成线上订货，使其"订货快、目标准"的需求得以满足。稻香村集团还为经销商对产品反馈意见开辟了专门通道，实行专人专责的机制，及时解决各个经销商对产品的反馈，让经销商满意，保证稻香村品牌的美誉度。为了给消费者带来贴心的服务，维护消费者的权益，稻香村集团开通了400电话、12315绿色通道，方便与顾客沟通，第一时间解决顾客的投诉与咨询。同时，公司融入互联网趋势，开通官方微信、微博等平台，让消费者及时了解品牌及产品信息，确保公司和消费者之间信息畅通。

（五）品牌引领赋能发展

无形资产也是企业的宝贵财富。稻香村品牌是中式糕点美食的代表，是民族品牌的代表，更是中华民族美食文化的结晶。近年来，稻香村集团加大企业品牌建设力度，积极保护自身知识产权，承担社会责任，获得了社会各界的认可。

稻香村集团注重品牌建设工作。在基础建设方面，公司成立了专职的品牌管理部门，设有专职人员，制定了品牌管理战略规划及相关制度文件，对内对外传播好稻香村品牌。同时，公司组织专门人员查询史料典籍，寻找老物件、旧资料，组织专家研讨会，梳理出了稻香村创始、发展各个阶段的历史脉络，并加快将这些成果编辑成图书出版。公司还找到中央电视台专业的拍摄团队，采访历任厂长、传承人、老师傅、专家学者，以口述历史的形式，将稻香村近百年的历史拍摄整理成纪录片，留下了珍贵的史料素材。在品牌传播方面，公司配合生产经营活动，积极开展各项传播活动：一方面，积极参加国际国内行业展会，传播稻香村品牌；另一方面，开放生产车间、展厅等，传播传统文化。中央电视台、人民日报等上百家新闻媒体多次来到稻香村采访报道。各级政府机关、社会团体、高等院校、外国团体前来交流调研，累计上百场次。2017年，稻香村集团入选新华社民族品牌传播工程；参加了哈萨克斯坦阿斯塔纳世博会，玫瑰鲜花饼、牛舌饼、1773月饼礼盒等产品得到了当地民众和其他国家、地区参展团队的欢迎。稻香村集团希望通过自己的努力，让中华美食成为中外沟通的使者与桥梁，让中式糕点飘香地球村，将中华文化传播到世界各地（图4）。

图4　稻香村广告亮相纽约时代广场

稻香村集团积极开展知识产权保护工作。目前，公司拥有85项专利、110项注册商标、25项著作权。同时，自2006年起，公司在海外注册商标，至今已在60多个国家和地区进行了注册（图5）。稻香村集团注重对品牌声誉的维护，对假冒傍名"稻香村"的行为进行打假维权，维护老字号声誉和消费者权益，曾在10个省份发起近百起知识产权保护行动。

图5　部分海外商标注册证书

稻香村集团积极承担企业的社会责任，树立"厚道做人、地道做事、成人达己、追求卓越"的品牌经营理念，在促进社会进步、员工发展、经济增长、环境保护等方面主动承担协调与和谐发展的社会责任。2021年河南多地遭遇暴雨灾害，稻香村集团第一时间筹集50万包、价值200余万元的各类糕点、面包产品驰援灾区。在新冠肺炎流行期间，稻香村驰援疫区捐款捐物，累计捐赠物资价值500多万元（图6）。平日里，稻香村集团积极参与社区共建，在中秋节、端午节、春节等节假日上门为社区内孤寡老人、伤残退伍军人、贫困家庭等发放粽子、月饼、中式糕点等慰问品；积极参与扶贫事业，在山东建有原料供应基地，依托当地特色农产品开发特色产品，带动当地经济发展。此外，稻香村集团还积极参与老字号振兴计划、纪念长征80周年、纪念建军90周年、春蕾午餐计划等活动。近几年，稻香村集团累计捐赠善款1 000多万元，捐赠物资价值2 000多万元。

图6　稻香村车辆奔赴疫情防治一线

稻香村集团以其过硬的产品品质、优质的服务获得了消费者的广泛认可，在生产、质量、研发、产品、技艺传承、社会责任等诸多方面获得了多项荣誉。

三、案例启示

一代代稻香村人的传承与创新，造就了今天的稻香村集团。近年来,党和国家领导人、各级政府部门都高度重视老字号品牌的发展。从提出"中国品牌"到树立"文化自信",再到弘扬"中华优秀传统文化"、弘扬"工匠精神",老字号企业精准地踩在时代发展的节点上,人民群众对消费国货的热情也空前高涨。可以说,老字号已经迎来了发展的最好机遇,而稻香村集团的发展路径与经验值得参考。

老字号应该是民族品牌。老字号品牌拥有深厚的文化底蕴,而发展壮大离不开对民族性、文化性的挖掘。稻香村集团在苏州成立了非物质文化遗产传承中心,恢复失传技艺,创新改良传统技艺,大大丰富了现存糕点的品类。除此之外,还组织专门人员查询史料典籍,寻找老物件、旧资料,组织专家研讨会,梳理稻香村的发展脉络,并将这些成果编辑成图书出版、拍摄纪录片,传承稻香村的历史和糕点文化。

老字号应该是时代品牌。优秀的品牌要能顺应时代发展要求,不脱节、不掉队。稻香村从苏州逐步走向世界,在"双循环"的新发展格局下,一方面,加紧布局国内市场,不断拓展区域空间,开发县级市场,把内循环的"蛋糕"做大;另一方面,在更高层次、更大程度上积极参与国际循环,依托国内市场优势,积极开拓海外市场,因地制宜,推动稻香村海外业务的发展。一块小小的糕点漂洋过海,为传播中国文化、讲好中国故事做出了贡献。

老字号应该是潮流品牌。近年来,国货受到了前所未有的关注,而品质和创新力成为品牌突围的关键。稻香村集团创新经营理念,玩转电商直播、跨界联名、国潮国风,受到年轻消费者的关注,刷新了品牌认知。尤其是与蒙牛、东阿阿胶、功夫熊猫、康师傅、《王者荣耀》、元气森林等知名品牌IP推出的跨界联名礼盒(图7),进一步扩大了消费圈层,也拓展了新的消费场景。此外,稻香村推出的首家体验店,立足传统苏州文化,打造"乾隆探店""苏州园林""红楼梦"等IP产品,设置手作区、文化体验区等功能分区,将"国潮"概念具化,可以说是经营上的一大创新。

图7 稻香村与《王者荣耀》推出跨界联名礼盒

老字号应该有家国情怀。国家提倡大力弘扬企业家精神。企业是社会的组成单位,民营企业对稳定就业、发展经济的作用至关重要。2020年受新冠肺炎疫情冲击和内外部环境影响,我国经济发展面临新的困难。在这个关头,稻香村作为一个民族品牌、一家老字号企业,积极履行社会责任,和员工、消费者、合作伙伴一起,着力实现共同进步。虽然原材料、人工费用不断上涨,但是稻香村没有裁员和降薪现象发生。在新冠肺炎疫情初始,稻香村当即响应"三保行动"的号召,保证产品质量、保持价格稳定、保障市场供应,同时投入大量人力参与抗击疫情,累计捐款捐物价值达500多万元。

"每个好日子,都有稻香村。"稻香村集团在产品提升、市场开发、线上营销、品牌打造等方面持续发力,让稻香村的产品走进千家万户,也把美好和幸福送向世界各地,让源自苏州的稻香村香飘世界。

附:稻香村品牌发展大事记

1773年(清乾隆三十八年),苏州稻香村茶食店于苏州创立。

1864年(同治三年)苏州稻香村茶食店设稻香村茶食糖果号。

1905年，稻香村茶食糖果公司在清商部注册，这是清末全国糖果业与饮食服务业唯一注册公司。

1925年，稻香村获农商部颁布定第二类第一百一十号商号注册执照，并注明了"禾"字稻图商标。

1937年，抗日战争期间，稻香村响应商会的号召抵制日货，并参与慰问淞沪战士，为抗战捐资捐物。

1956年至1986年，历经公私合营等特定历史时期的稻香村曾多次改名，如"公私合营稻香村茶食糖果商店""公私合营稻香村糖果食品厂""红太阳商店""苏州糕点厂"等。1986年，更名为"苏州稻香村食品厂"。

1994年，稻香村用苏州观前街57号的土地与上海豫园商城联营合资建立上海豫园旅游商城苏州公司，稻香村商店搬到未与其联营的观前街72号经营。1997年，稻香村转让股份，退出合资经营。

1998年7月，稻香村食品厂作为苏州市贸易局试点，由国有企业改制成股份合作制企业，企业员工全部为股东兼职工双重身份。

1999年，苏州稻香村被当时的国内贸易部评为"中华老字号"。

2004年3月，苏州稻香村食品工业有限公司成立。

2006年8月，苏州稻香村食品工业有限公司在苏州工业园区唯亭镇唯文路19号的模范食品工厂落成投产。

2007年，"稻香村苏式月饼制作技艺"被列入苏州市非物质文化遗产。同年，稻香村收购中国粮油集团旗下张家港福临门大家庭食品有限公司及所属60家西饼店。

2008年，稻香村在北京通州投资设立产品生产基地北京苏稻食品公司。

2009年，"稻香村苏式月饼制作技艺"被列入江苏省非物质文化遗产保护名录，"稻香村"商标被评为江苏省著名商标，公司被中国焙烤食品糖制品工业协会评为"中国焙烤食品糖制品行业百强企业"。同年，稻香村启动实施"互联网+"战略。

2010年，菏泽稻香村食品有限公司成立。

2011年，金乡稻香村食品有限公司成立。

2012年,稻香村北京工厂落户通州食品工业园区。

2013年,糕点类"稻香村"商标被原国家工商总局商标局认定为中国驰名商标。同年,公司启动实施稻香村出海战略。

2014年,山东稻香村食品工业有限公司成立,成立稻香村食品集团。

2015年,沈阳副食集团全资子公司沈阳稻香村食品有限公司成为稻香村集团成员。

2016年,稻香村集团山东菏泽加工中心正式建成投产。同年,集团与德国马克布朗股份两合公司签订中德企业互惠战略合作协议,顺利打开欧盟市场。

2017年,稻香村食品集团(香河)有限公司、稻香村食品(天津)有限公司、稻香村食品集团(金乡)有限公司成立。同年,苏州稻香村食品有限公司成立非物质文化遗产传承中心。

2018年,成都稻香村风味食品有限公司成立。

2019年,稻香五号码头(金乡)食品有限公司成立。

2021年,稻香村品牌价值达167.29亿元,品牌强度为902,位居中华老字号榜单前列。

(张　静、张汝伟)

苏大维格：
微纳光制造创新平台品牌建设路径

一、品牌简介

品牌缔造的主体是企业，品牌的建设需要全社会的共同努力，更离不开企业的主导。作为一家苏州本土科技型企业，苏州苏大维格科技集团股份有限公司（简称"苏大维格"）从创立至今通过产学研合作和自主创新，打造核心品牌竞争力，主动出击成就品牌效应，抢占微纳制造产业高地。

苏大维格成立于2001年10月，致力于高端微纳装备核心技术和功能材料器件的研发、制造及产业应用。公司于2012年6月28日在深圳证券交易所创业板上市（股票代码：300331）。

公司重点攻克了重大微纳装备关键技术，开展"微纳制造装备与仪器""微纳界面工程与器件""柔性微纳压印""功能光电材料与器件"的研发与应用；组建了"模块化、知识密集、可升级和快速配置"的微纳柔性制造创新平台，该平台也是目前我国国内唯一可以和发达国家技术布局与基础同步的专业技术平台。

公司与苏州大学有产学研合作关系，双方在微纳光学技术研究开发方面相互促进。"维格"包含"维度""格致"之意，因为公司的技术和产品是使用物理、化学等方法在材料表面做出微米、纳米级的立体结构。同时，"维格"名称最早源于苏州大学的一座著名建筑——维格堂。该建筑由中国维新派先驱之一李维格先生及其后人捐助营建。苏大维格的名称由此而来。

公司是国内领先的微纳结构产品制造和技术服务商，通过自主研发微纳光学关键制造设备——光刻机，建立了微纳光学研发与生产制造的基础技术平台体系，为客户提供不同用途微纳光学产品的设计、开发与制造服务。公司致力以解决底层核心技术为突破口，相继开发多个系列的光刻机与压印设备，并通过光刻机自制微纳结构模具，采用纳米压印方式在经过特殊处理的涤纶树脂或聚碳酸酯材料（PET/PC）薄膜等基材表面形成微纳结构。量级、形貌不同的微纳结构可使材料产生各类特殊的效果，如光变色图案、增亮扩散特性、透明导电特性、全息图像等。在持续的技术创新推动下，公司紧密贴合下游市场需求变化，陆续推出了公共安全材料、新型印刷材料、导光材料、柔性透明导电膜、中大尺寸电容触控模组和特种装饰膜等产品。同时，公司通过外延式并购收购了常州华日升反光材料股份有限公司，进入反光材料与反光制品领域，主营各个等级和规格的反光膜、发光膜、反光布以及多种反光制品，丰富了公司在公共安全和道路交通领域的产品维度。

目前，公司已发展形成了公共安全和新型印材、消费电子新材料、反光材料、高端智能装备四大事业群，并凭借强大的技术研发实力，在纳米波导光场镜片、裸眼3D显示、无掩膜光刻等领域持续研发，进行技术与专利布局，不断开发新产品，拓展新领域，致力于将公司打造成具备持续创新能力、行业影响力大、产品丰富、服务优质的微纳结构产品领先企业。

二、苏大维格品牌建设路径

（一）优化知识产权管理，提升品牌质量

知识产权保护是公司品牌建设的重点。截止到2020年，苏大维格申请专利总计652件，其中PCT（专利合作条约）专利72件、发明专利295件；获得专利授权总计283件，其中发明专利93件、境外专利13件、商标专利71件。专利技术获得3项国家科技进步二等奖、4项中国专利优秀奖、4项江苏省科学技术一等奖以及10余项省

部级科技奖项。

公司设立了独立的知识产权部门，由陈林森董事长任最高管理者和第一责任人，配备了由知识产权主管、知识产权工程师（4位，具有代理人资格）、流程管理师、知识产权法务、专利顾问等10人组成的专业团队。公司通过了国家知识产权管理体系认证，通过全国知识产权示范单位及江苏省企业知识产权管理标准化示范创建单位的建设以及知识产权和成果激励政策的制定，引导和鼓励员工积极开展创新开发工作，形成了全员创新的良好氛围。各级员工荣获国家、省、市级科技进步奖和各级专利奖近40人次。

公司还通过专业的智慧芽、合享新创、索意互动多种专利信息数据平台，实时跟踪最新专利状态，分析现有技术，掌握行业动态，监视竞争对手的专利情况。经过长期探索，公司形成了一套"目标牵引—基础研究—技术创新—工程设计—专利培育—成果转化"的机制。该机制对于巩固公司行业技术领先地位、增强公司的品牌影响力和核心竞争力具有推动作用。

（二）全链条一体化设计，牵引产业创新发展

创新是当今世界引领发展的第一动力。以苏州大学光电科学与工程学院陈林森研究员为核心的创新团队正是敏锐地注意到了创新的超前性以及创新与产业发展的适应性，故而以"技术立业"为理念，积极探索科技创新与高校产学研的新的运行机制。目前，苏大维格已经成长为柔性光电子与智能制造领域的平台型企业，形成了面向微纳制造产业，以高端激光直写光刻设备为核心支撑，围绕柔性功能材料、微纳结构3D印材、3D微纳增材制造的系列化技术布局，具备产业关键核心装备、关键器件制备、量产化工艺和应用验证的全链条一体化设计开发能力。截至目前，苏大维格凭借在业内的品牌影响力，已与华为、微软、京东方等国内外头部企业在微纳光学、柔性光电子等前瞻领域建立了合作研发关系。

苏大维格一直以前瞻性和共性技术问题为主攻方面，开展引领性研究和布局，坚定走创新发展的道路，以拒绝做"跟随者"的态度，不断增加自身品牌的附加值，聚合创新资源，加快原创性高技术成果

转化和产业对接的步伐。公司通过"创新+产业+资本"的协同模式，推进产业链创新建设，布局共性技术，形成平台性需求，从而牵引产业向高端创新发展。全国政协副主席、科技部前部长万钢给予苏大维格的创新成果如此评价："这是我看到的、有原创性的纳米科技成果转化。纳米产业化不再是概念，而是实实在在的创新和产业应用！"

（三）全方位资源配备，共促品牌全面发展

1. 物质资源

集团旗下设有12家企业和若干事业部，拥有18万平方米厂房，8 000平方米研发楼，1万平方米洁净实验室，2 000平方米千级净化实验室，1万平方米中试场地。苏大维格建有"一室两站三中心"作为技术研发的强大后盾，形成了"模块化、知识密集、可升级和快速配置"的微纳光制造创新平台和体系。"一室"为江苏省企业重点实验室——柔性光电子材料/器件与制造技术重点实验室；"两站"即2个科研工作站——江苏省企业院士工作站、江苏省企业博士后科研工作站；"三中心"是1个国家级研究中心和2个省级研究中心——数码激光成像与显示国家地方联合工程研究中心、江苏省企业技术中心和江苏省微纳柔性制造工程技术研究中心。

公司自主研发设备60余台（套），包括各类卷对卷纳米压印设备、纳米级电铸制版设备、紫外（UV）纳米压印设备、双面UV纳米压印设备、激光刻蚀与精密模具制造设备、灰度光刻设备、柔性材料纳米涂布设备等。

2. 技术资源

公司建立了以技术中心、研发中心为主体的技术评估体系，跟踪、收集各类行业数据信息，分析当前国内外技术发展状况和趋势，评估公司现有技术与标杆企业的差距，为公司制定发展战略提供了参考和依据。

"面向绿色生产的微纳柔性制造技术与应用"作为国家863计划亮点成果，2016年和2017年分别受科技部邀请参加"十二五科技创新成就展"和"中华文明与科技创新展"；2018年参加了军民融合发展高技术装备成果展。该创新成果填补了大幅面微纳图形制造技术的空白。目前，苏大维格是国内唯一具有从数据设计到大面积3D灰度结构光刻与设备研制能力，并实现广泛应用的单位，为柔性光电子材料与器件的自主可控的研制提供了不可或缺的关键设备和核心技术。

公司先后承担"十二五"国家重大863专项、国家自然科学基金重大项目、国家重大科学仪器设备开发项目、军事装备预先研究项目、国家国际科技合作计划项目、江苏省科技成果转化项目、江苏省重点研发计划项目、省级战略性新兴产业发展专项资金项目等70余项国家、省、市级科研专项，保持了较高比例的研发滚动投入。

在产学研与国际合作方面，公司与苏州大学、南京大学、东南大学、中科院微系统所等国内知名院校和研究所建立了长期的产学研合作；在国际上，合作对象包括芬兰国家技术研究中心（欧盟第三大研究机构）、丹麦理工大学国际纳米研究中心（国际上电子束光刻研究的顶级研究机构）、美国麻省理工学院和美国密西根大学等世界一流高校与研究机构。公司与芬兰国家技术研究中心合作的项目均被芬兰国家技术创新局列为优先合作项目，双方互派研究人员到对方工作。

3. 人力资源

在公司多年的发展过程中，公司核心技术研发团队逐步壮大。截至2020年12月31日，公司拥有博士12名、硕士59名，集聚了光学、机械、电子、软件开发、工程应用等专业的优秀人才。公司长期坚持柔性光电子的基础研究、技术创新和装备研制，积累了丰富的研究和应用经验。目前，公司已经形成了以陈林森为带头人的研发团队，建立了企业自主研发的模式，具备了保持持续技术创新的能力，是国内为数不多的微纳光学领域的高水平创新创业团队，获评国防科技创新团队、江苏省创新团队等荣誉。

同时，公司有组织地建立了以人为本的人力资源管理体系，促进了员工的学习和发展，提高了员工的满意程度。还建立了招聘体系、教育培训体系、薪酬体系、绩效体系等，有效促进了员工和企业共同发展。

4. 信息和知识资源

信息和知识资源是公司软实力的重要组成部分，因此公司成立了信息化委员会。该委员会负责公司信息和知识资源的策划与利用，明确信息和知识的管理办法，规定各相关方信息和知识的识别、收集、整合、传播、共享等具体方法和内容；建立和完善软硬件基础设施平台，对信息和知识资源提供技术支撑，确保其可靠性、安全性和有效性，实现公司向学习型组织转变，增强公司可持续发展、跨越式发展的动能。

公司根据战略制定和日常运营的需求，通过与行业协会、顾客、供方和合作伙伴等合作以及利用社会媒介，识别和开发内外部信息源，获取所需的各类数据和信息，并通过信息系统等途径，向相关方提供相关数据和信息，提高供应链整体的效率和快速反应能力。

公司严格执行根据 ISO 27001 制定的《信息安全管理系统规定》等规章制度，保证所有系统正常有效运行。对于公司核心信息，采用加设管理员密码、与公众信息网分离等方式，加强信息安全管理。

公司积极营造重视知识的学习型组织文化氛围，以"互联网+"技术和内部局域网系统建立知识共享平台，确定收集和传递内外部知识的方式，并通过内部知识分享和外部标杆对比，确定最佳实践方式，将知识转化为效益，促进知识资产的不断增值。

公司制定了知识管理流程与方法，规范了知识的收集、推广、应用、创新等各环节，并建立了以知识产权部为知识管理责任部门、各职能部门为责任部门的知识管理体制，实现知识学习和共享。

5. 财务资源

公司积极有效地培育和配置财务资源，识别各类财务风险，通过资金预算管理、会计核算管理、财务分析管理、成本管理等提高资金使用效率，保证资金安全，促进公司股东权益最大化，保障战略目标的实现。

根据公司中长期战略规划和年度经营计划，财务管理中心以经营预算为起点，结合工程成本预算、费用预算、薪酬预算等确定资本性支出和生产经营流动资金需求，并最终形成年度财务资金需求，通过应收账款、银行贷款等确保资金的使用。

（四）提升服务水平，加强品牌感知力

在实施战略规划的过程中，公司始终把关注顾客需求放在首位，通过市场调研确定顾客群，并按照顾客对产品和服务的不同需求进行市场细分，在识别和确定顾客的需求、期望和偏好的基础上，确定目标市场，建立良好的顾客关系，提升顾客的满意度和忠诚度，提高市场占有率。

苏大维格始终致力于微纳关键技术、柔性智能制造、柔性光电子材料的创新应用。公司在微纳制造领域多年的耕耘与成就不仅意味着柔性纳米印刷能实现集成电路精密标准、产生特殊的光电功能，也必将推进纳米印刷向光电子、新型显示和无油墨立体彩色图形的纳米印刷方向进步。作为一家在深圳证券交易所创业板上市的企业，苏大维格遵循为客户提供增值服务的信条，基于行业合作与支持，促进中国纳米制造技术进步与产业发展。

公司根据自身的战略优势，进行市场细分和定位，确定当前及未来的产品和服务所针对的目标顾客群与细分市场。细分的视角可包括：市场区域、销售渠道、顾客行业、质量与价格等。

（五）提高质量管理水平，建立完善的体系机制

公司主导推行与社会环境和企业发展息息相关的 ISO 9001、ISO 14001、ISO 27001 管理体系以及 GB/T 29490—2013 知识产权管理体系认证，全面识别及遵守公司在质量、环境、信息安全管理和知识产权方面的法律法规，并通过体系的实施和推广营造持续改进的良好氛围，履行质量承诺。

公司着眼全球市场竞争，践行可持续发展理念，形成了"坚持原创、解决关键难题、推进产业应用"的使命和"自主创新、合作共赢，让微纳制造服务幸福生活"的愿景。公司明确由质量管理主管部门负责构建质量管理体系，循序推进公司的质量管理工作。公司选定明尼苏达矿业制造公司（Minnesota Mining and Manufacturing，简称"3M"）为标杆，通过学习借鉴、系统思考和持续改进，不断吸收标杆企业的优点，在保持优势的基础上，采取具有针对性的措施，不断提升公司的经营质量、运行质量、管理质量，推动公司从优秀走向

卓越。

三、案例启示

苏大维格快速发展的原因在于不断提升应用创新水平，不断创造微纳光学制造新的应用领域，形成技术驱动力，推动公司业务跨上更高的平台。公司始终坚持"市场需求为导向、企业为创新主体、产学研相结合"的方向，建立了"关键技术研究—工程应用研究—产品应用开发"的渐进式多层次研发体系。

苏大维格能够形成品牌优势，归根结底靠的是企业的品牌价值观和创始人在技术上的领先意识。"坚持原创、解决关键难题、推进产业应用"的使命是苏大维格品牌建立的基础。在各个方面践行可持续发展理念有效助力了公司的业务增长和品牌传播，从而使其品牌在微纳制造领域获得了不可取代的优势。

苏大维格不仅通过创新工作推动了微纳技术的产业应用，也自主研发出具有国际前沿水准的高端微纳光刻直写技术、柔性纳米压印装备。公司坚持以人为本、以创新为支撑、以需求为牵引，努力用责任心和认真细心的态度来做自己的产品、研发自己的核心技术。苏大维格遵循"将每一件事做好，力图每次都做对"的精神，努力将工作做好，把客户服务好，持续提升品牌价值。

附：苏大维格品牌发展大事记

2001年，苏大维格创立。

2002年，苏大维格获国家科技进步二等奖。

2004年，苏大维格二代身份证物理视读方案获得应用。

2007年，苏大维格二代驾驶证/行驶证防伪技术获得应用；苏大维格成立博士后工作站。

2011年，苏大维格再次获得国家科技进步二等奖。

2012年6月28日，苏大维格在深圳证券交易所创业板上市。

2014年，苏大维格开发深纹直写系统大尺寸透明导电膜产线。

2015年，苏大维格连续调控纳米直写系统NanoCrystal获中国专利优秀奖。

2016年，苏大维格参加国家"十二五"科技创新成就展；获中国专利优秀奖；产品新能源号牌获得应用；并购常州华日升反光材料股份有限公司。

2017年，苏大维格发起设立"民营官助"创新研究院；成功研发增强现实（AR）波导镜片。

2018年，苏大维格获国家知识产权优势企业认定；获得江苏省科学技术一等奖，微纳结构薄膜应用于华为、小米等终端旗舰产品，获得一级供应商资质，攻克了AR纳米波导镜片批量化关键技术。

2019年，苏大维格第三次获得国家科技进步二等奖；微纳光学新材料项目及维格光电产业园落地盐城；高性能柔性透明导电膜（AD-Film）研发成功；高性能柔性触控屏及模组和研发中心项目落地南通。

2020年，苏大维格荣获2020年苏州市质量奖。

（赵云龙、卞　京）

> 苏州制造品牌建设
> 十佳案例（2021）

产品品牌篇

永攀高峰　百炼成钢
——永钢品牌建设实践

一、永钢品牌简介

江苏永钢集团有限公司（简称"永钢集团"或"永钢"）创办于1984年，是一家集钢铁冶炼、绿色建筑、新型贸易、装备制造等产业于一体的钢铁联合企业，现已成为华东地区现代化程度高、具有特强竞争力的钢铁联合企业，同时也是国家高新技术企业，年产钢量超1 000万吨，现有员工11 000余人。公司厂区占地面积达428万平方米，构筑物面积达315万平方米；拥有长江自备码头3个，拥有52条主要生产线及配套设备设施，固定资产超400亿元。

永钢2020年度在全国民营企业500强中列第93位，在苏州民营企业100强中列第6位。

永钢主要产品有建筑用钢、能源用钢、交通用钢三大系列，产品市场范围覆盖亚洲、欧洲、美洲、非洲、澳洲的112个国家和地区，其中"一带一路"沿线国家和地区32个，年出口量最高达280万吨，同类产品出口量位居行业前列。

在建筑用钢方面，除高强、抗震、耐腐蚀、耐候等功能钢筋外，永钢主要研发和生产应用于铁路轨枕、城市立交桥、综合管廊等重点工程的高强度低松弛预应力钢绞线，应用于悬索桥、斜拉桥等桥梁的缆索用钢，应用于大型设备、大跨度钢结构的环境友好型免退火合金冷镦钢。

在能源用钢方面，永钢主要研发和生产应用于核电和火力发电的亚临界、超临界、超超临界锅炉机组的高温再热器等P91/P92产品，应用于陆地、海洋风力发电中关键核心部件的风电齿轮钢，应用于油气钻探和钻采的高冲击韧性、高耐磨石油钻铤钻杆用钢。

在交通用钢方面，永钢主要研发和生产应用于各类轮胎的胎圈钢丝及拉拔至0.17mm以下的高强度钢帘线用钢，应用于城市地铁、轻轨、高速铁路的车轴用钢，应用于航空发动机、燃气轮机发动机的涡轮盘等。

永钢品牌标志（图1）的整体外形为正方形，正方形内有3条充满动感的弧线。弧线的多元组合象征永钢集团的多产业经营、多元化发展，如彩虹在延伸，给人意犹未尽的感觉和无限的想象空间，表明永钢集团强大的发展后劲和宽广的发展空间，以及永钢人所具有的长远发展的战略眼光。弧线的向心组合折射出永钢集团强大的向心力和凝聚力。

图1　永钢品牌标志

该标志运用了深蓝色、黄色和红色。深蓝色寓意永钢人的沉稳和务实；黄色寓意永钢人充满朝气和希望；红色寓意永钢人的热情、活力和永钢集团的蓬勃发展，同时，以红色为主色调的正方形又象征一面旗帜，表明永钢人积极进取、不断前进，努力将永钢建设成钢铁行业一面旗帜的信心和决心。

二、永钢品牌建设实践

（一）用高质量产品打造"永钢品牌"

1. 质量是企业发展的立身之本

永钢集团秉承"高品质钢铁材料服务商"定位，始终致力于为社会提供更高品质的钢铁材料。"精益求精，增强顾客满意；精益求进，实现持续改进"是永钢坚定不移的质量方针。近年来，永钢围绕"普转优、优转特、特转精"的战略目标，坚定不移走转型、创新之路，将企业产品广泛应用于机械制造、汽车、船舶、风电、核电等领域，先后获得了英标螺纹钢 CARES 认证、韩标螺纹钢 KS 认证、马来西亚标准高碳线材 SIRIM 认证、日标中高碳线材 JIS 认证等。永钢本着"诚信、共赢、实干、创新"的核心价值观，做到不合格产品不出厂，在国家等各级产品质量监督抽查中，合格率达到 100%。

永钢是最早一批通过 ISO 9000 认证的企业，建有完整的质量管理体系。以"大质量"理念积极导入卓越绩效管理模式，先后获得张家港市市长质量奖、苏州市市长质量奖和江苏省省长质量奖。

在产品质量风险方面，公司产品可能因钢筋强度不够导致抗震效果不好。对此，永钢每半年对建筑钢材进行质量风险评估，并针对潜在的风险制定预防措施，防患于未然；在生产工艺调整前进行预评估，并委托国家建筑钢材质检中心进行型式试验；主动淘汰低强度钢筋，积极开发高强钢筋和抗震钢筋，并加强攻关，改进普通钢筋的抗震性能，提高建筑物的安全性。

永钢坚信"诚信是立企之本"，这也是永钢几十年以来立足于行业领先地位的原因之一，时刻对所有员工敲响"诚信之钟"，提醒员工不能忘本。公司建立了质量诚信管理制度并全面推行实施，弘扬公司的"诚信之美"，保障公司"钢筋铁骨到永远"的使命和"永创千秋业，联结四海友"的愿景。公司秉承"进三出二，老实不吃亏"的企业精神，其全方位的诚信体现在以下方面。

（1）对顾客，绝对坚持"不合格产品不出厂"，提供高品质的产品和服务。

（2）对供应商，建立长期战略合作伙伴关系，合作共赢。

（3）对股东，实施运营的透明性及信息披露的政策，定期对企业年度生产经营情况、财务情况、重大投资情况、利润分配等进行审议和通报。

（4）对合作伙伴，建立相互沟通、全面合作、实现共赢的战略合作伙伴关系。

（5）对社会，依法纳税，构建和谐社会，主动承担企业公民责任，为国家、社会做出贡献。

在发展过程中，永钢集团获得了"全国钢铁工业先进集体""全国守合同重信用企业""全国推动绿色发展示范基地"等称号。

永钢始终倡导"质量立企"的管理理念，把道德良心注入产品质量，做良心企业；创建了追求卓越的质量文化氛围，形成了以"精益求精，增强顾客满意；精益求进，实现持续改进"为方针的质量文化，有效推进"永钢制造"向"永钢质造"的转变，大力提升了品牌知名度，为打造中国的"铮铮铁骨"贡献了力量。

2. 创新是企业发展的动力源泉

永钢拥有国家级博士后科研工作站、国家认证实验室、江苏省企业技术中心等各级创新平台8个，与多个科研机构合作建设了共享创新平台。

永钢建有完整的研发创新管理体系，为各类创新活动提供制度保障，为各种激励措施提供机制保障，同时为优秀创新项目、创新人才、创新集体树立标杆。

值得一提的是，永钢研发的贝氏体非调质钢、P91特种焊丝钢填补了国内相关领域空白。SA335 P91盘条，焊缝熔敷金属在600 ℃温度下10万小时的外推持久强度值为111.7 MPa，打破了只能依赖进口的局面，提升了我国火电/核电超超临界发电机组的焊接寿命，保障了我国的能源安全。

直接切削用非调质钢、免退火冷镦钢等绿色产品使永钢具备了朝行业内"单项冠军"方向发展的潜质和条件。

永钢先后为上海世博会中国馆、港珠澳大桥等具有国际影响的重大工程提供中国制造钢材，以钢筋铁骨打造中国钢铁企业高质量发展的国际形象。

同时，永钢拥有一支1 200余人的研发队伍，并在上海、苏州等地建设"飞地"导入高端研发人才和技术，年研发投入超27亿元，建有国家级博士后科研工作站，省级企业技术中心和省级工程技术中心等科研载体；与钢铁研究总院、乌克兰国家科学院、北京科技大学、东南大学等科研院所在特钢产品研发方面广泛开展产学研合作，为公司产品质量改进与提升奠定了研发基础。

公司先后与乌克兰国家科学院、钢铁研究总院、北京科技大学等科研院所合作,近三年产学研合作经费累计达6 000万元。典型的产学研合作项目见表1。

表1 典型的产学研合作项目

序号	项目名称	合作单位
1	多层氧枪喷头冶炼技术	乌克兰国家科学院
2	高质量帘线钢生产技术	乌克兰国家科学院
3	钢包底吹氩过程的数值模拟及其优化	钢铁研究总院
4	低成本耐腐蚀钢筋研制开发	钢铁研究总院
5	转炉高废钢比、高效化生产新工艺研究	江苏冶金技术研究院
6	高品质55SiCr线材质量控制技术研究	江苏冶金技术研究院
7	高品质QS87Mn线材质量控制技术的研究	江苏冶金技术研究院
8	棒材以轧代锻产品质量提升	北京科技大学
9	优特钢线材表面氧化层质量攻关	北京科技大学

永钢坚持"创新是第一动力",依托博士后科研工作站、省级企业技术中心等科研载体,深度推进产学研一体化、校企合作,积极开发新钢种、新材料,先后获得国家科学技术进步奖、冶金科学技术奖、2019年度江苏省省长质量奖等多项荣誉,2021年入选江苏省战略推进计划项目,企业产品附加值与竞争力大大提升。

永钢创新全员参与方式,通过技能竞赛、用户服务、"质量月"等特色活动,确保全员参与质量管理,保证质量文化的传承与发展。创新成果先后获得国家科技进步二等奖1项、省部级科技进步奖10多项。产品与技术经鉴定达到国际先进水平、国内领先水平。永钢还承担国家重点研发计划、国家火炬计划产业化示范项目、科技支撑计划项目、国家高技术研究发展计划等国家级项目4项。

3. 优质服务是企业发展的助推器

永钢始终聚焦市场需求,关注细分市场,深挖市场潜力,用高品质服务赢得市场信赖。积极响应国家"走出去"号召和"一带一路"倡议,在深耕国内市场的同时,广泛开拓海外市场,现已形成"内外联动"的市场互动格局。永钢的产品销往国内28个省、自治区、直辖市,市场覆盖全球112个国家与地区,产品被应用到港珠澳大桥、"迪拜眼"摩天轮、新加坡滨海湾金沙酒店等知名工程。

永钢始终坚持以诚待人、以信接物的服务理念,推出"门对门""个性化"服务,不断优化客户体验,与客户共同开发产品,从新产品开发、产品质量提升、用户服务升级等方面着手,充分满足客户差异化、定制化需求。依靠年吞吐量达3 000万吨的长江自备码头,实现"精准装船、精准发货",让产品及时送达客户手中。

永钢以打造"高品质钢铁材料服务商"为战略目标,开展EVI研发、个性化定制、物流代运、仓储、延伸加工、预约提货、授信支持、检试验、技术指导等多种服务。公司拥有150余人的销售队伍,建立了专业的信息化、物流、金融贸易等子公司,打造电商服务、业财一体化等互联网平台,具有较强的服务能力。例如,江苏骏马集团有限责任公司提出公司帘线钢氧化皮过厚,永钢立即与乌克兰国家科学院组成联合攻关队伍,彻底解决了此项问题,提升了顾客满意度。

2019年,江苏骏宇汽配有限公司提出42CrMo硬度偏高,永钢随即成立攻关小组,成功解决了问题,提升了顾客满意度。

近三年,顾客投诉及时响应率、有效解决率均为100%;顾客满意度逐年提升,2020年达到90分以上。战略合作伙伴逐年增加,顾客重复购买率超过90%。

公司建立了信息收集渠道、顾客档案,通过市场调研、情报收集等方式确定目标市场、了解顾客需求。①建立顾客关系:针对不同类型的顾客,建立差异化的顾客关系,为其提供优质的产品和服务,以赢得顾客的满意和忠诚。②维护顾客关系:成立了27个产销研小组,为顾客提供一体化、一站式服务。③高效处理顾客投诉:建立快速反应机制,通过电话、邮件、即时通信软件等收集顾客反馈或投诉信息,并制定相应措施,以确保投诉得到及时、有效处理。

(二)加强企业品牌文化建设

社会责任是企业发展的落脚点。永钢始终贯彻"职工无小事"的理念,积极开展贫困帮扶、困难职工救助、职工子女助学等活动。公司投资6亿元建设颐和公寓，让员工住得舒心和便捷；开设"职工子女暑期托管班"，解决双职工暑期无人看管孩子的问题……一系列举措让员工感受到企业的温暖，增强了企业的凝聚力和向心力。

永钢秉承共建共享的发展理念，保持企业稳健发展，造福永联村村民，给永联村留下永钢25%的股份，2012年至今向永联村分红27.62亿元。公司在永联村的基础设施建设、产业发展、住房改善、教育医疗、就业帮扶、慈善养老等事业上发挥重要作用，以企业高质量发展推动永联村各项社会事业的进步，成为永联村乡村振兴的"源动力"。永联村在全国60万个行政村中上缴税收位列全国第二、经济总量位列全国前三，是"国家级生态村"，连续六届被评为"全国文明村"。

永钢依托线上线下销售平台，为贵州沿河、新疆巩留、山东聊城、安徽广德、陕西延安、江苏盱眙等地建立稳定的农产品销售渠道；与新疆阿克苏地区乌什县库尔干村结为帮扶对象，通过资金和物资援助、村企共建等形式，使该村实现脱贫致富，达到小康水平，建设成阿克苏地区乃至全疆民族团结、扶贫帮困示范点和社会主义新农村建设典范。永钢因此获得"苏州市民族团结进步创建示范基地""张家港市民族团结进步创建示范企业"等荣誉。

2020年2月，永钢向张家港市慈善总会捐赠款项2 000万元、口罩14万只、防护服9 000多套，定向用于疫情防控工作；在疫情防控期间组织三次应急献血，累计献血76 500毫升；向张家港援疆工作组捐赠390万元，助力巩留县疫情防控。企业荣获"中华慈善奖""抗击新冠肺炎疫情先进民营企业"等荣誉。

（三）贯彻绿色安装理念，提升品牌内涵

绿色环保是企业发展的根本要求。党的十八大以来，在习近平新时代中国特色社会主义思想指引下，永钢集团深入学习贯彻"绿水青山就是金山银山"的理念，走转型升级、绿色发展之路，成为全国钢铁企业中首家同时被国家工信部授予"绿色工厂"和"绿色供应链管理示范企业"称号的单位。

永钢建有两家污水处理厂，日处理污水能力达3.5万吨，每天的水循环量为437万吨。这些污水经过沉淀、过滤、超级过滤、反渗透处理后全部回用于相应的生产工序,实现了零排放。紧贴钢铁生产区的六干河、七干河两条长江干河,水质平均达到了二类水标准。

永钢大力推进超低排放改造。2014年建设的450平方米烧结项目应用了国内第一条具有自主知识产权的烟气脱硫系统,可实现脱硫、脱硝、脱二噁英、脱重金属、脱粉尘"五个脱"。迄今永钢还推进了原料堆场加盖等项目,累计投入超过60亿元。企业有组织排放、无组织排放均实现超低排放的目标。

永钢大力推进固废综合利用,是国家发改委认定的全国50家资源循环利用基地之一。2020年投产的冶金尘泥资源化综合利用项目代表了国内转底炉工艺的最高水平,实现了冶金尘泥不落地、产耗100%平衡。生产过程中产生的钢渣也全部实施回收和循环利用,利用方式包括制砖、筑路以及3D打印成构筑物。2021年年初,永钢还投产了建筑垃圾资源化综合利用项目。

此外,永钢因地制宜地把蒸汽用于水产养殖、工厂化育秧、粮食烘干等现代农业生产,既实现了钢铁工艺过程回收的低品质蒸汽效益最大化,又成为工业与农业循环互补的典范。

三、案例启示

科学合理的品牌定位是品牌建设的关键前提。永钢通过对目标市场、主要竞争对手、技术和产品发展趋势等方面的调研,采用态势分析法(SWOT)等分析工具,系统开展品牌定位研究,确立了"国内一流、国际知名"的品牌定位。

永钢结合行业特点开展品牌推广工作。企业对企业(B2B)模式的客户是钢铁企业的主要客户群。他们不仅对产品的质量、技术指标、价格行情等非常熟悉,对企业的交货期、服务、能否长期供货等内部情况也非常了解。他们是基于产品规格、质量等物理特性来采购的,购买决策非常理性。针对这些行业特点,永钢从产品、技术、创新、物流、信息智能化、产业链联通等多方面入手,从传统的"钢材材料供应商"转型发展成"高品质钢铁材料服务商",提升客户满意度，增强客户黏性，锻造自主品牌。与此同时，永钢也通过官网、电视、杂志、公众号、抖音、广告牌、会议承办等方式向社会开展品牌推广工作。

近年来，永钢从组织保障、全员参与、注重监管、高效投诉处理等方面系统建设自身的品牌应急管理体系，确保不发生重大品牌危机事件，保护永钢的产品和品牌在市场上的声誉和地位。

通过持续不断的品牌建设工作，永钢获评2020年中国卓越钢铁企业品牌，连续多年被评为钢铁企业A级竞争力特强企业，荣获2020年"中华慈善奖"，是全国首家同时被工信部授予"绿色工厂"和"绿色供应链管理示范企业"的钢铁企业，入选全国钢铁行业能效"领跑者"，被国际能源基金会评为"气候领袖企业"。

同时，永钢的产品也获得一定的品牌溢价——与主要竞争对手相比，获得10~50元/吨的品牌溢价，为企业带来较好的经济效益。公司还获得参与多项国家重特大工程建设机会，如参与建设港珠澳大桥，应用公司产品十余万吨，为国家和社会做出了自己的贡献。

2020年，永钢以232.71亿元品牌价值位于中国企业第291位、钢铁企业第11位。

在品牌保护方面，永钢通过注册商标以及系统建设品牌应急管理体系等措施开展品牌保护，在63个国家和地区注册商标340余个，其中一些商标连续多年被认定为江苏省著名商标，"联峰"牌则被认定为中国驰名商标。

截至2021年4月底，永钢累计获得授权专利768项，其中发明专利261项。在冶金信息标准研究院钢铁行业专利创新指数评选中，永钢位列中国民营钢铁企业第一名。

附：永钢品牌发展大事记

1994年1月1日，中华人民共和国农业部授予江苏永钢集团有限公司"1994年度1 000家全国最佳经济效益乡镇企业"称号。

1995年，联峰牌热轧带肋钢筋获江苏省冶金工业厅颁发的"联峰牌热轧带肋钢筋国际冶金工业技术及设备展览会优秀奖"。

1996年，联峰钢材获中国保护消费者基金会推荐的"消费者信得过产品"称号。

1996—1999年，联峰牌热轧带肋钢筋连续三年被江苏省计划与经济委员会认定为"江苏名牌产品"。

1997年，联峰牌建筑钢材被中国质量协会评定为"1997年度全国用户满意产品"。

1997年，联峰牌热轧带肋钢筋荣获冶金部冶金产品"实物质量金杯奖"称号。

1998年，联峰牌建筑钢材被授予"江苏省重点保护产品"称号。

1998年，联峰钢材获中国质协和冶金质协举办的"热轧带肋钢筋1997年用户评价服务质量十佳企业"称号。

1998年11月，联峰牌钢材产品被江苏省技术监督局授予"江苏省重点保护产品"称号。

1999年，联峰牌系列钢筋混凝土用热轧带肋钢筋、热轧圆钢被江苏省质协用户委员会授予"用户评价满意商品"称号。

1999年7月，联峰牌热轧带肋钢筋经全国评价调查，被中国社会调查所认定为"中国名牌产品"。

2000年，联峰钢材获"浙江消费者新千年喜爱的百家外省著名品牌"称号。

2000年，江苏永钢集团有限公司被江苏省打假治劣保名牌特刊办推介为"2000年度钢材市场特优品牌供货单位"。

2002年，联峰牌钢筋混凝土用热轧带肋钢筋产品被评为"中国质量过硬服务放心信誉品牌"。3月，联峰牌钢筋混凝土用热轧带肋钢筋被评为"全国质量稳定合格产品"。5月，联峰牌热螺纹钢、圆钢被评为"质量、服务、信誉"消费者可信产品。7月，联峰牌热轧带肋钢筋被授予"中国驰名品牌"称号。

2003年，联峰牌钢筋混凝土用热轧带肋钢筋被推介为"消费者信赖的知名品牌"。

2003年，联峰牌钢筋混凝土用热轧带肋钢筋被浙江省质量技术监督局评为"浙江质量信得过产品"。

2004年，江苏永钢集团有限公司被认定为"全国乡镇企业创名牌重点企业"。

2004年，江苏永钢集团有限公司联峰牌钢筋混凝土用热轧带肋钢筋被推介为"消费者信赖的知名品牌"。3月，江苏永钢集团有限公司被认定为"全国乡镇企业创名牌重点企业"。7月，江苏联峰实业股份有限公司热轧圆钢被推介为"消费者信赖的知名品牌"。

2005年，联峰牌热轧带肋钢筋、热轧圆钢、热轧圆盘条被推介为"全国市场消费者放心购物可信品牌"。

2005年，江苏联峰实业有限公司联峰（注册证号572205）型钢被认定为"江苏省著名商标"。

2006年，江苏永钢集团有限公司获"中国名优数据库知名商标（联峰）"称号。

2008年，江苏永钢集团有限公司荣获"全国首届企业发展与新农村建设百姓喜爱的优秀企业500强"称号。

2008年，江苏永钢集团有限公司获评"中国优秀民营企业"荣誉称号。

2009年，江苏永钢集团有限公司获国家人力资源和社会保障部、中国钢铁工业协会"全国钢铁工业先进集体"称号。

2010年，联峰牌钢材获国际迪拜中央实验室（DCL）产品认证证书；获江苏省名牌战略推进委员会"江苏名牌产品证书"。

2011年，公司产品被评为"江苏省名牌产品"。

2011年，公司冷墩用热轧盘条获得中国冶金工业协会授予的"冶金产品实物质量金杯奖"称号。

2012年，永钢集团生产的联峰牌热轧钢筋被评为"西本新干线优质商品认证品牌"。

2013年，公司被中国钢铁工业协会评为"2012年度财务结算价格信息工作先进单位"。

2013年，公司品牌螺纹钢荣获"优质民营钢厂螺纹钢品牌"。

2013年，公司被中华全国工商业联合会评为"2013年度社会责任优秀企业"。

2015年1月，2014年度国家科学技术奖励大会在人民大会堂举行。大会颁布了国家科学技术奖励获奖人选和项目。永钢参与的"高性能细晶粒钢筋的规模化生产及应用关键技术"项目获评"国家科技进步二等奖"。

2015年2月，张家港市人民政府下发了《市政府关于颁发2014年度张家港市技术发明奖和科学技术进步奖的决定》，永钢"SCR420B节能型高性能工程紧固件用钢开发""防制箍翘曲用500MPa级高强钢筋的研发"两个项目分别获张家港市科学技术进步二等奖、三等奖。

1999年，公司注册了"联峰"文字加图形的商标，作为钢材产品品牌，"联峰"多年来已在国内外市场上建立了一定的品牌影响力，2008年被认定为中国驰名商标。截至2021年，公司已注册国内商标340余件，并在63个国家和地区注册国际商标。

2020年，公司获评竞争力特强企业、"AAA+级"人力资本竞争力极强企业、"钢筋品牌计划——重大工程建设榜样"，并获得"2020年中国卓越钢铁企业品牌"等荣誉。

2021年，在中国冶金报社发布的2021年度中国钢铁品牌榜中，永钢集团被授予"2021中国卓越钢铁企业品牌"荣誉称号。

（余加军、谷　杰）

凝聚环球科技　打造智慧卫厨
——樱花品牌建设实践

一、樱花（SAKURA）品牌简介

1978年，樱花的母公司（台湾樱花股份有限公司，简称"樱花"）成立于中国台湾，以台湾中部地区特有的山樱花命名，从代工起步之初，就树立了"要像山樱花般绚烂绽放"的理想。随着产品品质的提升，公司很快创立自有品牌"樱花"，在短短数年之内便成为台湾厨卫行业的旗帜品牌。

1994年，樱花初入中国大陆市场，建立樱花卫厨（中国）股份有限公司。来到这片热土，樱花发现当时的大陆企业普遍都是做烟机的只做烟机，做灶具的只做灶具，做热水器的也只做热水器，基本没有一个品牌可以同时为消费者提供多类产品。樱花在当时就立志于在烟灶、热水器，也就是厨电、卫电这两个领域发展，成为当时中国大陆第一个一站式满足消费者厨卫需求的品牌。对于当时的市场环境来说，樱花属于非常特殊的一个品牌，而之所以敢于初进入大陆就做厨卫品类的全布局，主要是因为樱花自身凝聚了海峡两岸的智能科技，拥有值得信赖的产品质量，并且产品在同样的价格下有更高的实用价值。这些都是消费者信赖的根本，也是樱花做一站式服务的信心所在。

今天，樱花来到大陆已经有27年。公司凭借着对中国厨卫综合生活场景的深刻理解和对用户需求的全面洞察，让厨卫空间成为家庭

生活中更有温度的地方。公司生产的"樱花"吸油烟机、燃气灶、洗碗机、消毒柜、保洁柜、电蒸烤箱、燃气热水器、电热水器、水槽、整体厨房及衣柜等全系列产品覆盖了用户厨卫生活的全场景。进入大陆伊始，樱花就在线下销售渠道上进行了创新，成为大陆厨卫行业中第一家导入品牌专卖店的公司，20多年来发展得快速且稳健。在樱花构建的厨卫空间里，你可以与家人共同享受由高效智能的卫厨产品传递的幸福能量。樱花灶具可以满足你日常煎、炸、蒸、煮的多种烹饪需求，使展示厨艺变得超级简单；大吸力的吸油烟机可以让爱美的你远离油烟困扰，在清新的厨房环境里静享烹饪的乐趣；追求生活品质的你亦可以在冬日里惬意地享受樱花热水器零冷水提供的舒适体验。樱花以自身实力成就了更懂生活需求的专业卫厨品牌。几十年来樱花不变的匠心品质与完善可靠的服务体系成就了樱花有口皆碑的"有温度的国民厨卫品牌"形象。品牌形象的成功塑造源自樱花始终从消费者需求出发，洞察并不断完善自我，提供更加高效智能的产品。樱花品牌金字塔如图1所示。

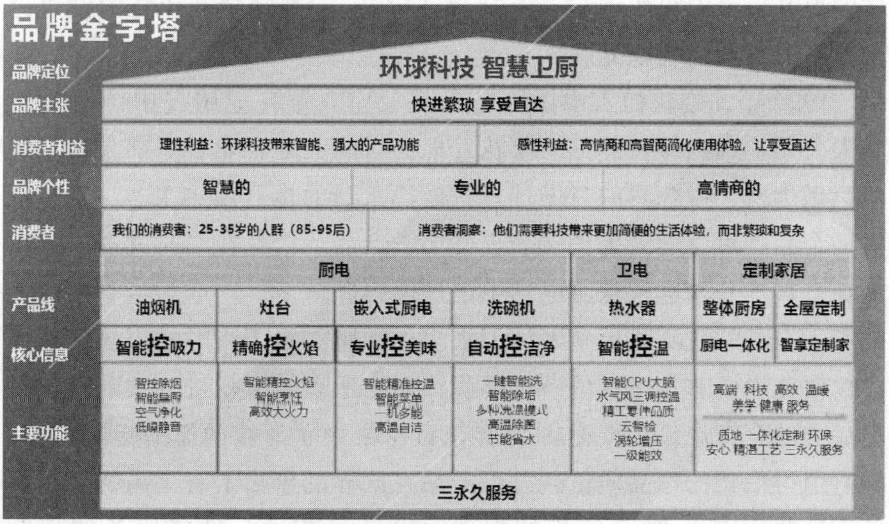

图1 樱花品牌金字塔

如果说品牌形象反映出了樱花的市场地位，那么雄厚的资源优势就为樱花良好发展奠定了基础。樱花早在2008年7月就完成了股份制改造，注册资本为32 000万元，拥有现代化生产流水线28条。截至2020年的最新统计数据显示，樱花拥有原值0.27亿元的土地、原值1.12亿元的房产、现值0.76亿元的机械设备、价值0.89亿元的原材料储备、价值2.47亿的流动性资源。

作为厨卫行业领军品牌，樱花始终秉持"创新、品质、服务"的企业精神，用世界的眼光把握时代大势，抢占发展先机。"创新"是指致力创造产品价值，提升消费者使用体验及带领产业升级；"品质"是指注重产品品质，致力建立产业生产规范及标准；"服务"是指以顾客为本，提供完整的售前、售中、售后服务，强调并执行"三永久"服务政策。

樱花将企业精神深深地融入企业经营的血脉之中，不断追求成长与突破，全心致力新产品与新技术的研发、产品品质的提升和服务的完美。樱花的产品获得原国家质量监督检验检疫总局颁发的产品质量国家免检证书和江苏省质量信得过产品等荣誉资质，"樱花"品牌陆续获得中国驰名商标、江苏省名牌产品、苏州市名牌产品等诸多殊荣，连续四年入选上海《第一财经》杂志行业品牌前三名。

通过全体樱花人的拼搏奋进，樱花的经营状况一直保持良好，始终保持每年10亿元人民币以上的销售额，连续多年获评苏州市纳税大户、昆山市外商投资十大纳税企业。

二、樱花品牌建设实践

（一）着力技术创新是樱花发展的加速器

在做好服务的同时，樱花也越来越感受到市场竞争的加剧。企业想持续良性发展，在技术上的革新突破是必不可少的条件。樱花在40多年的发展历程中，一直将技术创新作为企业稳步发展的重要战略，通过持续的技术创新投入为追求高品质生活的人们提供具有领先设计、前沿科技、可靠品质的厨卫产品。

樱花在创立之初即设立了亚太地区综合研究所、华东研发中心、华南研发中心、台湾研发中心、整体厨房开发中心等五大研发中心，汇集海峡两岸研发人才，汲取尖端科技智慧，致力于开发更贴近消费者需求的产品,致力于打造"更懂生活需求的专业卫厨品牌"。樱花高度重视产品创新与研发,通过持续的投入及前瞻性技术研发,提升产品技术创新力度。

2005年,樱花的研发中心被确立为江苏省外商研发机构,并在2014年被确立为重点企业研发机构。樱花为此投入1 200万元建立实验大楼,成立实验中心,并于2011年2月获批中国合格评定国家认可委员会(CNAS)认可的实验室,2017年4月通过复审。公司研发的直流横频强制排气式燃气热水器、外排式集导烟免拆洗除油烟机等多款产品获得江苏省高新技术产品认定。

为促进科学技术的创新,樱花持续推行"共同研发"和"产学研合作"模式,与国内各大院校合作研发相关产品项目。作为业界知名品牌,樱花同样重视同业间的技术合作和标准化工作,参与制定了19项国家标准。

科技实力的增强也为践行环保理念提供了基础保障。在节能减排及绿色生产等方面,樱花始终走在行业前列,在产品上秉承"节能、环保、安全"的设计理念,通过了橱柜行业中国环境标志(十环)产品认证。在绿色生产上,坚持"严格控污、环评技改、查漏补缺",2017年获评"绿色企业"。

成立40多年来,樱花获奖无数,载誉无数,获得中国设计红星奖、台湾金点设计大奖、专利类优秀设计纪念奖、中国家电行业磐石奖、红顶奖、AWE艾普兰产品奖、金勾奖等208项行业大奖。

在技术创新主宰企业发展命脉的今天,樱花力求建设高度专业化、系统化的技术研发和管理团队,研究涵盖机械、电子电路、电子信息、无线通信、化学、结构、工艺等领域。目前,樱花合格研发人员数量为60人。2020年,公司投入1 641万元的经费用于研究开发工作。正是在技术创新上坚持不懈的投入才使樱花在针对核心技术的保护方面取得优异的成绩。截至2021年上半年,樱花已累计申请专利保护1 142项、商标160件、作品著作权2项和软件著作权3项。2020年专利申请共计24项,其中发明专利10项、实用新型专利10项、外观设计专利4项;2020年专利授权共计16项,其中发明专利

2项、实用新型专利10项、外观设计专利4项；2020年开发新产品71款。

（二）强大的质量管控奠定樱花发展基础

企业要做强做久，发展成为百年品牌，就一定要有过硬的产品质量。樱花一直将质量管理融入自身发展的命脉中，因而进入中国大陆不久即取得ISO 9001质量管理体系认证，后来陆续获得ISO 14001环境管理体系及OHSAS 18001职业健康安全评估体系认证。多年来，公司始终确保顾客的需求和期望得到确定，并转化为公司产品和服务要求，秉持"满足顾客需求，追求品质卓越"的品质政策和"坚持品质第一，产品安全可靠"的品质承诺，进行着质量管理。樱花拥有合格质量管理人员28人。公司非常重视质量管理团队的建设及长期培养，会定期对相关质量管理人员进行培训及考核，保持对先进质量管理方法的学习及不断的创新实践。

除了专业的质量管理人员外，想要打赢质量管理这个持久战，还需要严谨科学的管控体系。樱花打造了由外部审核、内部审核、管理评审构成的三维质量管理评审机制，保障产品及服务的卓越质量。

1. 外部审核

为确保质量管理体系的适用性和适宜性，樱花严格依照ISO 9001质量管理体系规范及要求，对公司内部相关质量体系文件、各类操作规程、检验标准、检验规范，以及涉及量测设备、人员培训及技能提升的管理文件等及时进行相应修改和完善，并在实际工作过程中严格依照质量管理体系标准的计划—实施—检查—处置（PDCA）循环结构进行作业。因此，在多年的第三方认证机构审核中（不论是在监督认证还是在再认证及证书转版中），各认证机构对樱花的审核结论均为"管理体系满足ISO 9001质量管理体系的标准要求，具备实现预期结果的能力，认证范围适宜，质量管理体系符合、有效"。

2. 内部审核

除第三方外部审核外，樱花每年还会组织公司内审员依照内审计划进行1到2次内审，以验证质量体系运行的符合性以及各类认证产品工厂保证能力和产品的一致性，通过内部审核来验证文件化的质量管理体系是否符合质量管理体系标准的要求和是否被有效实施,通过纠正措施的落实来确保消除不合格因素,以防止类似事件的再次发生。内部审核为质量管理体系的保持和持续改进提供了改进机会,确保质量体系的符合性、有效性、适宜性。

3. 管理评审

公司自上而下高度重视质量管理,因而每年定期举行由公司最高主管主导、管理者代表及 ISO 9001 质量管理体系覆盖的各部门最高主管参加的管理评审会议,通过管理评审对公司质量管理体系的适宜性、充分性和有效性进行评价,寻找任何改进的机会和变更的需要。

樱花正是凭借由外部审核、内部审核、管理评审构成的三维质量管理评审机制,确保各项质量管控目标如期达成,相关产品连续多年在国家级市场监督抽查中 100%合格。同时,三维质量管理评审机制还对各类产品认证,如电器类产品强制性 CCC 安全认证、燃气热水器的节能环保认证等起到积极推动作用。

(三) 卓越服务成就樱花良好用户口碑

众所周知,厨卫空间是家庭环境中需要产品最多且功能最复杂的地方,而厨卫产品多是高频且长周期使用,想获得用户的良好口碑除了产品功能及质量过硬外,更需要有卓越的服务。樱花从创立之初就致力于打造有自身特色的成熟卓越的服务体系,经过几十年的不懈努力,在厨卫行业里,提起"樱花"这个品牌,消费者有口皆碑,除了高品质之外,"服务好"也一直是樱花的代名词。

樱花的服务覆盖自身产品系列的安装、维修、安检、保养及油网服务。樱花在全国各地密植 1 500 多家专业服务中心,建立了服务信息系统(Service Information System, SIS)。截至 2021 年 6 月底,樱花拥有合格服务人员 4 258 人,为了更好地服务消费者,公司对服务团队进行专业的培训及科学的管理,确保用户有服务需求时可以及时响应。樱花的合作服务网点在收到服务工单后,可以保证在 2 小时内响应预约用户,做到市区 24 小时内(城区内)和市郊 48 小时内(城区外)提供安装维修服务。就是因为这样踏踏实实服务好每一位樱花用户,樱花赢得了用户的一致好评和认可,2020 年全年及 2021 年一季度，樱花客服电话咨询的用户评价满意度均为 97 分，而上门服务的电话回访满意度一直高于 96 分。

樱花的"服务好"除了有赖于专业的服务人员外，更是因为樱花的服务态度——"永久服务消费者，不计成本"。樱花一直以满足消费者的需求为依归，将企业文化融入樱花的服务。"方法不重要，贵在坚持，有坚持就有了文化；品质要坚持，服务要到位，承诺要永久"，于是樱花有了极具生命力的服务内核——樱花"三永久"免费服务。

"三永久"免费服务，要追溯到 1978 年，在那时樱花就启动了吸油烟机"免费送油网"的服务，每年把全新的油网免费送到消费者手中，至今为止，"吸油烟机永久免费送油网"服务已有 40 多年。樱花送出的油网可绕地球 4 圈半，创造了人类商业史上不可多得的传奇。

1986 年，樱花开启了热水器永久免费安检服务，承诺公司生产的所有热水器产品将享受"永久免费安全检查"，并将每年的 6 月至 8 月定为樱花安检季，在这项服务上樱花坚守了 30 多年。年年如约而至的免费安检季，年年热情上门的安检服务人员，为消费者带去了一次次赞不绝口的售后体验，为樱花的品牌发展打下了坚实的口碑基础。

同年，樱花将"双永久"变成"三永久"，将整体厨房及衣柜"永久免费保养"纳入免费服务承诺，以保证整体厨房及衣柜的协同与使用顺畅。时至今日，整体厨房·衣柜"永久免费保养"服务也已坚持 30 多年。

能够一如既往地坚持"三永久"免费服务，不仅让樱花成为消费者人人称道的优质品牌，也让樱花成为整个厨卫行业的标杆。有口皆碑的"樱花式服务"，就是对樱花服务最好的证明。

（四）长期品牌保护构建樱花品牌护盾

樱花通过加大创新技术投入、严控质量管理、打造卓越服务等举措，练好了"内功"，建立起了良好的用户口碑形象。而企业要树立一个牢固的品牌形象，除了建设还要防御，因而品牌保护至关重要。樱花通过每年在品牌保护方面的努力，获得了品牌保卫战的胜利。

"樱花SAKURA及图形"商标已经获得注册，每10年一个续展期。商标的注册所有权人为樱花卫厨（中国）股份有限公司，分别在第6类、第7类、第11类、第19类、第20类、第21类商标上申请注册。目前公司申请注册的商标已达120个。2020年，樱花在商标维护方面全年度预算近50万元，诉讼费用全年度预算超过100万元。

（五）创新品牌策略让樱花焕发新活力

"老品牌，新玩法"，樱花借助创新品牌策略为企业发展赢得了新的增长机会。樱花的品牌定位为"环球科技，智慧卫厨"。围绕这一品牌定位，樱花确定了"快进繁琐，享受直达"的品牌主张。面对25~35岁的目标人群，樱花希望通过"智慧的""专业的""高情商的"的品牌个性直击目标人群的内心。

为提升品牌知名度与品牌声誉，加速实现品牌IP化，樱花将整体品牌策略进一步细化，即坚持泛娱乐的内容营销方向，实现品牌年轻化的目标，持续倡导科技智慧生活，打造有温度的专业国民厨卫品牌。樱花抓住多元文化趋势，与"泛文化"共生，赋能品牌年轻化，也希望通过"找准懂玩跨界平台、创新好玩跨界形式、创造能玩社交价值"，实现有效跨界，并借助传统与创新品牌传播方式，通过高密度、高频次的曝光，进一步扩大品牌声誉。

樱花在传统品牌及创新品牌传播方式上都进行了全方位的部署。在传统品牌传播方面，坚持集中在电视、广播电台、大户外广告（高炮/高铁）、垂直类媒介平台、杂志等平台实现矩阵式覆盖；积极参加行业内品牌活动，提高品牌与产品的公信力。在创新品牌传播方面，樱花通过品牌跨界，联合不同平台的热门IP，开展品牌强势营销之路。在新媒体时代，樱花利用微博、微信、抖音、小红书、头条、新搜索等新兴互联网渠道，实现与消费者的多渠道沟通，并在多个自媒体平台上完成品牌信息的内外同频，与受众进行深入互动，及时排除消费者使用产品及其他方面的困扰，加强与消费者的情感联系。

樱花品牌创立时间较早。部分年轻消费群体通过上一辈人的使用经历和口碑了解到樱花。樱花产品的性价比高，使其在越来越多的年轻消费群体心目中具备了"国民"品牌属性。为了树立樱花统一的对外形象，加深消费者对樱花品牌的认知，公司拥有一套完善的企业形象识别（CI）管理系统，可依据 CI 管理系统的规范要求产出品牌宣传视频、品牌主视觉、品牌殿堂、品牌视觉识别手册（包含标志、文字、辅助图形、品牌人物风格及相关平面文广等）及终端门店形象。所有与品牌有关的标准规范均归属樱花 CI 管理系统进行管理。

2020 年，樱花全年广告及促销投入达 1.26 亿元，占公司营收的 14%。樱花与《我们的乐队》《国家宝藏》《潮流合伙人 2》等 IP 合作，同时在高铁、高炮、垂直领域的杂志、广播电台、网络媒体平台不断宣传推广，在品牌声量与知名度上获得喜人的成果。

（六）立体营销网络打造樱花强劲市场应变力

新的品牌策略很重要，但是真正做到品销合一才能形成企业发展的动力。厨卫行业发展至今，正处于失速换挡的关键阶段，在消费渠道向线上迁移、单一产品向全场景应用延伸以及消费者加速迭代的形势下，如何满足"80 后""90 后"消费者不同的需求，以掌握未来厨卫市场的话语权，成为樱花关注的焦点。

樱花积极应对消费渠道的迁移及消费群体的变化，努力在厨卫行业直接竞争者（如方太、老板、华帝、万和、林内、美大、火星人、A.O. 史密斯、万家乐、能率、帅康等品牌）的布局中不断争取更大的市场空间。

为了更好地应对厨卫市场的变化，樱花构建了线上及线下的立体营销网络，助力自身品牌在激烈的市场竞争中获得一席之地。樱花的线上渠道主要布局天猫、京东、苏宁、国美、拼多多等大流量电商平台。线下渠道为重点客户（KA）店、专卖店、精品店。这些门店分布在 T1（直辖市、发达省会城市及地级市）、T2（不发达省会城市、一般地级市、发达县级市）、T3（较贫穷地级市）及农村。当前，樱花门店覆盖城市超过 80 个，销售网点达 3 100 多家。

樱花自投产以来，不断拓展经营范围，年产量近 160 万台，在全国各省市拥有 90 家分公司与代理商，并成立了 2 家全资子公司，分别为佛山市樱顺卫厨用品有限公司和昆山樱华科技有限公司。樱花始终以满足消费者权益为依归，为更好地服务消费者，密植 1 500 多家专业服务中心,成为资产总额近10亿元的国内卫厨行业知名企业,主要产品的国内市场占有率保持行业前列。

三、案例启示

第一,坚持品牌策略,持续推进品牌年轻化。作为一个成立于1978年的品牌,在产品上,樱花始终紧跟用户需求,致力于打造"更懂生活需求的专业厨卫品牌";在品牌上,樱花围绕"环球科技智慧卫厨"这一品牌定位,以捆绑热门IP内容借势营销为主轴,通过圈层传播策略,与目标人群持续沟通,走出了一条品牌的年轻化之路。从在《我们的乐队》中尝试与年轻人同频共振,到在《潮流合伙人2》中强势绑定时尚符号,将潮流文化融入自身的品牌文化建设中,再到在2021年上线的《上班啦!妈妈》中通过洞察职场女性困境,以多元化智慧厨卫为万千家庭提供高质量、有温度的解决方案,樱花始终基于不同年轻圈层的生活阐述品牌价值与理念,在实现圈层内精准沟通的同时,通过灵活、有趣、互动性强的内容,牢牢吸引用户眼球,实现了内容营销的正向效果。

第二,专注匠心品质,打造有口皆碑的产品。樱花专注厨卫行业多年,始终坚持"创新、服务、品质"的理念,不断加强产品核心科技攻关,追求精益求精的产品品质,凝聚环球科技,打造智慧卫厨。在产品品类上,樱花涵盖厨电、卫电两大领域,同时开发整体厨房·衣柜等全系列产品,覆盖用户厨卫家居生活的全场景,一站式满足消费者需求;在产品品质上,樱花秉持"满足顾客需求·追求品质卓越"的品质政策和"坚持品质第一,产品安全可靠"的品质承诺,在国家认可的实验室里对产品进行全系列严格测试,成就可信赖的科技与品质。创立至今,樱花不断精益求精,以质量为硬核武器,以贴心服务为后盾,为用户构建更加轻松与舒适的生活体验。

第三,坚守品牌承诺,让品牌更有温度。作为"更懂生活需求的专业厨卫品牌",樱花始终以满足消费者权益为依归,深知"把产品卖出去"只是起点,"服务好用户"才是最终的落脚点。在消费升级的环境下,企业更应该主动作为,将用户的品质生活需求作为出发点，打造更令消费者满意的产品和服务。樱花的"三永久"服务坚守至今已有几十年，每年为樱花用户提供贴心服务。同时，樱花服务创新的脚步也从未停歇。贴合新的消费和使用习惯，樱花推出线上便捷服务以及"云安检"服务，让用户足不出户就能享受到樱花的服务。樱花在以更加优质的产品和服务增强消费者生活品质感与幸福感的同时，也将自身打造成一个有温度的国民厨卫品牌。

一个企业的成长，总是渗透着一段又一段感人至深的故事。对于小公司而言，时间如水，它会冲淡创业者的激情和理想；但对于像樱花这样深具品牌文化的大企业来说，时间如酒，细细去品，只会越来越醇。樱花将一直坚定品牌初心，怀揣"要像山樱花般绚烂绽放"的理想，秉承"创新、品质、服务"的企业精神，服务用户，陪伴用户，让用户的生活因樱花的产品和服务而绚烂多彩。

附：樱花（SAKURA）品牌发展大事记

2005年7月，樱花荣获"昆山市科技研发中心"荣誉称号。

2005年10月，樱花荣获"2004年度昆山市最佳外商投资企业"荣誉称号。

2005年10月，樱花入选2004年度昆山市外商投资十大纳税企业"。

2005年11月，樱花荣获"苏州市外资研发机构"荣誉称号。

2006年12月，樱花荣获2006年度昆山市"专利示范企业"荣誉称号。

2006年12月，樱花吸油烟机、电热水器双双获得"江苏名牌"荣誉称号。

2007年3月，樱花整体厨房获得"江苏省消费者协会2006—2007年度推荐商品"荣誉称号。

2007年5月，樱花荣获"江苏省质量管理先进企业证书"。

2007年12月，樱花电热水器和燃气热水器入选财政部、国家发改委批准的"节能产品政府采购清单"。

2008年4月，樱花荣获"消费者信得过单位"称号。

2008年6月，樱花荣获"2007年度知识产权优势企业"荣誉称号。

2009年3月，樱花荣获"江苏3·15质量诚信消费者信得过AAAAA级示范单位"荣誉称号。

2009年8月，樱花荣获"苏州市知名字号"荣誉称号。

2009年12月，樱花燃气灶6932S荣获中国第四届外观设计专利大赛优秀设计奖。

2010年7月，樱花荣获"节能中国贡献奖"。

2010年11月，樱花New A-TECH高效炉头燃气灶SCG-6932S荣获2010中国创新设计"红星奖"。

2011年1月，樱花吸油烟机SCR-3993S荣获"红顶奖"。

2012年1月，樱花燃气灶SCG-6889G、消毒柜SCQ-100C6荣获中国第六届外观设计专利大赛"专利类优秀设计纪念奖"。

2014年7月，在中国吸油烟机行业30周年庆典上，樱花荣获"最具影响力企业"称号。

2014年9月，在吸油烟机高峰论坛上，樱花卫厨夺得"2014年中国吸油烟机卓越品牌"称号。

2014年11月，樱花荣获2014年中国国际厨房卫浴博览会"中国厨卫产品创新大奖""高效净化环保之星"双项殊荣。

2015年4月，樱花在中国绿色热水器高峰论坛上荣膺"绿色热水器卓越品牌"称号。

2015年9月，樱花整体厨房入选"中国橱柜十大品牌"。

2015年11月，樱花都市时尚系列烟炉一体化设计荣获"2015中国设计红星奖"。

2015年12月，樱花荣膺"2015年度中国家电行业磐石奖"。

2016年1月，樱花整体厨房被中国五金协会授予"2015年《家用厨房设备》国家标准起草单位"。

2016年2月，昆山市政府授予樱花"十佳品牌创建企业"及"十佳和谐劳动关系企业"称号。

2016年3月，樱花燃气热水器环保恒温系列16E96A荣获"中国家电艾普兰奖产品奖"。

2016年3月，樱花荣获"中国房地产开发企业500强首选热水器供应商""中国房地产开发企业500强首选厨房电器供应商"称号。

2016年10月，樱花6881G智能燃气灶荣获"台湾金点设计奖"。

2016年11月，樱花燃气热水器荣获"2016年ONE SHOW创意大奖"。

2017年1月，樱花燃气壁挂炉SCL-28B55荣获燃气壁挂炉类至尊大奖——2016—2017年度中国高端家电及消费电子"红顶奖"。

2017年8月，樱花荣获"2017年度中国吸油烟机行业卓越品牌"称号。

2017年9月，樱花整体厨房入选"中国橱柜消费者喜爱十大品牌"。

2017年10月，樱花入选"2017年度中国厨电TOP10品牌"。

2018年9月，樱花入选苏州市人民政府评选的"自主品牌十佳外资企业"。

2019年2月，樱花入选整体厨房"行业质量品牌提升行动首批示范企业"。

2019年8月，樱花卫厨（中国）股份有限公司荣获"全国质量信誉3·15放心承诺单位"称号。

2019年10月，樱花壁挂炉荣获CCC认证（中国强制性产品认证）证书。

2019年11月，樱花荣获"中国燃气用具行业优秀企业"奖。

2019年11月，樱花入选工信部"能效之星"产品目录（2019）。

2019年12月，樱花入选2019中国供暖行业"燃气壁挂炉十佳杰出品牌"。

2020年12月，樱花荣获2020年中国家居品牌力量榜"服务创新品牌"称号。

2020年12月，樱花荣获昆台融合发展30周年"高质量发展突出贡献奖"。

2020年12月，樱花荣获中国五金制品协会颁发的"企业标准'领跑者'证书"。

（庞　莹、周家欢）

优质新莱 值得信赖
——新莱品牌建设实践

一、新莱品牌简介

昆山新莱洁净应用材料股份有限公司（简称"新莱集团"或"新莱"）1991年始创于中国台湾；2000年扩大生产规模，将总部迁至江苏昆山；2011年9月6日在深圳证券交易所创业板上市，是江苏省内第一家在创业板上市的台资企业；2012年通过全球半导体设备龙头的美商应材认证，填补了国内高纯及超高纯应用材料的空白；2013年成为亚洲首家通过美国机械工程师协会（ASME）的管道、管件双认证的企业；2016年收购美国GNB公司，实现技术强强联合，进一步完善真空产品产业链；2017年成立昆山莱恒洁净材料有限公司，全面布局泛半导体行业，专注于自主研发自有品牌；2018年以2.6亿元收购山东碧海包装材料有限公司（简称"山东碧海"）100%股权，实现了公司产品从关键部件到集成设备的行业整合，提高了公司在食品领域的核心竞争力；2019年募集投资2.8亿元加码半导体气体项目。

新莱集团在中国大陆、中国台湾、美国等地拥有6大生产基地，员工有近2 000人。新莱集团专注于洁净应用材料和高纯及超高纯应用材料领域30年，得到客户广泛认可，成功实现进口替代。公司主营业务为洁净应用材料和高纯及超高纯应用材料的研发、生产与销售，产品主要应用于食品安全、生物医药和泛半导体等业务领域。在食品安全和生物医药领域，公司洁净应用材料的关键技术包括热交换、均质、流体处理等；在泛半导体领域，公司的高纯及超高纯应用材料可以满足洁净气体、特殊气体所需特殊工艺和计量精度的要求，同时也可以满足泛半导体工艺过程中对真空度和洁净度的要求。

新莱集团旗下品牌有新莱、Kinglai、KL、Gs Pak、Bio Clean、Advan Torr、Nano Pure 等。公司通过这些品牌满足不同领域客户群体的需求。目前新莱集团是国内唯一拥有洁净应用材料和高纯及超高纯应用材料完整技术体系的厂商。

为了实现进口替代，新莱集团不断加大研发力度，近3年来研发费用投入近1.7亿元，持续保持公司竞争力。新莱集团是国家级高新技术企业，具有阀门、管道管件等高新技术产品，建立了以泵阀实验室、江苏省外资研发机构、重点企业研发机构、江苏省工业企业技术中心、江苏省工业互联网标杆工厂、江苏省星级上云企业认定（五星级）、江苏省示范智能车间、苏州市高洁净应用材料工程技术研究中心等为依托的自主创新平台。截至2020年年底，公司累计获得授权专利212项，其中发明专利46项、实用新型专利155项。以新莱集团全资孙公司山东碧海机械科技有限公司为主要起草单位的国家标准GB/T 38078—2019《纸基复合材料灌装成型包装机通用技术条件》已于2019年10月18日发布，该公司先后被授予"最具创新活力企业""劳动关系和谐企业""国家级专精特新'小巨人'企业"等殊荣。

在国际形势及经济环境复杂多变的新常态下，"卡脖子"现象时有发生，中国企业遭遇前所未有的严峻"大考"，自主可控已经逐渐成为中国企业的一项必备能力。新莱集团牢记"致力于生产更可靠的洁净产品，推动环境、科技、健康的进步"的初心和使命，坚守"全员品保、绿能生产、精益求精"的质量方针，努力克服国际形势及经济环境复杂多变带来的不利影响，用品质铸就品牌。

二、新莱品牌建设实践

（一）始于文化，注入内生动力

品质决定一个企业能走多远，营销决定一个企业能跑多快，文化则决定一个企业能飞多高。新莱集团在洁净材料设备行业有着30年的发展历程，其企业文化发展历史可以概括为以下三个主要阶段：

奠定基础（2000—2011年）："实事求是、现代、专业"是企业开创后一直秉持的经营态度。

产业突破（2011—2018年）：形成"以人为本、创新、变革"的创新企业文化。

发展壮大（2018—2020年）：系统形成企业的使命、愿景和核心价值观。

新莱集团在管理层领导的带领下，实施"为顾客创造价值，为员工谋取幸福，为社会做出贡献"的文化战略，通过对洁净应用材料和高纯及超高纯应用材料的生产管理、技术、质量的持续改进，不断增强公司的竞争力，赢得了广大顾客的信赖。正是这种文化精髓让新莱品牌不断发展，让新莱集团构建出了"成为全球洁净材料及设备的领导者"的愿景。在品牌建设的过程中，文化始终处于引领地位。

（二）忠于品质，坚守工匠精神

品牌的塑造要以产品品质取胜。在一定程度上，品牌是产品品质和公司信誉的保证。30年来，新莱集团专注于洁净应用材料和高纯及超高纯应用材料的核心主业，持续提升品质。每一件新莱产品都要经过严苛工序，且产品主要技术指标均高于国家标准，处于行业领先地位。产品的品质是一个品牌最好、最强的背书，是企业发展的根本所在。

新莱产品竞争对手源于国外。无论是食品行业、生物医药行业还是泛半导体行业，对产品的加工精度、检验标准等都有非常高的要求。洁净应用材料行业和高纯及超高纯应用材料行业需要特殊的原材料材质、大量昂贵的精密制造设备和特殊的加工工艺。目前，我国绝大部分应用于泛半导体和生物医药的特殊材料与精密加工设备需要进口，购买这些设备需要大量的资金投入，加工工艺需要较长时间的学习和积累。新莱集团拥有一支由姑苏创新创业人才、海鸥人才、外籍专家、重点产业紧缺人才、苏州市优秀人才组成的创新型科研团队，并与浙江大学、江苏大学、上海应用技术大学等多所院校开展产学研合作。

新莱集团深耕洁净系统行业多年，拥有开发设计、精密机械加工、真空检测及真空热处理、表面处理、精密焊接与装配、液压成型、热交换、均质、洁净室清洗与包装等一系列核心技术。对这些技术和工艺的有效整合是生产洁净应用材料和高纯及超高纯应用材料的基础。公司还建有专门的泵阀实验室，严格测试产品寿命，保证产品性能优良、品质稳定。

新莱积极贯彻国际、国内标准，狠抓全面质量管理与卓越绩效，先后通过高新技术企业认定、美国3A卫生认证、ISO 9001质量管理体系认证、ISO 14001环境管理体系认证、ASME管道、管件双认证、知识产权管理体系认证、两化融合管理体系贯标认证、江苏省企业研发管理体系贯标认证等。近年来，公司坚持发挥科技创新的引领和支撑作用，不断增强自主创新能力，已建成江苏省外资研发机构、江苏省重点企业研发机构、江苏省示范智能车间、江苏省五星级上云企业、江苏省信息化互联网标杆工厂、苏州市工程技术研究中心、苏州市外国专家工作室，入围苏州市集成电路企业20强，获批工信部工业数据分类试点企业，拥有专利200多项，参与1项国家标准（GB/T 38078—2019《纸基复合材料灌装成型包装机通用技术条件》）、2项行业标准、2项团体标准的制定与修订工作，同时，承担江苏省真空协会理事单位、昆山市台湾同胞投资企业协会理事单位、昆山市知识产权保护协会理事单位、中国乳制品工业协会会员单位、中国医药设备工程协会会员单位、昆山市半导体光电行业协会会员单位、全国饮料机械设备行业协作联盟理事长单位、苏州市半导体产业联盟会员单位、中关村集成电路产业联盟会员单位等的工作，推动公司在"成为全球洁净材料及设备的领导者"的工作中取得重大突破。

（三）数智融合，制胜未来

在品牌建设中，企业要心怀"国之大者"，与国家繁荣、民族兴盛、人民幸福紧密联系在一起。与国运同步，企业才能实现跨越式发展，品牌才能不被时代淘汰。2021年是"十四五"的开局之年，新莱集团积极响应国家号召，融入"双循环"新发展格局，紧抓数字化转型和"碳达峰、碳中和"战略布局带来的发展机遇,为国家崛起、民族复兴贡献力量,扛起新时代的责任担当。

新莱集团以PasS云平台为依托,从购置智能化设备的产线升级,到上线各系统的数字化改造,再到设备联网、车间联网、工厂联网的两化融合提升,最后到数据统一,一系列业务大集成的智能化改造和数字化转型升级实现了"一平台多系统"的深度集成应用。

新莱集团昆山总部自2000年成立之初就使用科展企业资源计划(ERP)系统,并成立专门的信息中心。2011年开始,公司有计划地进行全面部署思爱普(SAP)系统,实现流程化物料自动编码、物料整种资料系统管理及各项流程的应用管理,为集团的各单位系统管理提供更便捷的平台。公司于2017年5月被评为江苏省两化融合试点企业,2018年获得两化融合管理体系认定,2019年获评江苏省工业互联网标杆工厂、江苏省示范智能车间并获得江苏省星级上云企业认定(五星级),2021年获批工信部工业数据分类试点企业。

截至2021年6月,新莱集团已构建了数字化环境下的"基于云平台的精细化经营管控能力",在实现"成为全球洁净材料及设备的领导者"愿景的道路上又前进了一大步。

(四)严控质量管理,把握先进技术水平

新莱集团始终坚持"以质量求生存"的质量理念,通过规范质量,从原材料采购、检验到生产过程控制及后续产品质检,做到批次的记录有序,有力保证了公司的生产。

食品包材行业通常由下游客户基于自身经营发展需求,综合考量上游供应商的产品质量、价格、售后服务、包装材料的多规格性、包装材料和灌装机配套使用的稳定性等来确定供应商。目前,行业内有能力独家为下游液态食品生产企业提供从包装技术咨询到设备集成与安装、包装材料和售后服务支持的一体化配套方案的企业较少。新莱集团子公司山东碧海是液态食品领域为数不多的能够同时生产、销售纸铝塑复合液态食品无菌包装纸和无菌纸盒灌装机的企业之一。

新莱集团拥有开发设计、精密机械加工、表面处理、精密焊接、洁净室清洗与包装等一系列核心技术,是目前国内同行业中少数拥有完整技术体系的厂商之一，在国际同行业中处于先进水平。产品的加工精度、表面粗糙度、极限真空度等技术指标达到国内外先进水平，获得了国内外客户的广泛认可。截至 2020 年年底，公司及各控股子公司合计拥有已授权的有效专利 212 项。

（五）履行社会责任，彰显道义担当

新莱集团致力于为客户提供优良的产品和服务，为员工营造和谐、互相尊重的工作氛围，为商业伙伴提供公平合理、公平互利的合作平台，使公司持续发展，为投资者实现长期价值最大化，为社会经济发展做出贡献。

作为一家上市公司，新莱集团以高度的社会责任感积极参与各项公益事业，如资助困难儿童上学、帮贫济困、捐赠消防站装备（消防车）等，累计捐赠超百万元，助推社会和谐。自新冠肺炎疫情发生以来，公司全体员工加班加点生产新冠病毒疫苗项目的产品，先后参与了 20 多家机构的新冠病毒疫苗项目。

三、案例启示

第一，质量是企业的生存之本，质量是企业的生命线。新莱集团的质量方针是全员品保、永续经营。新莱集团的质量目标是持续提升客户满意度、不断减少客户抱怨。多年来，新莱集团坚定不移地走质量强企的道路，在激烈的市场竞争中制定了"以市场为导向、以客户为中心"的市场战略，践行"客户为先、质量第一"的理念。

第二，推进品牌建设，提升品牌价值。面对当前国内外复杂多变的形势，特别是国内经济转型和国际逆全球化的压力，新莱人更加坚信：真正有竞争力的企业，要用匠心品质和创新理念开创差异化价值，并把握时间窗口引爆品牌；只有品牌深入人心才是持续免费的流量，品牌力才能提升流量的转化率，品牌势能才能带来产品的溢价能力。在世界市场的竞逐中，选择一个细分市场，打造"隐形冠军"，在产品质量和服务方面不断创造自己的战略优势和竞争优势，方能使企业立于不败之地。

第三，加快数字化转型，走好高质量发展之路。早在 2010 年，新莱集团就开始推进企业数字化工作，基于一体两翼设计架构，重构SAP核心平台，公司在2012年就引入了分布式数控（NDC）系统，进行大部分设备与生产系统互联等，2014年全面实施"云战略"，引入全球顶级设备、柔性生产线等。通过各项目的实施，公司在生产能力、产品质量、成本耗能、经济收入等多方面取得了巨大的效果，基于数字化集成互联网平台的建成，把生产"软连接"变成了"硬连接"，使得工序之间的联系更加紧密，极大提高了经济效率。近年来，新莱集团在数字化项目上持续投入、迭代、完善，数字化战略方向也做了调整，致力于四个全面化：全面云化、全面轻量化、全面敏捷化、全面智能化。同时，集团管理人员也不断拓展业务知识，保持对最新技术革命的嗅觉，寻找能够助力企业发展的契机。

附：新莱品牌发展大事记

1991年，新莱集团成立。

2000年，新莱集团扩大生产规模，将总部迁至江苏昆山。

2006年，新莱集团再次扩大生产规模，在昆山扩建二期厂房。

2011年，新莱集团在深圳证券交易所创业板上市，是江苏省内第一家在创业板上市的台资企业。

2011年，新莱集团扩建昆山合丰工厂，生产生物反应釜及各种压力容器。

2012年，新莱集团通过全球半导体设备龙头美商应材的认证，填补了国内高纯及超高纯应用材料的空白。

2013年，新莱集团成为亚洲首家通过ASME BPE的管道、管件双认证的企业。

2013年，昆山莱恒洁净材料有限公司全面布局泛半导体行业，专注于自主研发自有品牌。

2016年，新莱集团收购美国GNB公司，实现技术强强联合，进一步完善真空产品产业链。

2018年，新莱集团以2.6亿元收购山东碧海包装材料有限公司100%股权，实现了公司产品从关键部件到集成设备的行业整合，增强了公司在食品领域的核心竞争力。

2019年,新莱集团募投2.8亿元用于建设"应用于半导体行业的超高洁净管阀件生产线技改项目"。

2019年,新莱集团成为中关村集成电路产业联盟的正式会员单位。

2020年,新莱集团参与新冠疫苗项目近30家。

2021年,新莱集团通过全球半导体设备龙头的应用材料(AMAT)SPACA审核,成为其一级供应商,填补了国内高纯及超高纯应用材料领域的空白。

(王梦蝶)

不止电梯　还有梦想
——康力电梯品牌建设实践

一、康力电梯品牌简介

康力电梯股份有限公司（简称"康力电梯"）成立于1997年，是集研发、制造、销售、工程、服务于一体的现代化专业电梯企业，拥有国家市场监督管理总局颁发的电梯制造、安装、修理、改造资质，通过欧洲CE认证、俄罗斯海关联盟（EAC）认证、德国TUV认证。

康力电梯于2010年3月12日在深圳证券交易所上市（股票代码：002367），是中国电梯业第一家上市企业。2017—2021年，康力电梯连续5年跻身"全球十大电梯制造商"；2013—2021年，康力电梯连续9年入选"中国房地产开发企业500强首选（电梯类）供应商前十强"。在新华社、中国国际贸易促进委员会、中国品牌建设促进会等权威机构联合发布的"2021中国品牌价值评价榜"上，康力电梯以79.18亿元品牌价值继续稳居中国电梯品牌榜第1位。公司还先后荣获全国建设机械与电梯行业质量金奖、苏州市市长质量奖、江苏省质量奖。

康力电梯总部位于长三角生态绿色一体化发展示范区先行启动区，拥有11家全资子公司，在苏州、成都、中山建有4座智能制造基地，总占地逾141万平方米，企业综合实力、产业规模和智能制造水平均居行业前茅。康力电梯开发的产品覆盖电扶梯市场总容量的99%以上，重点面向住宅楼、商务楼、酒店、购物中心、轨交枢纽等场所。在国内，公司已建成100多个营销服务分支机构，规模在业内领先。

公司秉持"植根中国，服务全球"的发展理念，积极拓展海外市场，现已建成70个海外代理营销服务网点，产品远销100余个国家和地区，是俄罗斯及东亚、南亚、东南亚、西亚、非洲、美洲等市场最畅销的中国电梯品牌。公司先后承接韩国地铁、印度德里地铁、印度火车站、墨西哥火车站、马来西亚吉隆坡轻轨、印尼雅加达轻轨、印尼雅加达国际机场、俄罗斯克拉斯诺亚斯克机场等海外公共交通项目，以及卢旺达总理府、卢旺达外交部、圭亚那外交部、中国援刚果卢本巴希医院等国家援外项目，企业实力和品牌得到全球客户广泛认可。

康力电梯，一个以做强民族品牌为己任的电梯专家，必将成为极具国际竞争力的综合服务商和品牌运营商，为实现"中国梦"贡献无限的正能量。

二、康力电梯品牌建设实践

康力电梯品牌建设主要包括以下方面：

（一）建立质量责任体系，强化质量管理

公司高度重视质量安全，为持续保证产品和服务的质量安全，建立和完善质量保障体系，公司最高领导人牵头实施"一把手"质量管理，以核心领导层为成员，建立康力电梯质量管理委员会（图1），负责制定公司纵向和横向的质量管理战略。

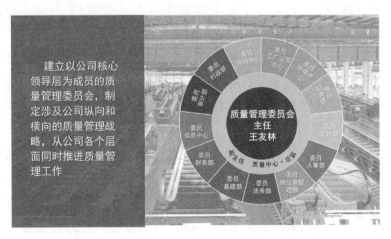

图1　康力电梯质量管理委员会

为促进公司各个层面同时推进质量管理工作，公司设立首席质量官职务。首席质量官受总经理委托，对公司的质量安全进行全面管理。

公司在经营管理层设立质量中心（图2），负责组织各个职能部门实施公司的质量战略。

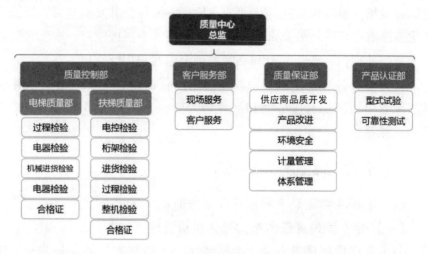

图2　康力电梯质量中心

公司以"提升用户体验，锻造世界品牌"为质量理念，结合电梯行业特性以及企业20多年累积的质量管理经验，提出以追求"零缺陷"为目标的"7Q7C"全面质量管理模式。从2011年到2020年，公司逐步将质量、环境、职业健康安全、质量保证、测量、知识产权、焊接质量、两化融合、社会责任、诚信、能源、合规等管理体系融入以卓越绩效模式为平台的整合型管理体系，提高管理的效率和有效性，以信息化管理为支撑，精益管理为推力，不断提升企业管理成熟度。

公司建立了质量激励机制，要求全员参与质量管理，既重视对过程的控制管理，以事实和数据为基础进行改进，又注重结果的有效性。

公司定期组织质量控制小组活动、质量月活动、合理化建议采纳奖励、5S检查优秀奖励、质量先进评比、劳动模范评选等多种活动，保障质量改进的积极性。

为提升公司"七个质量",控制质量成本,落实质量责任,明确质量考核、奖励机制,提高员工工作积极性、质量意识,同时提升公司整体运营质量,公司制定了《质量奖惩管理制度》,由质量中心每月实施考核。

康力电梯根据电梯产品经营特点,建立起由内向外以"七大质量要素"为核心的全流程管理的质量体系,突出以市场需求为导向的市场质量观念。公司的质量体系有效运行,实现质量管控从设计制造到安全使用的由内到外的认知转变,内部质量管理控制设计研发、制造与供应、包装发运等环节,外部质量管理控制合同、沟通、安装、维保等环节,形成系统的质量运行监控体系,展开产品和服务的全过程质量控制,增强了整体质量保证能力和服务市场能力。

(二) 注重品牌保护与知识产权管理

公司先后注册商标30种,见表1。

表1 公司注册商标一览

商标	注册类别	商标	注册类别
康力	第7类以及其他33类	兰新康力	第7类
K·NL	第7类以及其他43类	康力电梯 Kanglidianti	第7类
CANNY	第7类以及其他7类	Lingshow	第7类
KONL	第7类、第37类	岭秀	第7类
KANGLI	第37类	蓝豹	第7类
康立	第7类	金燕	第7类
(图形)	第7类	广都	第7类
多快	第7类	康力云	第7类
(图形)	第7类	康力云梯	第7类

商标	注册类别	商标	注册类别
康力幸福	第7类、第35类、第37类	KELEO	第7类
康力快科	第7类		第37类
FaweilaiTech	第7类	电梯秀	第35类、第37类
FaweilaiTech 法维莱科技	第35类、第37类	ELEVATOR	第35类、第37类
法维莱	第35类、第37类	陕建康力	第35类、第7类、第37类
NL	第35类、第37类	陕建康力电梯	第35类、第7类、第37类

公司2015年按GB/T 29490—2013《企业知识产权管理规范》建立了知识产权管理体系并通过第三方认证。实施企业知识产权管理是企业获得持续发展的关键，而提高企业的知识产权管理工作水平是增强企业自主创新能力的重要保证。公司不断增强自身的知识产权管理能力，提高知识产权获取、维护、运用和保护水平。

自2000年11月起，康力电梯就开始积极参与国家、行业标准制定与修订工作，先后担任全国电梯标准化技术委员会专项工作组副组长单位、中国电梯协会标准委员会委员单位，主导、参与41项国家/行业新标准的制定。

在自主知识产权方面，康力电梯上市之前的各种专利仅有51件，发展到2021年已经获得各种专利1218件，其中有效专利1037件、发明专利75件，获得PCT授权专利19件，拥有具备自主技术产权的软件著作权31项，成为拥有超千件自主知识产权的电梯品牌，平均每年获得100多件专利，增强了自主创新能力，为长久发展奠定了坚实的基础。

(三) 建立用户满意经营体系

在推动产品质量由"合格率"向"满意度"跃升的工作中，康力电梯以用户满意为标准的市场质量观念逐渐形成。有效实现满意度跃升需要建立起用户满意经营体系。公司把用户满意度评价纳入企业各项工作环节，向员工植入"下一道工序是用户"的工作意识，实现以客户为中心的经营策略有效展开。

1. 用户满意度测量

公司定期测量用户满意度变化，支撑用户满意经营体系有效运行。公司依据国家标准 GB/T 19039《顾客满意测评通则》、GB/T 19038《顾客满意度测评模型和方法指南》和 GB/Z 27907《质量管理顾客满意监视和测量指南》开展用户满意度测量工作，做到对科学测量、客观评价、纵横比较、有效改进，从技术研发、配套研发、精益制造、精准安装、贴心维保等服务链条的全过程进行改善，持续监测用户满意度变化，客观评价经营绩效结果，以测评结果指导质量改善；同时，设立各个环节的质量关键绩效指标（KPI），有力推动改善，从用户满意经营实践中发现用户满意测量对质量绩效的价值贡献。

顾客满意度测量体系对顾客满意程度的测量和监视是以与顾客有关的信息为基础的。公司收集有关顾客满意和不满意的主要信息的途径有顾客抱怨、与顾客的直接沟通、问卷和调查、委托收集和分析数据、行业研究的结果等。为确保对顾客满意程度的测量和监视的系统性和规范有效性，公司持续地收集顾客满意和不满意的信息。通过满意度调研，公司可轻松、有效地倾听客户声音，了解服务现状，发现服务短板，评价服务绩效，推进服务水平提升。同时，公司运用科学方法间接获得客户满意度的关键因素，将有限资源投放到最有效的方面，并且考察不同满意度与忠诚度人群的特征，分析客户价值，将有限的资源分配给最有价值的客户。

2. 提升服务能力

公司维保团队为2.5万台电梯、扶梯直接提供维保服务，同时为在全国各地运行着的约15万台康力牌电梯、扶梯提供监管和技术支持服务及备品、备件保障服务。公司有38个分支机构，100余个二级、三级服务网点，工程维保类服务人员 900 余人，服务范围覆盖全国除港、澳、台地区之外的所有省、自治区和直辖市。

从 2011 年开始，康力电梯在轨道交通项目实施过程中参与了苏州市轨道交通集团有限公司组织的各种劳动竞赛活动，项目部多次被评为"优胜单位""维保先进单位"，部门员工也多次获得了"轨道功臣杯"先进个人、"百名建设功臣"等荣誉。

公司设有 400 服务热线和 100 余个维保网点，并运用电梯云平台管理系统对电梯日常维保、故障报警和处理以及困人救援、隐患防范等进行监管，为用户提供服务。康力云计划是通过远程监控设备采集电梯运行数据并传输至服务器，通过系统将产品运行情况反馈至服务人员手机终端，使服务人员在收到故障报警等产品异常信息后，能够快速响应，提前预备，达到高效服务的目的；通过服务器采集到的现场产品运行数据，系统能够监测现场服务人员的处理情况，如响应时间、到场时间、处理时效等；系统能对采集到的数据进行分析，评定电梯运行健康情况，对现场维保服务起到重点跟进的指导作用，实行预防性保养，使产品运行更稳定、更安全，实现所有自维保电梯的在线监控。

公司维保工作由公司维保部统一组织协调。若需要委托则首选具有资质的代理商或专业安装维保单位进行。若使用方对维保机构有不同选择，公司则其选择的维保机构必须得到公司的资质评审认定。公司通过与第三方安装维保公司签订《维修保养委托协议》，明确公司、受托方在维保中负有的责任。由产品质量原因导致的损坏（不包括人为造成的损坏），在产品保修期内公司免费提供必要的电梯、扶梯配件，在产品保修期外另行收费。公司负有定期和不定期对受托方所保养的电梯、扶梯进行检查的责任。受托方必须严格执行国家安全技术规范的要求，保证其维护的电梯、扶梯的安全技术性能，并落实安全防护措施。在维保中，由受托方维保不当所引起的质量原因造成的损失由受托方承担。公司提供 2 小时急修服务，承诺接到用户保修电话 30 分钟内到达现场。

备件中心推行营销分公司培训机制，使备件需求信息更加快速、准确地传递，指导营销分公司利用大数据管理识别所在区域特殊易损易耗件。公司管理人员可以通过数据管理，发现各项目的备件需求，进行数据准确分析，获知项目管理情况、部件质量情况等。公司备件管理在售后市场发展中越来越体现其重要性。

（四）加大品牌宣传，树立品牌形象

1. 广告传播

2010年起，康力电梯股份有限公司加大品牌宣传力度，改进品牌宣传的效果，实行多元化媒体传播策略，先后在电视媒体（如CCTV-13新闻频道、CCTV-4中文国际频道）投放公司形象宣传广告。2015年和2016年，康力电梯代表中国电梯品牌连续两年在美国纽约时代广场大屏及纳斯达克大屏投放滚动广告。至2018年，康力公司已在全国各地主要机场、高速公路、高铁站等处投放户外形象广告，并在行业权威杂志 ELEVATOR WORLD、ELEVATOR、《中国电梯》等刊登软文广告和硬件广告。

2. 公共传播

2016年起，康力公司着重打造"安全乘梯幸福生活"系列公益活动，致力于向社会大众传递安全乘梯理念，提高康力电梯品牌在民众中的知名度。2017年，康力公司携手河北省质量技术监督局、当地政府和教育局在石家庄市城角街小学举办安全乘梯公益活动，提供适合小朋友的卡通安全乘梯读物，组织孩子们观看乘梯动漫，并通过"电梯安全知多少""安全乘梯找错误""我是小小电梯工""幸福生活我描绘"等多个丰富有趣的活动环节吸引全校各年级300余名学生主动参与。

2017年8月，康力公司携手苏州市吴江区市场监督管理局、江苏省特检院吴江分院一起开展"安全乘梯知识普及暑期专项公益活动"。该活动在吴江赛格广场举办，通过向孩子们宣传安全乘梯知识、提供生动的卡通安全乘梯读物等使1 000余名小朋友在轻松快乐的氛围中学习并掌握安全乘梯要领。同年，康力电梯履行电梯从业者的一份责任，持续在全国范围内开展9场公益活动，活动足迹遍及大江南北，得到社会大众的广泛好评。

至2020年，康力公司作为中国电梯行业品牌领导者，在品牌历史、企业发展、匠心传承、产品构成、市场布局、科技创新、海外拓展等方面走在行业前列，创造了中国电梯史上多项第一。公司在品牌建设中，全面实施品牌发展战略，助力品牌升级，带动社会进步。

3. 会展传播

2002年，康力电梯首次参加北京国际电梯展。2005年，公司首次参加德国国际电梯展、土耳其国际电梯展、伊朗国际电梯展、俄罗斯国际电梯展、韩国国际电梯展、印度国际电梯展、巴西国际电梯展等。公司通过参加国内外电梯展，使产品销售渠道不断拓展，知名度不断提升，品牌建设渠道日趋完善。同时，市场上涌现出一批国外优秀代理商合作伙伴，使康力牌电梯不断提升产品品质和品牌影响力，成为中国国产电梯行业先锋。同年，公司为使顾客和经销商及时、充分了解公司的新产品和新技术，实行多种营销推广模式。2007年起，公司通过每年召开营销培训交流会、顾客技术研讨会、全球代理商年会等方式促进相关方参与公司品牌推广，提高顾客对公司产品的了解程度和产品在国内外的知名度，带动营销量的提升。2014年起，康力公司董事长王友林及高层管理人员先后参加各类国际、国内政治经济峰会和交流论坛，与国内外顶级经济界和企业界人士进行面对面交流，在了解宏观经济形势、发展机遇和先进企业管理理念的同时，也对外宣传公司品牌，提高了公司和品牌在国际上的知名度。

4. 文化传播

2003年1月，苏州康力电梯有限公司设立企业文化办公室。同年7月，公司出版内部刊物《康力电梯》。2007年起，随着企业文化建设的推进，公司利用多渠道进行品牌宣传，通过员工教育培训、会议宣讲、内部刊物、新闻报道、网站、办公自动化系统、标语、各种宣传活动、会议、庆典、员工征文和摄影作品等显著提高了公司和品牌的知名度。2017年9月，康力电梯股份有限公司举办公司成立20周年庆典活动。公司文化与公共关系部利用庆典活动机会，借助黑板报、横幅、标语、滚动字幕、宣传资料等，向参加庆典活动来宾大力宣讲康力电梯股份有限公司20年来的发展历程，以此提高公司和品牌的知名度。

5. 社会责任

康力电梯在专注自身发展的同时，积极承担社会责任：热心赞助文体事业，创造公司与社会共同发展的和谐机制；举办"安全乘梯·幸福生活"公益活动，向公众普及安全乘梯知识；发展节能环保先进技术，实现可持续发展；构建员工、企业、社会、环境之间的良性循环体系，为社会发展注入正能量。

康力电梯自创立以来，缴纳税费总额超30亿元，员工薪酬和福利总额超40亿元，员工人数从2010年的1 966人壮大至现今4 800余人。在专注自身发展的同时，公司一直积极践行社会责任，充分体现康力电梯的本色和担当。截至2020年，公司参与各类社会捐款捐物价值逾6 000万元。2020年12月，康力电梯第四次荣获"江苏慈善奖·最具爱心慈善捐赠企业"称号。

多年来，康力电梯不断提高自身效益，为地方经济和行业发展做出了卓越贡献，大大提升了民族电梯品牌的社会地位。公司上市后，每年均发布企业社会责任报告，全面真实展现企业公民形象，获得了社会各界的认可与赞赏。

三、案例启示

电梯企业站在高质量发展时代的新起点，增强质量竞争力是其实现卓越绩效经营的重要途径。如今，用户关注的不再是有没有，而是好不好，不再是合格品，而是优秀品。这就需要企业清醒地认识到"质量是由用户来定义的"，重新定义业务与用户需求的关系，在企业内深化市场质量观念，明确质量目的，创造出用户满意的产品，提供感动用户的体验，推动企业从优秀走向卓越。

质量为本承载梦想，品牌为魂迎接未来。以质量提升推动企业转型，不仅是企业发展的使命，也是企业的社会责任。民族品牌电梯企业追求卓越、超越标杆还有漫长道路要走，应在持续测量、分析和改善中增强质量竞争力，实时评估用户满意经营绩效，对比经营结果，不断缩小差距，努力实现卓越绩效经营，成就优秀品牌梦想，为服务美好生活增添光彩。

当然，随着国内房地产市场降温、地铁基建收缩，康力电梯如何面对复杂多变的环境，如何提升品牌高度、优化品牌深度，打造高质量的中国制造品牌，需要进一步思考。

附：康力电梯品牌发展大事记

1997年，康力电梯股份有限公司成立。

2004年，"康力牌"无机房电梯产品被列为国家康居示范工程选用产品。

2005年，"康力电梯"商标获评江苏省著名商标。

2006年，康力电梯股份有限公司获"江苏省质量管理奖"。

2010年3月12日，康力电梯股份有限公司在深圳证券交易所上市（股票代码：002367），成为中国电梯行业首家上市公司。

2013年，康力电梯股份有限公司获"测量管理体系AAA级认证证书"，是国内电梯行业首家获此证书的企业。

2015年，康力电梯股份有限公司获"2014年度中国上市公司金牛奖"。

2016年12月，"康力电梯"品牌荣登"中国品牌价值评价榜单"，品牌价值达43.63亿元，位列"机械制造类"榜单第七位。

2017年，康力电梯股份有限公司荣登"全球十大电梯制造商"榜单。"康力电梯"品牌是电梯行业中首个进入全球十强的中国自主品牌。

2018年5月，"2018中国品牌价值评价榜"发布，"康力电梯"品牌强度为917，品牌价值为68.65亿元，居中国电梯行业第四位。

2019年5月，"2019中国品牌价值评价榜"发布，"康力电梯"品牌价值达72.70亿，居中国电梯行业第一位。

2021年5月，"2020中国品牌价值评价榜"发布，"康力电梯"品牌以79.18亿元的品牌价值继续稳居中国电梯行业第一位。

（蔡跃红、张　阳）

快速装卸设备专家与领导者
——苏州双祺品牌建设实践

一、品牌简介

苏州双祺自动化设备有限公司（简称"苏州双祺"或"双祺"）成立于2011年，是一家集快递、电商、仓储物流、项目规划集成与核心设备研发于一体的高新技术企业。2017年，苏州双祺子公司雅祺精密钣金有限公司成立，投资建成大型钣金加工及涂装基地。2018年，苏州双祺子公司苏州悦祺智能科技有限公司成立，组建了50多人的研发团队，专注于仓储、工厂及物流输送分拣自动化系统的研发。

作为快速装卸设备专家与领导者，双祺注重人机工程学与效率指标的优质匹配，以"精益求精，持之以恒"的工匠精神，开发出智能物流输送、装卸、分拣设备与完善的服务体系，成功解决了众多领域装卸货时间长、成本高、效率低、货品损失严重等问题，为电商、快递、物流行业的高速发展起到了积极的促进作用。

公司发展至今，已成为国内最大、最专业的物流输送和分拣设备领域核心制造商之一。公司主营产品为伸缩输送机、转弯输送机、螺旋升降机、智能分拣系统等，其核心产品双祺牌伸缩输送机获得"苏州名牌产品"称号，年产销量全球遥遥领先。双祺产品的应用领域有电商、邮政、快递、物流、港口、码头、轻工、食品、烟草、家电等。

截至2021年6月,公司总计有客户设备分布点1 250个,年销售设备突破6 000台,在智能物流伸缩机行业市场占有率达45%,在国内排名第一位。

二、苏州双祺品牌建设实践

(一)以质量为本,加强质量管理体系建设

公司通过了 ISO 9001:2015 质量管理体系认证,ISO 3834-2 国际焊接质量体系认证、LSO 4500—2018 职业健康安全管理体系认证,被评为售后服务管理体系五星级企业,并获得苏州市质量奖(图1)。苏州双祺自动化设备有限公司《质量手册》是按照 GB/T 19001—2016/ISO 9001:2015 质量管理体系要求、结合公司实际情况编制的,是公司生产质量管理工作的准则。发布质量手册的目的是阐明公司的质量方针和质量目标,描述公司的质量管理体系,规范公司日常的质量管理工作,提高工作质量和效率,增强市场竞争力,为广大公司客户提供更加满意的服务。

图1　公司质量管理体系认证证书、苏州市质量奖证书

1. 质量方针和目标

公司的质量方针:质量第一、精益求精、交期准时、服务至上。

公司的质量目标见表1。

表1　双祺质量目标

序号	质量目标	责任中心
1	客户满意率≥90%	营销中心
2	出厂合格率：100%	质量中心

2. 质量管理体系及其过程

公司按 ISO9 001：2015 国际标准的要求建立、实施、保持和持续改进质量管理体系（包括所需的过程及其相互作用）。公司识别并确定了如下分工及过程：销售过程，采购过程，生产过程，设计开发过程，检验与交付过程，绩效分析、评价与改进过程等。

公司建立和实施质量管理体系的具体操作为：确定质量管理体系所需的过程及其在整个组织内的应用，确定这些过程所要求的输入和期望的输出；按照计划、实施、检查、行动（PDCA）循环的原则明确各个过程控制的方法及过程之间相互顺序和接口关系；确定并应用为确保有效运行和控制这些过程所需的准则和方法（包括监视、测量和相关绩效指标）；确定这些过程所需的资源，并确保其可用性，为这些过程规定职责和权限；处理所确定的风险和机会；评价这些过程，并实施任何所需的变更，以确保这些过程达到其预期结果；对过程进行监视、测量和分析及采取改进措施，改进过程和质量管理体系。

公司在一定程度上保持文件化的信息，以支持过程的运行；保留文件化的信息，以便为过程按策划执行提供信心。

（二）以研发创新为源动力，提升公司技术创新能力

公司于 2017 年被评定为"苏州市自动化伸缩装车输送系统工程技术研究中心"，并设有独立的研发中心，包括机械设计部、研发部、工艺部、工程部、电控部、信息部等，具备专业的设计、研发、制造能力。公司目前拥有研发人员 50 余人，涵盖了机电一体化、电子信息工程、数控机电、机械设计、计算机应用等相关专业。这些专业的研发人员为公司的长期发展奠定了扎实的基础。为了不断提高研发技术创新水平，公司积极与上海交通大学签订产学研合作协议。公司先后投入 1 000 多万元，用于研发设备的采购。目前，公司已拥有大量

的先进研发检测仪器和设备，总体研发能力处于国内先进水平。

近年来，公司不断加大研发投入，加强公司研发实力：2017 年公司研发总投入为 668.06 万元，占销售收入的 5.11%；2018 年研发总投入为 1 397.71 万元，占销售收入的 6.91%；2019 年研发总投入为 1 639.63 万元，占销售收入的 6.21%。

1. 核心技术

公司部分核心技术见表2。

表2 双祺核心技术汇总表

序号	核心技术名称	技术水平	创新成果
1	自动伸缩皮带输送机	国内领先	获得 2 项发明专利、16 项实用新型专利
2	自动化无人伸缩装车输送系统	国内领先	获得 1 项发明专利、4 项实用新型专利
3	自动伸缩皮带装卸车输送机	国内领先	获得 1 项实用新型专利
4	万用装卸伸缩皮带输送机	国内领先	获得 1 项发明专利、1 项实用新型专利
5	可调对接高度式输送伸缩机	国内领先	获得 1 项实用新型专利
6	一种驼峰伸缩皮带输送机	国内领先	获得 3 项实用新型专利
7	伸缩机横移装置	国内领先	获得 1 项实用新型专利
8	用于伸缩皮带输送机的操作站台	国内领先	获得 2 项实用新型专利
9	高精度双称一体静态称重伸缩皮带机	国内领先	获得 2 项实用新型专利
10	漏斗式自动装车伸缩机	国内领先	获得 1 项实用新型专利
11	新型自动伸缩机头全摇摆皮带装卸输送机	国内领先	获得 1 项实用新型专利
12	电轮驱动盘式分拣装置	国内领先	获得 1 项实用新型专利
13	扫码、称重、合流、分拣一体式货物自动输送线的研发	国内领先	获得 2 项实用新型专利
14	快递装车线单件分离系统	国内领先	获得 2 项实用新型专利
15	转弯皮带机	国内领先	获得 1 项发明专利、2 项实用新型

2. 公司研发专利

公司每年都会通过自主立项研究开发新产品并申请专利，目前已获得86项专利授权，其中有6项发明专利、75项实用新型专利、5项外观专利，见表3。

表3 双祺授权专利汇总表

序号	专利名称	专利类型	专利授权号
1	伸缩输送机	发明	ZL201510046510.7
2	一种链条式转弯皮带机	发明	ZL201510045238.0
3	自动化无人伸缩装车输送装置	发明	ZL201610152900.7
4	旋转移动机构	发明	ZL202110125498.4
5	多头快速卸货伸缩机	发明	ZL202110124800.4
6	便于工件批量焊接的压件装置	发明	ZL202110565613.X
7	伸缩输送机的侧导轮机构	实用新型	ZL201520064515.8
8	一种链条式转弯皮带机	实用新型	ZL201520064184.8
9	一种用于伸缩输送机的滑动装置	实用新型	ZL201520064181.4
10	伸缩输送机的保护装置	实用新型	ZL201520064165.5
11	伸缩输送机	实用新型	ZL201520064164.0
12	转弯输送机	实用新型	ZL201520064163.6
13	撑袋架	实用新型	ZL201520064162.1
14	一种用于伸缩输送机的行走小车机构	实用新型	ZL201520064065.2
15	一种伸缩输送机用传输辊装置	实用新型	ZL201520064064.8
16	伸缩输送机用的辊筒调节装置	实用新型	ZL201520064063.3
17	一种伸缩输送机	实用新型	ZL201520064062.9
18	一种转弯皮带机耐磨组件	实用新型	ZL201520063998.X
19	一种用于传送带的转弯结构	实用新型	ZL201520062387.3
20	转弯机连接组件	实用新型	ZL201520062386.9
21	一种转弯皮带机新型耐磨组件	实用新型	ZL201520062353.4
22	用于伸缩输送机的驱动辊筒	实用新型	Zl201520062352.X
23	伸缩输送机防侧偏底座	实用新型	ZL201520062345.X

续表

序号	专利名称	专利类型	专利授权号
24	一种伸缩输送机无动力滚筒的连接结构	实用新型	ZL201520062344.5
25	多节可伸缩输送臂	实用新型	ZL201520062300.2
26	漏斗式自动装车机构	实用新型	ZL201620206581.9
27	自动检测测量系统	实用新型	ZL201620206307.1
28	自动伸缩机构	实用新型	ZL201620206306.7
29	自动整形机构	实用新型	ZL201620206026.6
30	自动升降摆动机构	实用新型	ZL201620205932.4
31	一种伸缩输送机用折叠式搬运平台	实用新型	ZL201620617903.9
32	一种自动伸缩皮带装卸车输送机	实用新型	ZL201621358634.5
33	可调对接高度式输送伸缩机	实用新型	ZL201720859559.9
34	一种用于伸缩皮带机输送机上的操作站台	实用新型	ZL201721670128.4
35	称重伸缩皮带机	实用新型	ZL201820020803.7
36	双秤一体伸缩皮带机	实用新型	ZL201820018980.1
37	驼峰伸缩皮带机	实用新型	ZL201820021105.9
38	万用装卸伸缩皮带输送机	实用新型	ZL201720854514.2
39	伸缩机驼峰机构	实用新型	ZL201820086657.8
40	驼峰伸缩皮带输送机	实用新型	ZL201721218619.5
41	伸缩机横移装置	实用新型	ZL201721042618.X
42	一种安装在伸缩机头上的输送装置	实用新型	ZL201821747359.5
43	一种伸缩输送机专用吊索机构	实用新型	ZL201921021041.3
44	一种伸缩机承重限位机构	实用新型	ZL201921605153.3
45	模块化伸缩机输送机	实用新型	ZL201922138922.X
46	一种伸缩机皮带防跑偏机构	实用新型	ZL201921850888.2
47	伸缩机的伸缩机构	实用新型	ZL201921845237.4
48	驼峰高度可调的伸缩机驼峰机构	实用新型	ZL201921862230.3
49	一种用于货物输送的链条式螺旋提升机	实用新型	ZL201921748255.0

续表

序号	专利名称	专利类型	专利授权号
50	一种皮带伸缩机可调底座	实用新型	ZL201921743579.5
51	合流用皮带输送机	实用新型	ZL202020424211.9
52	消防用伸缩皮带机	实用新型	ZL202020424005.8
53	一种链板伸缩机	实用新型	ZL202022050465.1
54	一种六节伸缩机	实用新型	ZL202022048087.3
55	一种摇摆式输送机	实用新型	ZL202121194332.X
56	一种用于滚筒组装的轴承压入装置	实用新型	ZL202121118529.5
57	一种滚筒上下料装置	实用新型	ZL202121119238.8
58	机器人焊接治具	实用新型	ZL201920728433.7
59	圆弧折弯模具	实用新型	ZL201920729147.2
60	大型钣金件测量平	实用新型	ZL201920729417.X
61	板材卷圆加工设备	实用新型	ZL201920728640.2
62	机器人焊接快速夹治具	实用新型	ZL201920729148.7
63	一种机器人焊接用定位工装	实用新型	ZL202021914084.7
64	一种机器人焊接用火花防护装置	实用新型	ZL202021913063.3
65	一种机器人焊接用尾气处理装置	实用新型	ZL202021914065.4
66	一种用于钣金测量的收纳装置	实用新型	ZL202021913080.7
67	一种用于机器人焊接的工作台	实用新型	ZL202021914034.9
68	一种摩擦式滚筒合流装置	实用新型	ZL201821787186.X
69	一种货物分拣装置	实用新型	ZL201821787124.9
70	一种盘式分拣装置	实用新型	ZL201821787125.3
71	一种货物运输线的聚中装置	实用新型	ZL201821786982.1
72	一种物流分拣输送线	实用新型	ZL201920305122.X

续表

序号	专利名称	专利类型	专利授权号
73	货物分拣装置的同步带轮	实用新型	ZL201921027199.1
74	用于货物分拣的传送轮	实用新型	ZL201921027963.5
75	一种机械式传动的盘式分拣装置	实用新型	ZL201921849322.8
76	货物的单件分离系统	实用新型	ZL201922017360.3
77	一种盘式分拣装置	实用新型	ZL201921845191.6
78	一种带DWS系统的斜坡一体机	实用新型	ZL201921948064.9
79	一种货物聚边装置	实用新型	ZL201921947887.X
80	一种转盘式窄带分拣装置	实用新型	ZL202003047638.4
81	一种包裹分拣装置	实用新型	ZL202023331832.1
82	全自动装车机	外观	ZL201630097360.8
83	输送机	外观	ZL201730273980.7
84	皮带输送机	外观	ZL201730313294.8
85	伸缩输送机	外观	ZL202030476384.0
86	竹节型滚筒	外观	ZL202130021844.5

中国正在积极推进和实施"中国制造2025""一带一路"等国家倡议。作为自动化装卸行业的领先品牌，双祺肩负着提升行业质量控制技术水平、推动产业升级的重任，将积极应对机遇和挑战，继续加大投入力度，不断创新，在保证现有国内市场领先的同时，全面开拓国际市场，打造自动化装卸行业国际知名品牌。

（三）竭尽所能，提升客户满意度

公司致力于建立和完善客户关系，保持与客户的沟通和信息交流，充分尊重和保护客户利益，以赢得和留住客户；吸引潜在客户，开拓新的商机，并采取适用的方法调查和测量客户满意情况，提升客户满意度。

1. 客户关系的建立

公司制定并实施《客户沟通和客户服务控制程序》等管理制度，

设立了客户服务中心和营销中心。客户服务中心负责管理客户信息、建立客户信息反馈制度、管理客户档案、处理客户问题、协调客户直接委托试验的试验周期安排、管理好客户直接委托试验的业务合同。营销中心负责细分目标市场、制订销售政策和销售计划、跟踪营销指标完成情况、拟订并监督执行市场规划与预算。

（1）完善客户分类和评价制度，加强客户关系管理。公司制定并实施《客户关系管理办法》，根据产品产量、产品规格、成长趋势、稳定程度、业务配合和市场信息反馈等标准进行评价，定期公布关键客户名单，与重要客户签订战略协议，对客户实施分级管理，制定相应激励政策，不断密切合作关系。

（2）构筑牢固的客户关系，不断丰富客户关系管理服务。客户关系是企业全部经营活动的出发点和归宿点。公司不断加强与关键客户的关系，提供自动化物流分拣输送产品和超值服务，提高客户满意度和忠诚度。公司合作伙伴见图2。

图2　双祺合作伙伴

2. 建立与客户接触的主要渠道

公司与客户的沟通是双向的。公司不仅充分了解并满足客户的需求，也通过各种沟通平台让客户了解公司的产品、文化和服务，如定期通过座谈会、客户来访、高层走访、客户满意度调查、电话、传真及邮件等沟通方式与客户保持良好的互动。

3. 及时、有效处理客户投诉

对于客户的投诉，公司依照"快速、公正、及时沟通"的原则，以质量体系文件的形式进行了明确的规定：在接到客户信息查询、投诉时必须加以记录，且信息查询应在当天予以答复，对投诉则按照规定的流程进行处理。公司对客户投诉实行集中统一受理、处理，要求客服人员快速响应，在1小时内答复，并考核客户及时投诉处理率。

公司系统收集、整理、分析客户投诉信息，并将分析结果用于产品质量及服务质量的改进，如：召开客户投诉信息分析会，全面系统分析客户投诉问题产生的原因，并从中发现规律性或关键因素；成立由营销中心、售后服务部、设计部人员组成的客户满意小组，针对客户投诉的重点、难点问题进行集中整改；由体系部和品质部人员组成监察小组，对客户投诉处理情况进行监管。

4. 使建立客户关系的方法适合公司的发展方向及业务需要

公司通过电话、市场走访等方式，了解客户对公司产品质量、相关技术服务等方面的意见和建议，不断完善与客户的关系，并从客户处了解同行的管理方法，加以借鉴，结合公司实际进行有效的整改，从而使公司获得越来越多的忠诚客户。

客户关系的建立是从个体间到团队间，再到公司间文化上的彼此共融。公司不断改进客户关系的建立和维护方法，如与客户建立利益共同体、为客户提供良好的服务和技术引导等。

5. 客户满意度的测量

公司制定了客户满意度测量程序，主要以定期发出《客户满意度调查表》的形式，了解客户对公司产品质量、服务质量及价格等方面的满意程度及建议。客户满意程度的关键测量指标是客户流失率、客户满意度和销售增长率。公司这3项指标近4年的数据如表4所示。

表4 2017—2020年双祺客户满意度、客户流失率、销售增长率指标数据

指标	2017年	2018年	2019年	2020年
客户满意度	93.7%	93.86%	94.07%	93.92%
客户流失率	0	3.46%	1.13%	2.65%
销售增长率	137.35%	129.7%	122.72%	43.26%

公司对客户进行产品和服务质量的跟踪：一是对提供的产品和服务情况进行现场跟踪，以《售后服务单》等形式及时了解产品及售后服务方面的问题；二是编制《质量信息反馈单》，鼓励客户全面、如实反馈信息。必要时，客户代表可召集设计、生产、品质部门的人员联合跟踪解决产品和服务方面的问题，如通过召开产品质量分析会等，及时解决客户碰到的问题。这些举措使公司得到了客户的认可并获得了相应的荣誉。

公司始终关注、及时收集竞争对手和标杆的顾客满意信息，从另外一个角度清晰地看到公司的优势和劣势。采取的各种渠道和方法包括：

（1）通过不定期与顾客交流，了解竞争对手、行业标杆的信息。

（2）通过相关行业协会了解竞争对手、行业标杆的信息。

（3）通过网上公开资料、竞争对手经验介绍及媒体相关报道等其他方法了解竞争对手、行业标杆的信息。

对于获得的对手、行业标杆的顾客满意信息，公司通过对比发现需要差距，进而分析差距产生的原因，并采取措施实施改进，如产品外观改进、产品防护改进、辅助功能改进等，获得了顾客的高度好评。

（四）重视企业文化建设

公司以打造国际化品牌、推动全球物流装卸自动化与智能化发展为导向，确立了使命、愿景、核心价值观及行动指引方针，并以振兴中国制造为己任，激励全体职工为企业的共同理想而奋斗。

使命：为客户创造价值；为员工谋取幸福；为社会做出贡献。

愿景：成为"中国制造"的世界品牌；成为一家受人尊重的百年企业。

核心价值观：诚实守信、百折不挠；团结奋进、创新高效；匠心精制、卓越服务；合作双赢、和谐共荣。

公司的企业文化体系如图3所示：

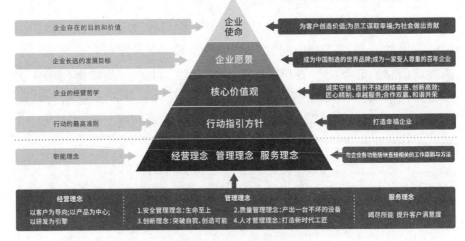

图3 双祺的企业文化体系

1. 将公司的使命、愿景和价值观贯彻到全体员工

公司采用画册、宣传栏、宣传片、内部刊物、各种企业文化活动等载体全方位、立体式宣传公司的企业文化，提高宣贯的效率，增强宣传的生动性，确保将公司的使命、愿景和价值观贯彻到全体员工。

2. 双祺的品牌识别及品牌管理手册

图4 双祺品牌标志

双祺品牌标志（图4）以简洁明了的设计导入鲜明的国际化风格形象，力求使双祺品牌的形象具有独特的感染力、亲和力和吸引力。标志整体造型大气简洁，在表现行业属性特征的同时拓展了企业形象的宽广度，彰显出专业化企业的活力和创新能力；以国际化企业简洁的视觉表现，最大限度地提升客户对企业的信任度和认同感。

双祺品牌标志颜色采用蓝色、红色搭配，蓝色代表专业与资深的地位，红色代表激情与领先者地位。感性与理性相结合的配色强调企业感性的体验背后蕴含深刻的理性内涵。

作为研发制造型企业，公司认识到自身的品牌知名度及市场公信力尤为重要。良好的品牌影响有助于提升企业的市场占有率和盈利能力。为加强品牌管理及规范使用，提升品牌形象及影响力，公司战略规划（品牌推广）中心根据产品品类、市场定位及品牌定位分析，历时一年，制定并发布了《双祺品牌管理手册(2021版)》。

公司的品牌定位是成为快速装卸设备专家与领导者，向全球客户提供出色的物流装卸设备及智能系统解决方案。依托打造可靠、耐用、稳定、安全、精良的物流设备，不断刷新高品质设备的行业标准。公司的品牌体系如图5所示。

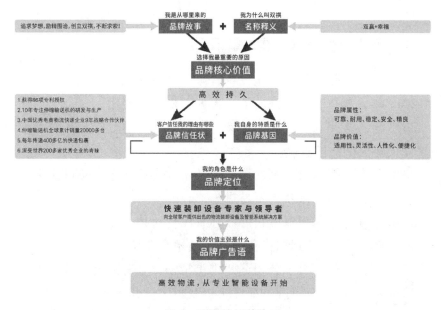

图5 双祺的品牌体系

三、案例启示

第一，抓住机遇，开拓行业发展的赛道。目前在中国，由于电商、物流的迅猛发展，加之相关企业对于人力成本控制的刚需，在装卸领域里的装卸类设备得到了长足发展。从整体上看，物流装卸属于新兴行业，其市场处于发展初期，很多标准规范需要在行业发展过程中逐步完善。双祺现在所处的行业是个细分市场，从表面上看竞争者有限，但放眼其他行业应用的话，这些产品就会形成产业的规模了。

双祺抓住机遇，开拓行业发展的赛道，聚焦优势资源，通过定位来构建品牌竞争力，将产品竞争转向品牌（技术研发）竞争、服务竞争等,将产品销售转向品牌营销。

第二,抢先站位,成为真正的领导者。双祺将走出电商、物流既有领域,不断在其他行业拓展自身独有的优势。在未来的市场上,产品的精细化、品质化、定制化、智能化等将逐渐成为主导的趋势。企业要想获得长足的发展,就必须基于差异化价值的挖掘,通过定位让品牌呈现不一样的气质魅力,与竞争者形成明显的区隔,进而创造不可替代性。

附:苏州双祺品牌发展大事记

2011年,苏州双祺自动化设备有限公司成立。

2012年,苏州双祺研制的第一台伸缩机交付使用。

2013年,苏州双祺与天天快递、圆通速递相继合作,并同天天快递签订长期合作伙伴协议。

2014年,苏州双祺研制的第一台转弯式链条输送机交付使用。

2015年,苏州双祺获得贸易进出口权。

2016年6月,苏州双祺获评江苏省民营科技企业。

2016年11月,苏州双祺获得高新技术企业认定。

2017年,苏州双祺子公司苏州雅祺精密钣金有限公司成立。

2017年01月,双祺牌升缩皮带机获得"苏州名牌产品"称号。

2017年10月,苏州双祺入选苏州市瞪羚计划入库企业。

2017年12月,苏州双祺自动伸缩皮带输送机获得高新技术产品认定。

2018年,苏州双祺子公司苏州悦祺智能科技有限公司成立。

2018年5月,苏州双祺注册"双祺"图片商标7类和40类。

2018年10月,苏州双祺获评苏州市专精特新培育企业。

2020年2月,苏州双祺获得2019年苏州市核心技术产品认定。

2020年10月,苏州双祺获得苏州市质量奖。

2021年1月,苏州双祺获评江苏省专精特新小巨人企业。

2021年2月,苏州双祺获评苏州市专精特新示范中小企业。

(徐 燕、袁雁文)

"看不见"的产品 "看得见"的品牌
——金宏气体品牌建设实践

一、品牌简介

苏州金宏气体股份有限公司为一家专业从事气体研发、生产、销售和服务的环保集约型综合气体供应商，成立于1999年，总部位于江苏省苏州市相城区潘阳工业园，占地11万平方米。经过20余年的探索和发展，公司目前已初步建立品类完备、布局合理、配送可靠的气体供应和服务网络，能够为客户提供特种气体、大宗气体和天然气三大类100多个气体品种。2020年度，苏州金宏气体股份有限公司实现主营业务收入12.43亿元，利润总额2.4亿元，员工总人数达1519人。

目前，国内电子气体供应主要被外资气体公司垄断，海外大型气体公司占据85%以上的市场份额，进口制约较为严重。为了改善海外几大龙头企业垄断国内市场的局面，苏州金宏气体股份有限公司经过多年的自主研发，攻克了技术难题，突破并系统建立了贯穿气体生产、提纯、检测、配送、使用全过程的技术体系，主要产品包括超纯氨、氢气、氮气、混合气、氧气、氮气、氩气、二氧化碳等，品种达100种以上，应用于集成电路、液晶面板、发光二极管（LED）、光纤通信、光伏、医疗健康、节能环保、新材料、新能源、高端装备制造、食品、冶金、化工、机械制造等众多领域。公司未来将继续聚焦特种气体的研发生产，顺应我国电子半导体等新兴产业发展的历史机遇，借助国家企业技术中心平台优势，不断填补高端特气领域的国内空白，提高我国特气国产化水平。

图1　金宏气体品牌标志

为了提高企业的管理水平，宣传企业的商品与服务，苏州金宏气体股份有限公司打造了自己的特色品牌，品牌标志如图1所示。

品牌标志左侧图案整体呈由蓝色和白色组成的地球形状，代表苏州金宏气体股份有限公司面向全球市场，打造民族品牌，让世界共享气体之美。蓝色代表蓝天，象征着理性、宁静、深邃、科技；白色象征白云，寓意节能、环保、可持续发展的理念。圆形图案中间的小写字母"j"将其一分为二，使整个图案既像一个大写字母"H"，作为"金宏"的首字母缩写，又像小写字母"j"的螺旋延伸，代表苏州金宏气体股份有限公司无限发展的潜能。品牌标志右侧上方的黑色中文字样"金宏气体"简洁大方、醒目易记；品牌标志右侧下方的蓝色英文"jINHONG GAS"与其上方的中文含义对应一致，让不同国家的客户也能一目了然，其中的小写字母"j"呈现卧倒状，一方面与左侧图案中的"j"相呼应，另一方面使品牌图标像一个笑脸，代表了希望客户在体验了苏州金宏气体股份有限公司的服务后会是微笑的和满意的，体现了与客户融洽及和谐的关系。

苏州金宏气体股份有限公司（以下简称"金宏气体"）的核心理念如下：

企业使命：融入经济血脉，彰显高尚气质。

企业愿景：打造行业第一民族品牌！

核心价值观：安全、诚信、敬业、创新。

二、金宏气体品牌建设实践

（一）建立具有特色的生产经营模式

公司外购原材料或回收化工企业的尾气，经过提纯、充装或物理、化学反应生产各类气体，并以瓶装、储槽或现场制气的方式向客户供应，建立了独立完整的采购、生产、质量检测、产品销售及研发体系，拥有成熟稳定的盈利模式。公司采取以销定产、订单驱动的经营模式，销售是公司生产经营的中心环节，采购、生产围绕销售展开。公司采购的原材料和生产经营设备主要为气体原材料、包装容器、精密仪器、生产及检测设备、运输车辆、辅料等。对于工业氨、工业级八氟环丁烷、天然气、氦气、标准气体原材料等特种气体生产原材料，主要供应商为大型国有企业、化工企业或贸易商。对于氧化亚氮、二氧化碳、氢气等尾气回收、提纯生产特种气体原材料，公司与供应商签订长期合作协议，在现场建厂回收。对于氧、氮、氩等空分气体原材料，主要供应商为拥有空分装置的大型钢铁冶炼企业、专业的空分生产企业和化工企业。公司稳定采购其富余气体或产生的废气，解决其富余气体的销售或废气的处理，并与其形成长期稳定的合作关系。对于包装容器、精密仪器、生产及检测设备、运输车辆，公司根据规模和业务配送需求，下达采购计划，并进行招投标。

公司生产模式主要采用"以销定产、订单驱动、合理库存"的方式，即先签订框架合同，然后根据订单制订生产计划，组织生产。同时，根据营销部门订单预测及实际销售情况确定合理库存量。另外，为应对紧急订单，公司按照安全库存量储备存货，以便能够及时按照客户要求供货。公司运营系统下设生产部、运输部、质量部等部门，把目标责任落实到人，确保安全生产。公司目前生产方式主要分为两类：一类为外购液态气体后充装、分装至钢瓶、储罐等容器中再销售给客户；另一类为外购原材料或回收工业企业排放的尾气后经公司生产设备发生化学反应或经物理提纯并充装至钢瓶、储罐等容器后销售。第一类方式生产的气体主要有氧气、氮气、氩气等，第二类方式生产的气体主要有超纯氨、氢气、二氧化碳、乙炔等。2018年，公司空分项目投产，公司原先外购的部分液氮和液氧开始通过自身空分设备进行空气分离生产。

（二）严把质量关

在产品质量方面，与外资巨头相比，公司生产的特种气体品质和稳定性水平相当，且具有明显的成本优势。随着集成电路、液晶面板、发光二极管、光纤通信、光伏、医疗健康、新能源、航空航天等下游行业的快速发展，以及特种气体国产化政策的不断推进，未来公司特种气体在进口替代方面具有广阔的市场空间。公司质量部职责如图2所示。

图2 金宏气体质量部职责

目前，金宏气体超纯氨国内市场占有率达50%以上。此外，金宏气体创新研发的电子级二氧化碳、甲烷、八氟环丁烷、氧化亚氮、氯化氢等各类电子级气体产品，为电子半导体高端制造客户提供了新选择。为了确定影响满意度的关键因素，测定当前的客户满意水平，同时了解客户的想法，发掘客户的潜在需求，金宏气体质量部和销售部定期协同对现有的客户开展客户满意度调查与测评。

（三）重视研发和创新

公司一直以来将技术研发、科技创新作为公司核心竞争力之一，依靠新产品、新技术为公司的业务发展和收入增长提供了强大的内生动力。未来两年，首先，公司将持续加大研发经费的投入，分阶段地购进用于特种气体的分析仪器和设备，加快新产品的开发速度，满足市场需求。其次，重视科技人才引进，高薪聘请更多的国内气体领域内的专家和年轻研发人才，完善激励机制，打造一支专业性很强的科技创新团队。再次，继续探索和深化与科研院所、高等院校进行利益共享的产学研合作机制，在联合开发气体新产品、共建载体、人才培养等领域进行深度合作，优势互补。

在研发平台方面，公司拥有国家企业技术中心、中国合格评定国家认可委员会（CNAS）认证实验室、博士后科研工作站、江苏省特种气体及吸附剂制备工程技术研究中心、江苏省重点研发机构等。在产品技术方面，公司拥有206项专利，主导或参与制定多项国家标准，研发生产的超纯氨、高纯氢、高纯氧化亚氮、高纯二氧化碳、八氟环丁烷、高纯氩、高纯氮等各类电子级超高纯气体拥有自主知识产权，品质和技术已达到替代进口产品的水平，能满足国内半导体产业的使用需求。

在技术相关荣誉方面，公司先后被认定为"国家火炬计划重点高新技术企业""国家知识产权优势企业""国家专精特新小巨人企业""江苏省科技小巨人企业""江苏省创新型企业""江苏省科技型中小企业""江苏省创新建设示范企业"等。公司7N[①]电子级超纯氨项目获得了江苏省成果转化专项资金扶持，并先后荣获"国家重点新产品""国家专利优秀奖""江苏省科学技术奖"，被中国半导体行业协会评为"中国半导体创新产品和技术"，入选了"国家火炬计划"等。高纯氯气、氯化氢等储备技术属于国家科技部2017年重点专项申报指南"战略性先进电子材料"中的微纳电子制造用超高纯电子气体项目内容。

（四）客户至上

在产品品种方面，公司生产经营的气体涵盖特种气体、大宗气体和天然气三大品类，具体品种达100种以上，气体产品品种丰富，供应方式灵活，可较好地满足新兴行业气体用户多样化的用气需求。在客户服务方面，公司可根据客户不同阶段的用气需求，匹配与其相适应的气体品种、规格和使用量，规划相适应的供气模式，量身定制综合供气服务方案，减少客户的采购成本与流程，保障客户用气的稳定

---

① 7N代表产品纯度99.999 99%。

供应，提升客户的满意度。在物流配送方面，公司拥有专业配送体系和工程技术团队，可为不同行业、不同发展阶段的客户提供运用深冷快线连续供气技术、高纯气体包装物处理技术和安全高效物流配送技术的全面、快速供气服务，并提供配套用气设施和气体管路的设计、建造、安装、运行服务及量身定制的物流支持。

公司下游客户数量众多，结构层次稳定。凭借雄厚的技术实力、优异的产品质量等优势，公司获得众多新兴行业知名客户的广泛认可，在集成电路行业中有联芯集成电路制造（厦门）有限公司、上海华力集成电路制造有限公司、华天科技（昆山）电子有限公司、杭州士兰明芯科技有限公司等；在液晶面板行业中有南京京东方显示技术有限公司、苏州华星光电技术有限公司、上海天马有机发光显示技术有限公司、TCL华星光电技术有限公司、成都中电熊猫显示科技有限公司、昆山龙腾光电股份有限公司等；在LED行业中有安徽三安光电有限公司、聚灿光电科技（宿迁）有限公司、江西乾照光电有限公司、华灿光电（苏州）有限公司、江苏澳洋顺昌集成电路股份有限公司等；在光伏行业中有通威太阳能（合肥）有限公司、天合光能（宿迁）光电有限公司、西安隆基乐叶光伏科技有限公司等。与知名客户的合作保障了公司业务的稳定性，也体现了公司优秀的品牌影响力。除上述行业内知名企业外，公司还与电子半导体、节能环保、医疗健康、新能源、机械制造、化工、食品等行业的众多中小型客户建立了稳定的合作关系。这些客户个体的气体需求量较小，分布较为分散。公司凭借稳定的供应保障能力、快速响应的物流配送体系以及较强的本地化市场开拓能力，较好地满足了这些客户的需求。公司在各个行业聚集了大量的拥趸客户，保证了公司的持续稳定发展。

（五）品牌力卓越体现

金宏气体在我国气体行业内具有较高的市场地位，享有较高的品牌知名度和良好的品牌声誉。公司为中国工业气体工业协会副理事长单位、江苏省气体工业协会副理事长单位；2013年，"金宏"品牌被江苏省工商行政管理局认定为"江苏省著名商标"；2016年，"金宏气体JINHONG GAS及图"注册商标被国家工商行政管理总局认定为"驰名商标";2017年,公司被中国工业气体工业协会评为"中国气体行业领军企业"。这些品牌荣誉标志着公司近年来实施的品牌战略取得了重大成果,也标志着公司特种气体等多种产品及服务得到了社会各界的广泛认可和支持;同时也有利于公司加强知识产权保护,进一步提高公司品牌的知名度和市场认知度,使客户、企业与员工形成共同的理念和价值观,进一步增强公司的市场竞争力和可持续发展能力。

2020年度,公司始终坚持"安全、诚信、敬业、创新"的价值观,不断提升公司管理水平,通过各项工作梳理和优化,强化各级管理人员职能,从而提升了管理效率,实现了管理优化提效。公司搭建了以企业管理解决方案(SAP)为核心的数字化运营平台,通过了两化融合管理体系认证。公司还被评为"国家专精特新'小巨人'企业""苏州市集成电路20强企业""中国工业气体工业协会创新型企业""中国工业气体工业协会'十三五'领军企业",被认定为"苏州市自主品牌大企业和领军企业先进技术研究院"。公司的天然气制氢车间被认定为"苏州市示范智能车间"。

(六)未来展望

肩负"融入经济血脉,彰显高尚气质"的历史使命,公司围绕国家"十四五"发展规划所指引的方向,按照国家"十四五"时期经济社会发展20项主要指标的要求,在审视宏观环境、行业环境及竞争环境的前提下,制定了以助力"绿色生态"发展为主线的纵横发展战略及战略目标。

纵横发展战略:纵向开发(技术为先),横向布局(做大市场),不断提高产品科技含量,做强优势气体产品,成为气体行业的领跑者。纵向开发是指公司将通过引进专业人才,加大研发投入,创新研制替代进口产品的特种气体产品,填补国内空白,为国家创新体系建设做贡献,并逐步走出国门,走向世界。横向布局是指公司将凭借行业发展优势,有计划地进行跨区域的拓展开发、并购整合,为客户提供更加及时、优质的供气服务,把"金宏气体"品牌打造成行业民族品牌。公司充分运用自身的纵横优势，如品类优势与技术迭代、智能制造与智慧物流、集成式供给服务技术、核心制程技术与卓越绩效管理等，把握国家"绿色生态"发展的大政先机，分步推进经济带布局、跨区域布局、跨领域布局"三位一体"的战略举措，扩展下游客户群体，并率先服务国家战略性支持的高科技领域。未来，公司将致力在民生方面满足客户消费升级需求，在制造业方面满足下游客户更广泛、更精准、更严苛的应用场景及市场需求，提供更加优质、高效的气体产品和供气服务，真正成为气体行业的领跑者。

技术方面（纵向）：公司以应用于集成电路、液晶面板等电子半导体领域的特种气体作为研发重点，未来将继续聚焦特种气体的研发生产，顺应我国电子半导体等新兴产业发展的历史机遇，努力填补高端特气领域的国内空白，提高我国特气国产化水平；在巩固和提高现有产品研发水平的基础上，继续加大特种气体的研发投入，借助国家企业技术中心平台优势，不断提高特种气体产业化平台的成果转化能力，加快新产品的开发速度，扩大在高附加值气体领域的市场份额；同时，开放式汇集专业人才，与科研机构形成强强战略合作，构建国家新型科研平台，冲破国外的技术壁垒，助力国家经济的健康提速。

业务方面（横向）：公司以特种气体为敲门砖，通过特种气体进入集成电路、液晶面板等半导体行业客户的供应链，进而向其导入其配套使用的电子大宗气体，逐渐成为客户的多品种气体供应商及气体设备全面运维服务（TGCM）提供商。这种方式既可简化客户的采购环节，又可促进公司气体销量的增长，增强协同效应，增强客户黏性。公司坚持以"为客户创造纯金价值，金宏气体、纯金品质"为经营理念，建立以品牌为核心、以销售为龙头、以技术创新为先导、以精细管理为基础、以超值服务为理念的发展之路，使公司做到"客户满意，员工骄傲，股东赞赏，社会肯定"。

公司自成立以来一直注重品牌建设，并坚持创民族品牌的发展战略。未来两年内，公司将不断寻求提高品牌价值的措施，如对电子特气及电子大宗气体的持续研发、特种气体混配技术的研发、优质客户的市场开拓、气体生产、后勤保障、物流配送等连续投资，不断提高产品质量，稳定产品供应，丰富产品种类，保障安全生产，提高和树立良好企业形象，使"金宏气体"品牌体现良好的品质和信誉，具有广泛的市场知名度和客户认同感。

三、案例启示

作为气体行业大型企业的领军者，金宏气体的发展体现了一家企业的坚韧性。经过多年的艰苦奋斗，金宏气体不断发展，产品和品牌更具生命力，这不仅是因为公司整体业务发展和对产品质量的一贯追求，也是因为金宏气体品牌力的觉醒。品牌力是产品竞争力、市场竞争力和企业竞争力的综合体现。

金宏气体所经历的曲折发展也给大量企业在品牌管理上提供了经验——为企业客户提供优质的产品和服务。产品和服务的质量是重中之重，品牌的定位则是企业业务的"定海神针"：追求什么样的产品和服务，在行业内的竞争力体现在何处，品牌应该走在业务前面。

金宏气体如何形成品牌优势？最终靠的是品牌价值观与企业对产品质量和服务的严格把控。过去的经验是金宏气体的宝贵财富，同时，公司又极其重视研发和创新，正契合了当下中国的高速发展和高质量增长。中国作为一个飞速发展的全球重要经济体，有效地助力了金宏气体的业务增长和品牌传播。中国政府管理中的优势也和金宏气体的企业公民形象与社会责任担当有机融合，从而帮助金宏气体构筑了其品牌不可取代的优势地位。

附：金宏气体品牌发展大事记

1999年，苏州市金宏气体有限公司创立于苏州市相城区元和镇，迈出了民族品牌的第一步。

1999—2004年，公司执行"一·五计划"：立足苏州，整合资源，扩大市场。

2001年，公司收购法国液化空气旗下的苏州东吴液化空气有限公司，开创行业内民营企业收购外资公司的先河，整合本地资源，持续快速发展，扩大市场占有率。

2003年，公司投资成立苏州工业园区金宏气体有限公司，结束了苏州地区无液态气体产品生产的历史。

2005—2009年，公司执行"二·五"计划：发展循环经济，提升品牌影响力。

2006年，公司新增二氧化碳回收、销售项目，变温室气体为可利用资源，成立家庭医用氧服务中心，为市民提供便捷的家庭医用氧服务。

2008年，公司申请"金宏气体"注册商标，启动公司股份制改造。

2009年，公司与日本大阳日酸株式会社建立战略联盟暨氦气项目合作，增强了企业市场竞争力；成立徐州金宏二氧化碳科技开发有限公司，使公司二氧化碳气体生产能力跻身国内三甲。

2010—2014年，公司执行"三·五"计划：突破高端特气领域，公司治理升级。

2010年，公司产品7N电子级超纯氨成功研发并量产，打破外企垄断，替代国外进口，填补国内空白，助力供应链国产化；公司总部乔迁至苏州市相城区黄埭镇潘阳工业园。

2012年，公司投资建设天然气制氢项目，助力苏州市及江苏省新兴产业的发展和产业结构调整。

2013年，公司检测中心获得CNAS认证，质量管控能力达到国内先进水平；公司推出深冷快线供气模式，一站式解决客户用气需求。

2014年，公司在新三板挂牌，股票代码：831450。

2015—2019年，公司执行"四·五"计划：坚持纵横战略，打造行业第一民族品牌。

2015年，"金宏气体"被认定为"中国驰名商标"；公司投资成立阳澄湖分公司、重庆金苏化工有限公司、平顶山市金宏普恩电子材料有限责任公司。

2016年，公司投资并购重庆金宏海格气体有限公司。

2017年，公司获得"苏州市市长质量奖"；公司推行卓越绩效管理，传承工匠精神。

2018年，公司获评"国家知识产权优势企业"。

2020—2025年，公司执行"五·五计划"：实行集团标准化管理，推动金宏高质量发展。

2020年，公司被认定为国家企业技术中心。

2020年6月16日，公司在科创板上市，股票代码：688106。

（李　华、张　强）

让传统在现代生活中获得新生
——李良济品牌建设实践

一、李良济简介

"李良济"品牌始创于1914年,第三代传承人李建华于2002年创办了苏州市天灵中药饮片有限公司,2004年注册商标"李良济"。公司目前占地190亩(约合12.7万平方米),员工1 000余人,产值10亿余元,客户2 000多家,是江苏省规模最大的中药饮片生产企业。

随着老百姓越来越重视健康问题,对中医药防未病和治未病的认识越来越强,我国大健康行业的规模不断扩大。苏州市天灵中药饮片有限公司相继成立了李良济中药煎制服务中心、李良济健康产业有限公司、李良济国医馆有限公司、李良济药业有限公司,打通中医、中药、健康养生、文化旅游的产业链条,形成了"医养购游"的业务格局。

(一) 品牌历史渊源

1. 品牌创始人:李金宝

苏州古城西部,群山起伏。群山怀抱之中住着一户李姓人家,自清代开始,他们便以采药为生。李金宝出生于此,自小跟随其父李阿木生活于群山之中,采药多年,尝遍了数百种草药。经过日积月累,李金宝对苏州西部山岭草药分布熟烂于心,采集之药上乘,手艺精湛。

据史料记载,苏州历代名医辈出,医学的发达使苏州成为多种中草药的集散地,枫桥白马涧镇在光绪年间便是我国中草药集散地之一。为将李氏药材做得更大,李金宝就在白马涧街市中创建了李记药铺,并于1914年独立挂牌经营。

李记药铺药材精良,切片美观,药效极佳,尤其是李金宝精良的炮制工艺,赢得大众好评,于是李记药铺生意越做越大,药材远销四方。

2. 第二代传承人:李金福

中华人民共和国成立后,李记药铺归供销社集体经营。李金宝继续以采药为乐,并将技艺传给儿子李金福。李金福一方面参加农业集体劳动,一方面利用业余时间跟随其父李金宝采集药材,为市区各大药房和医院提供药材,济世于民。当时苏州雷允上药店及苏州中医院的药工、药剂师经常和李记药铺合作。

随着国家实行改革开放的政策,个体经营的买卖合法化,这时李金福便产生了重振李记药铺的想法,并于1982年正式重开李记药铺,成为李良济药材世家第二代传承人。他精于取材,遵循古老的炮制工艺,精益求精。经过一段时间的经验积累,时机日渐成熟,李金福在经营药铺的同时开设了中药加工厂,后来规模越做越大,于1990年承包了苏州市华康中药饮片厂。随着苏州市华康中药饮片厂的经营,李氏药材得到了更大的发展,积累了更多的市场化发展的经验,为李氏家传技艺发扬光大打下了坚定的基础。

3. 第三代传承人:李建华

2002年,第三代传承人李建华结合现代化生产工艺、设施设备,建立苏州市天灵中药饮片有限公司,开创了李良济新时代。苏州市天灵中药饮片有限公司逐步规范经营管理,于2007年成为苏州市首家通过《药品生产质量管理规范》(GMP)认证的企业。同年,李建华又创立了江苏省内规模最大的代煎中心"李良济中药煎制服务中心"和立足苏州、辐射周边的李良济国医馆。李良济国医馆拥有一支阵容强大、技术过硬的中医药专家队伍,汇聚了何焕荣、龚正丰等著名专家,为群众提供便捷的中医诊疗、保健、养生等服务。2013年,李建华创立苏州市李良济健康产业有限公司。该公司致力大健康服务战略，做好传统与现代相结合的中药养生产品研发和生产，以满足人民群众日益增长的多样化、高端化、个性化保健需求。

4. 第四代传承人：李梦琦

第四代传承人李梦琦，留美高才生。出生于21世纪90年代后的她从小在爷爷的悉心教导下痴心于传统国粹文化，长大后执着于中药事业。在美国留学的经历更加让她毅然选择回国传承祖业。

作为苏州市李良济健康产业有限公司总经理，李梦琦于2016年创立了公益组织"李良济中医药文化传播中心"，致力中医药文化的推广和传播，并打造李良济中医药健康旅游基地，该基地被评为"2016苏州十大旅游创新产品。"

作为一名90后，李梦琦深知现代年轻人由于工作压力大、生活不规律出现了各种亚健康问题，因此深挖膏、丹、丸、散、露、酒、茶等传统剂型，不断研发健康养生类产品，打造中医药健康产业，将健康的生活方式传播出去，教会现代人如何养生，让大家在中医药国粹文化中受益。

（二）品牌理念

企业宗旨：健康引领时尚。

经营理念：以专制药，以诚为人。

战略理念：专业、专注、诚恳、诚信。

品牌核心：传承中医国粹，弘扬技术创新，规范中药标准。

企业责任：追求高标准的道德和诚信，遵守承诺，尽职尽责，为自己的行为负责。对客户、员工、社会、自然环境都要尽一份责任，做出应有的贡献。

二、李良济品牌建设实践

李良济的品牌建设主要涵盖以下要素。

（一）有形要素

2019年和2020年，苏州天灵中药饮片有限公司分别实现主营业务收入6.98亿元、7.26亿元。公司为各大医疗机构提供中药饮片及中药加工服务，拥有客户1 900余家，其中1 390家为长期合作单位，174家为二级、三级医院单位，具有稳定的市场份额。

李良济中药煎制服务中心每年业务增长速度超30%。该中心与各大医疗机构对接，在苏州首创"虚拟中药房"模式，推动中药诊所进社区，实现药材零库存，目前已与苏州市姑苏区娄门街道娄江社区卫生服务中心、沧浪街道三香社区卫生服务中心、华润苏州礼安医药有限公司等合作建成了一批典型示范项目。"虚拟中药房"年代工处方100万余张，产值达3亿余元。2020年，苏州中医院煎制项目正式入驻李良济。该院租用李良济的生产场地，并依托李良济优质的服务团队进行专业代煎，标志着李良济服务的再次升级。

在零售方面，公司建有自营专卖店李良济参茸行，并在苏州雷允上、江苏华润礼安、南京先声、扬州大德生等医药连锁店设立专柜30余个。

（二）质量要素

苏州天灵中药饮片有限公司拥有百余年的道地药材采购和加工经验，精于中药饮片炮制技术，现配备专业生产设备600余台，如变频风选机、滚筒式洗药机、直切式切药机、转盘式切药机、滚筒式燃油炒药机、中药蒸煮锅、炼蜜锅、温控式煅药锅、中药碰碎机、高效万能粉碎机、带式干燥机、自动磨刀机，以及专门为毒性药材配置的转盘式切药机、中药蒸煮锅、热风循环烘箱等，可充分满足蒸、煮、炒、炙、煅、切、粉碎、干燥等炮炙需要。

为进一步提升产业附加值，在苏州市卫计委、苏州市食品药品监督管理局的支持下，公司于2013年建成李良济中药煎制服务中心，可提供中药代配、中药代煎、膏方制作、丸药散剂加工以及配送上门等一系列专业服务。其中，李良济传统中医膏方制作技艺已被评为"苏州市非物质文化遗产"。

2021年，公司为继续提升产品质量，投入1.5亿元建设现代化、智能化的炮制生产车间。这些车间面积达到15 000平方米，包括净制车间、切制车间、炒制车间、蒸煮车间、干燥车间、煅制车间、毒性饮片车间和直接口服车间，进一步提升了标准化生产能力。

同时，公司建设了先进的质保中心，配备了实验和检测所需的各类关键设备 100 余台，质量保证（QA）、质量控制（QC）人员 43 人，可提供微生物级别的专业测定。为进一步增强自主创新能力，公司积极开展产学研合作，联合高校师资培育高素质的研发团队，建成江苏省研究生工作站、江苏省中药饮片工程技术研究中心、江苏省认定企业技术中心、苏州市企业技术中心、苏州市天灵中药饮片工程技术研究中心、苏州市天灵适应症中医药品工程技术研究中心，并通过"高新技术企业"认定，形成了较强的中药产品研发能力。迄今，公司已累计申请专利 431 件，现有授权发明专利 27 件。

（三）创新要素

多年来，苏州市天灵中药饮片有限公司顺应市场需求，不断丰富产品类型，经历了由少到多、由多到细、由细到精的提升。2002 年的普通中药饮片，2003 年的精制饮片，2005 年的定量小包装，2006 年的参茸精制饮片，2013 年的中药代煎服务，2015 年的健康养生类产品，一个个新品的推出，标志着公司产品谱系的持续扩展。目前，公司产品已涵盖四大系列。① 中药饮片系列：根茎菌藻类、藤类、草类、叶类、皮壳蒂类、花类、仁果核类、子谷类、动物类、矿石类、其他类。② 精制饮片系列：盒装类、袋装类、散装类、罐装类。③ 参茸系列：李良济牌冬虫夏草、天然燕窝、西洋参、花旗参、红参片、高丽参、鹿茸片、野山灵芝、雪蛤、鹿鞭、海马等。④ 健康养生系列：养生茶、药皂、艾灸蒲团、泡脚方、药酒等。

近年来，随着大健康产业快速崛起，公司立足中药饮片，朝着集团化方向发展，打造"医养购游"业务板块，形成了集中药加工、中医诊疗、保健产品生产、健康旅游于一体的综合性企业，总占地面积达 190 亩（约合 12.7 万平方米）。

（四）服务要素

公司建立了现代化企业管理制度，设立行政部、采购部、市场部、销售部、生产部、储运部、质保部等职能部门，从事相关药事活动，培养了一支业务能力强、专业技术精的人才队伍。公司现有员工 900 余人，其中各类专业技术人员 200 余人，具备开展业务所需的各项专业能力。公司设药事部门,配备中药师(含以上)及执业中药师24人,按照《处方管理办法》和《中药处方格式及书写规范》要求,进行审核、调配、核对、发药,并签名。

(五) 无形要素

公司品牌"李良济"首创于民国1914年,历经百年传承,积淀丰厚,闻名遐迩,于2004年注册商标,至今已注册各类商标65件。目前公司已加入中国中药行业协会、中国商业联合会、江苏省医药行业协会、苏州市医药行业协会、苏州市商标协会、苏州抗衰老学会等行业组织,并担任江苏省医药行业协会中药饮片专业委员会会长单位,影响力不断扩大。

百余年来,公司一直恪守家风祖训,坚持"以专制药,以诚为人"的经营理念,贯彻"专注、专业、诚恳、诚信"的服务宗旨,立志传承吴门医派精髓,弘扬中医药传统文化,现已获得"国家中医药健康旅游示范基地创建单位""江苏省著名商标""江苏老字号""江苏省名牌产品""江苏省高新技术企业""江苏省科普教育基地""江苏省工业旅游示范基地""江苏省优秀民营科技企业""苏州市非物质文化遗产""苏州老字号"等数十项荣誉称号,品牌价值持续凸显。

三、案例启示

第一,传统与现代融合,深度弘扬中医药文化。中医药具有5 000多年的历史,保留了世界上最系统、最完善的大健康生态系统。在健康管理和疾病预测领域,中医药将变得越来越重要。公司以传承求精的传统医药文化为使命,在传承的同时努力创新。公司针对当代人注重养生体验的特点,向年轻群体靠近,更注重现代人的消费体验,但也不离开自身的品牌定位,将中医药养生保健的理念融入现代化的元素之中,使中医药年轻化、时尚化、生活化。公司积极推进国医馆、国药馆建设,加大中医药文化传播,向广大市民推广传统中药文化。

第二,一站式消费体验与"医养购游"新模式融合。从百草到调理膏方再到养生滋补品与周边文创系列，公司恪守"良心良药，济世济人"的家训，相继成立了苏州市天灵中药饮片有限公司、李良济中药煎制服务中心、李良济健康产业有限公司、李良济国医馆有限公司、李良济药业有限公司，开启了更加极致的新零售场景下的一站式消费体验，顺应趋势，打通中医、中药、健康养生、文化旅游的产业链条，形成了"医养购游"复合式的养生新模式。

第三，人品与药品同重。质量与品牌是企业和产业核心竞争力的体现，品牌更是一个企业存在与发展的灵魂。苏州市天灵中药饮片有限公司秉承"以专制药、以诚为人"的祖训，"人品与药品同重"的理念，立足百姓健康，坚持做良心药，诚信经营，科学管理。公司对中药材和中药饮片的质量有严格的标准和要求，采购的每批中药材必须严格按标准检验合格后才允许作为原材料进入公司。为了使药材更纯正，公司专于原产地选材，先后在国内著名的药材原产地设立了5大药材生产和采购基地。每一批合格的原药材均严格按炮制规范要求炮制成符合药用要求的中药饮片。饮片生产全过程由质量管理部门进行全程监控。该部门对每个环节的产品质量进行抽检，对每一批饮片按《中华人民共和国药典》或《江苏省中药饮片炮制规范》进行全面检测。质量全检合格后，产品方可用于膏方生产或作为饮片销售。

百年的风雨历程见证了李良济的辉煌发展。展望未来，李良济将坚持以积德行善为根本，牢记"良心良药，济世济人"的祖训，瞄准中药饮片的标准化、国际化，大步前行。

附：李良济品牌发展大事记

1914年，李金宝在苏州枫桥白马涧开设李记药铺。

1982年，李金宝之子李金福重开李记药铺，同时经营中药材加工。

2002年，李金宝之孙李建华成立苏州市天灵中药饮片有限公司。

2004年，"李良济"商标获准注册。

2007年，苏州市天灵中药饮片有限公司乔迁新址，并通过《药品生产质量管理规范》（GMP）认证，是江苏省第二家通过中药饮片

GMP 认证的企业；李良济荣获"苏州市知名商标"称号。

2008 年，第一家李良济参茸行（何山店）开业。

2009 年，李良济获评"江苏省名牌产品"。

2010 年，李良济荣获"苏州市名牌产品"证书，2012 年、2014 年、2017 年均通过复评。

2013 年，李良济中医传统膏方制作技艺入选"苏州市非物质文化遗产"；李良济中药煎制服务中心创新试点项目通过批复；李良济健康产业有限公司注册成立；李良济荣获"江苏省著名商标"称号。

2014 年，李良济中医药文化科普展馆落成，占地 2 万余平方米。

2015 年，第一家李良济国医馆（嵩山店）开业；李良济健康产业有限公司在苏州科技城奠基，总投资 3 亿，占地面积为 40 亩（约合 2.7 万平方米），荣获"高新技术企业"称号。

2016 年，苏州市天灵中药饮片有限公司获评"江苏省企业技术中心"、"江苏省食品药品安全科普宣传站"、"江苏省科普教育基地"、家在苏州 e 路成长未成年人活动体验站、苏州市科普教育基地、江苏省中药饮片工程技术研究中心。

2017 年，李良济国医馆（何山店）开业；李良济药业有限公司注册成立；苏州市天灵中药饮片有限公司获评"江苏省工业旅游示范基地"。

2018 年，苏州市天灵中药饮片有限公司入选第一批"国家中医药健康旅游示范基地创建单位"名单；李良济国医馆（苏锦店）开业；李良济荣获第一批"苏州老字号"称号。

2019 年，李良济荣获"江苏老字号"称号；李良济煎制服务中心二期奠基；李良济健康产业有限公司二期产线竣工。

2021 年，李良济国医馆（月光码头店）开业；李良济健康产业研发大楼奠基。

（曾雅文）

纽威：值得信赖的工业阀门品牌

一、品牌简介

（一）苏州纽威阀门股份有限公司简介

苏州纽威阀门股份有限公司（简称"纽威阀门"或"纽威"）坐落于苏州高新区，其前身是成立于1997年的苏州纽威机械有限公司。经过20余年的运营发展，纽威阀门不断扩大规模，实现产品技术突破，现已成为行业内知名的阀门解决方案提供商，员工超3 000人。公司下设海外公司、工业材料、安全阀、石油设备、常规工业阀门等五大事业部，其中海外公司分布在美国、阿联酋、新加坡、沙特阿拉伯、荷兰、意大利、越南、尼日利亚等地，共拥有150多位员工，其中约90%为外籍员工。同时，纽威在中国及意大利、美国设立了技术研发中心和国际采购中心，集合海内外的团队智慧和资源，提高了公司在海外市场的综合竞争优势，促进了公司行业影响力的不断提升。根据中国通用机械协会的数据统计，纽威在2010年之前就成为国内阀门企业中总体销售额、出口额双"最高"的企业，并且持续保持至今。2014年1月17日，纽威成为首次开募股重启后国内第一家登陆沪市主板的上市企业，股票代码为603699。

（二）"纽威"名称起源

"纽威"来源于英文单词"New Way"，意指"新路"，它代表了创始人的共同目标和梦想，激励着纽威全体员工在踏实行路、实现目标的同时，保持无所畏惧和开放的心态去持续创新。今天，"创新"已成为纽威阀门每一位员工铭记的关键词。公司鼓励员工打破界限，思考解决问题的新方法，并实施有效的解决方案，因为创新精神是企业和社会可持续发展的关键，也是企业打造值得信赖的品牌的核心要素。

二、纽威阀门品牌建设实践

纽威在成立之初就十分重视对于品牌建设的投入，致力于发展成值得客户信赖的工业阀门品牌。经过20多年的摸索和发展，纽威在品牌建设过程中获得了丰硕的成果以及宝贵的经验。下面将列举部分案例进行分享，其中包含纽威的企业概况和品牌发展历史，以及纽威在技术和产品、服务网络、质量控制、人才培养、社会责任等各方面的长期持续投入情况。纽威阀门品牌建设的主要内容见图1。

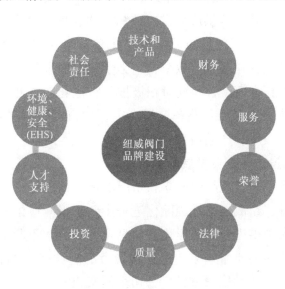

图1 纽威阀门品牌建设的主要内容

（一）技术升级和产品创新——品牌建设的核心

纽威在创立之初就确立了"技术立业"的治企方针。公司重视科研投入，致力产品核心技术的开发，打造核心竞争力。纽威于2005年设立了研发中心，围绕工业阀门创新和品牌化发展总战略，提供创新发展动力。在不断的研发创新过程中,纽威取得了大量的自主知识产权,并有效加以保护,目前拥有多项国内授权专利。纽威还将部分自主知识产权作为一项技术出口海外,为阀门行业技术发展做出了贡献。一项又一项专利的发明和应用,在彰显纽威技术实力的同时,也进一步深化了纽威在市场上的品牌影响力。2015年,"纽威"商标被认定为中国驰名商标。

目前,纽威已形成以闸阀、截止阀、止回阀、球阀、蝶阀、核电阀、调节阀、井口阀门和采油树、安全阀、深水阀门为主导的10多个产品大类,含100多个系列、5 000多种规格,其中包含众多高端阀门产品,为解决客户的复杂严苛工况提供了有效解决方案。

为了保证阀门产品的卓越品质,公司实验室引进了先进的测试装置和试验设备,涉及研发和设计整个流程各环节,实现了全程数字化。从2008年开始,纽威不断更新各类软件和数字化工具。这些数字化工具帮助纽威规范供应商供应链和采购管理,也在服务客户的过程中提供了便捷和高效的方式。信息化和数字化在管理系统中的应用,提高了纽威的业务执行效率,增强了纽威的竞争力和管理弹性。

在技术创新方面,公司同时积极推行智能化改造和工艺创新,在部分生产环节引进自动化装备,提高工厂的自动化水平和工艺技能,从而提高生产效率和产品质量。

(二)质量——企业发展的基石

稳定的质量是企业品牌树立和拓展的基石,也是一个公司获得客户信赖的关键。纽威在推进国际化进程中,积极响应国家工业转型升级的号召,大力推进公司工业化和信息化的结合,不断增强公司的竞争力,提升产品的质量水平,提升消费者的满意度。"持续改进,追求零缺陷"是纽威的质量方针。公司全面实施六西格玛质量管理,成立质量中心来负责公司日常质量管理和维护。纽威以将自身打造成国际化管理水平的公司为目标,不断增强自身实力,完善管理体系。

纽威设立了质量中心,拥有一支专业的质量管理团队,包括质量工程师、材料专家、检验员等。质量中心人员均有丰富的质量控制和管理经验,为产品质量把好每一道关。

纽威不仅加强自身的质量控制管理，还针对供应商制定了完善的供应商管理体系。同时，公司还引进了先进的软件工具辅助生产，通过数据统计分析，持续增强过程控制管理能力。此外，公司还成立了工艺研究部，研究阀门生产、装配等工艺方式和方法，配备了全套先进的检验和测试装备，控制从零件原材料到整机成品的全过程质量，为产品性能持续增强、应用范围不断扩大提供了有力的保障。稳定的质量促使纽威获得了众多行业的肯定，也得到了国内外众多知名客户的认可。现在，纽威已发展成为值得客户信赖的工业阀门供应商。

（三）创立自主品牌，专业服务全球客户

纽威创立自主品牌，设置了专门的服务部门，给客户提供售前、售中、售后全过程服务，专业快捷地解决客户的各类型困难或需求。其中售前服务包括：200余位技术型销售员进行应用选型支持、专业的应用工程师团队提供技术指导和应用培训、国际前沿阀门技术规范解读与分享、一站式"阀门超市"采购方案、技术文件编写咨询服务等。在销售过程中，纽威从客户需求出发，为客户提供全面的定制化服务。公司设有专门的项目管理团队。专职的项目经理为每个客户提供"一对一"服务，全程跟踪订单执行，解决项目进展障碍。文件管控则是纽威售中服务的另一大特色。专职的文件管理团队利用文件管理系统为客户提供及时、准确的项目技术文件制作和传输。在售后方面，纽威配置了专业的售后团队。有40多位国内外服务专家为大型项目提供同步驻点服务。同时，纽威长期备有整机和零件库存，可为客户提供紧急交货服务。客户也可通过纽威开发的库存自助查询系统实时查询可用库存情况，在系统中自动锁定所需产品，解决燃眉之急。

与此同时，公司建立了较为完善的全球市场服务网络，在国内外各主要城市设有办事处或分公司，与多家库存和维修服务公司签订了合作协议，共同为全球客户提供快捷、高效的本地化服务。

（四）品牌荣誉，激励纽威更加优秀

纽威注重新技术和新产品的研发工作，努力打造核心竞争力，以技术引导销售，以销售保障技术发展。公司的研发工作多次获得上级部门的表彰。公司获评江苏省高新技术企业、江苏省阀门工程技术研发中心、苏州市企业技术中心、苏州市科技创新示范企业、江苏省两化融合研发设计示范企业。2014年，纽威品牌价值被国家质检总局评价为11.42亿元，并在中央电视台、中国国家品牌网公布。"纽威"商标于2015年被认定为中国驰名商标，并先后获得江苏重点培育和发展的国际知名品牌、江苏名牌产品、苏州名牌产品、江苏省著名商标等荣誉。2020年，纽威成为江苏省重点培育和发展的国际知名品牌。纽威品牌类相关荣誉证书（部分）见图2。

图2　纽威品牌类相关荣誉证书（部分）

（五）法律——为纽威品牌保驾护航

随着纽威知名度的不断提升，市场上假冒、傍名现象日渐严重，使广大客户采购时难以准确识别，造成诸多不便，同时也严重损害了纽威的品牌形象和价值。为此，纽威特地聘请了专职律师在全国范围开展维权和打假行动。经过持续的维权努力，市场环境得到了深度肃清，假冒、傍名的现象得到了良好改观，纽威的品牌形象和价值也得到了稳定提升。纽威今后将继续拓宽维权维度，加大维权投入，将品牌维权进行到底，尽可能地规避国内外客户的采购风险。

（六）有力的人才支持

品牌建设过程离不开对于人才的管理。拥有更多、更优秀的人才才能让公司在发展中立于不败之地。本着以人为本的企业文化理念，纽威积极创造开放、平等、和谐的内部环境，给予员工广阔的发展空间，为其创造升职通道，并科学分析纽威发展所需人才数量、层次及配置要求，以员工个人职业发展规划为依据，系统、科学地培养和使用人才，形成了由管理团队、专家团队、一线技能工团队和应届生团队组成的梯队人力资源。

在人才选拔方面，纽威每年根据自身发展需求，放眼社会物色专业型人才。在人才培养方面，根据对象（校园招聘的应届毕业生、社会招聘的有经验的人员、公司管理梯队）的不同，公司制订了不同的培养方案，使人才的专业能力在纽威的公司环境中得到最大限度的发挥。

在知识管理方面，纽威引进了学习平台，为管理者和员工提供了大大的便捷性。

（七）稳定的财务能力——品牌建设的护航员

近年来，公司销售收入及净利润稳步持续增长，保持了合理的资产负债率水平和债务结构。2020年，公司经营活动现金净流入同比显著增长，进一步提升了国内外市场占有率、品牌影响力。

公司保持持续、稳健的财务政策，按时偿付到期贷款，未出现逾期还本付息的银行贷款和超信用期应付款的情形，切实保障供应商的合法权益。不仅如此，纽威由于具有良好的企业素质、经营管理能力、财务状况，连续多年获得3A企业信用评级。该评级是企业在资本市场的通行证。一个企业信用级别的高低，不但影响其融资渠道、规模和成本，更反映了企业在社会上的形象和生存与发展的机会。纽威获得3A级信用资质，是纽威综合经济实力的反映，也是其在经济活动中良好企业行为和负有企业责任感的体现。

（八）环境、安全与健康，让品牌更具光芒

纽威致力于员工、企业和社会的可持续发展，制定了多项相关管理制度，定期审查公司体系运行情况，及时分析各项管理指标数据，

确保管理绩效的持续改善。

公司重视环境保护，始终坚持绿色生产，在运营管理中坚持以最小的资源及能源消耗换取最大的产品产出原则，采用新技术、新工艺、新设备，推进清洁生产，减少污染物排放，竭力降低自身生产运营对环境带来的影响。

在节能管理方面，为优化生产和运营过程能效，纽威通过引入新型环保设备、逐步淘汰高能耗设施以及更新节能环保技术（如采用集中供能、循环利用能源等），深挖节能潜力。

在节水管理方面，纽威重视生产用水量合理，杜绝浪费：一方面，通过从源头规划用水和提升冷却水使用效率等措施减少水资源使用；另一方面，对泵验水等进行回收再利用，提高水回收利用效率。

公司也通过一系列举措减少碳排放，为全球碳中和能源转型贡献自己的力量。

为了加强环境保护宣传，纽威还专门设计了自己的环保标识，展现出尊重自然、保护环境的决心。

在职业健康与安全方面，纽威坚持"预防为主，遵纪守法，以人为本，科学管理，持续改进"的安全生产方针，制定了多项安全生产规章制度，涵盖安全管理架构及议事规则、应急预案、考核办法及责任追究办法等。2020年，纽威进一步强化各级安全管理目标，落实安全生产管理要求，实行安全风险管控、安全应急管理、隐患排查治理、安全培训教育等。

（九）投资扩产——品牌建设的新动力

未来几年内，公司将继续保持投资扩产的计划。在海外，公司将继续关注非洲等新兴市场，寻找合适的机会扩大市场份额；在国内，公司将以关键装备国产化为契机，抢占国内的高端阀门市场，打破国外的市场垄断和技术壁垒。同时，公司将依靠以设计和装配高端特种阀门为主的生产基地——纽威流体控制（苏州）有限公司，进一步实现公司产品向中高端阀门的转型。与此同时，为继续完善纽威的上游产业链布局，满足高端阀门质量与产能要求，纽威在溧阳投资新建了纽威精密锻造（溧阳）有限公司。该项目采用新技术，在提高铸件质量的同时，节约能源，以实现零排放绿色环保目标，符合国家所倡导的打造绿色铸造工艺平台的产业政策。

纽威在国内的重大投资项目紧紧围绕公司主营业务展开，符合国家相关产业政策，具有较好的发展前景和经济效益，有利于增强公司的盈利能力，优化产品在高端领域的布局，为公司的可持续发展奠定坚实的基础。

（十）承担企业社会责任

纽威，作为阀门行业的领导者，也是社会公益的先行者。公司重视教育和终身学习，慈善捐赠多所希望小学。公司奉行尊老敬老，组织员工参与敬老院献爱心活动。公司尽力为世界人民生命健康贡献力量，在疫情防控期间，为海外同胞捐赠医疗物资。公司致力于维护最高标准的商业行为和道德规范。作为一家负有社会责任感的企业，纽威时刻关注自身业务决策对社会、环境和经济所产生的影响。企业社会责任的核心价值观是纽威从事商业活动的指导原则。

三、案例启示

"不积跬步，无以至千里；不积小流，无以成江海。"品牌建设也不可能一蹴而就，而是要从点滴积累，并且持续改进。由于政府、广大企业对于品牌的重视，我国的品牌建设事业也获得了长足发展。品牌建设不单单指一个公司的形象设计，更不是几句口号就可以诠释的，而是需要多方位的投入和深层次的积累。良好的品牌建设在帮助企业优化自身形象的同时，更能增强企业的市场竞争力，帮助企业提高市场占有率。

从初创到知名，再到获得广大客户的认可，一路走来，纽威在生产、技术、质量、服务等各方面深耕，不断发展，不断进步，为全球工业领域的用户提供全套工业阀门解决方案。凭借雄厚的技术质量管理实力和以客户为中心的服务理念，"纽威"这一品牌已逐渐成为客户心中可靠阀门的代名词。同时，纽威紧密关注市场环境变化，制定灵活的响应措施，使公司从容面对各类挑战，展示出较强的柔性和韧性。依靠稳定的财务状况和稳健的投资行为，"纽威"这一品牌也成为广大投资者眼中可靠的投资对象。更重要的是，纽威经过多年发展，已形成了适用于自身的企业文化，培养出一批又一批具有创新和实践精神的纽威员工。他们为公司保持可持续向上发展注入了源源不断的活力。凭借深厚的企业文化和完善的人事体系，纽威已在员工心中树立了可靠的雇主形象。丰富的社会公益活动则又进一步助力纽威成为公众眼里可靠的企业。

未来，纽威将保持初心，以成为国际一流阀门品牌中的领导者为目标，不仅在产品技术、质量管理、运营效率和服务网络等各个方面继续深耕，还要在企业合规性、社会责任、员工培养方面持续投入，将品牌建设作为公司长期、重要的工作进行下去，以巩固并扩大公司在全球市场中的竞争优势，并提高纽威对社会和客户群体的价值贡献。

附：纽威品牌发展大事记

1997年，苏州纽威机械有限公司成立。

2002年，纽威阀门正式成立；同年，纽威铸造厂（苏州白洋湾厂）建成。

2004年，纽威阀门年销售量突破5 000万美元，成为中国最大的工业阀门制造商和出口商；同年，纽威工业材料大丰厂建成。

2005年，纽威沙特分支成立。

2006年，纽威阀门首次年销售额突破1亿美元。

2007年，纽威数控装备有限公司成立。

2008年，纽威工业材料苏州厂和盐城大丰厂建成。

2009年，纽威石油设备（苏州）有限公司成立；同年，纽威美国分支成立。

2010年，纽威阀门获得国家核安全局设计、制造许可证。

2011年，纽威收购了吴江东吴机械有限责任公司，纽威阀门产品范围延伸至安全阀，并通过了美国机械工程师协会（ASME）核认证，取得了核容器元件（N）、核部件（NPT）钢印；同年，纽威荷兰分支成立。

2012年，纽威意大利分支成立。

2013年，纽威迪拜分支和纽威新加坡分支成立。

2014年1月17日,"纽威股份"在上海证券交易所上市，股票代码：603699。

2015年，纽威阀门获得了深海水下阀API6DSS认证证书。

2016年，纽威获得国内第一个出口欧洲的核级阀门订单和第一个深海水下阀订单；同年，纽威阀门海外事业部成立。

2017年，纽威精密锻造（溧阳）有限公司成立。

2018年，纽威流体控制（苏州）有限公司成立。

2019年，纽威越南分支和纽威西非分支成立；同年，纽威获得国家核安全局核一级资质。

（王莲凤、张　靖）

采万物灵芝 溶百年珍味
——采芝斋品牌建设实践

一、品牌简介及品牌历史

苏州采芝斋始创于清同治九年（1870年），至今已有150余年的历史，是商务部认定的"中华老字号"。苏州采芝斋素以品种繁多、风味独特的苏式糖果而闻名中外。采芝斋的产品分为苏式糖果、苏式糕点、苏式炒货、苏式蜜饯、苏式咸味5大类共300多个品种。其自产自销的产品有上百种，主要有各式松子软糖、芝麻酥糖、多味桃酥、虾籽鲞鱼、枣泥麻饼、奶油话梅、九制陈皮、沉香橄榄等。苏式糖果的特色是选料讲究、加工精细、营养丰富、甜香可口，既有中国传统糖果的特色，又吸取西式糖果的长处，自成一格。采芝斋苏式糖果制作技艺已被列入第二批江苏省非物质文化遗产项目。

清同治九年（1870年），河南人金荫芝以500枚铜板购置了熬糖炉子、小铜锅、青石台、剪刀等简陋的工具和少量糖果原辅料，在观前街73号原吴世兴茶叶店门口设摊卖粽子糖，没有正式招牌，只是在摊位上搁一块"家住玄都东洙泗巷口小糖摊"的牌子。光绪十年（1884年），金荫芝夫妻接手了隔壁72号一家古董店，弃摊进店，除自产自销糖果、炒货外，又增加了蜜饯，营业日盛。但这时商店仍无正式牌号，来观前街购物的顾客只知此处原来是一家叫"采芝斋"的古董店，故仍顺口互相传呼：到采芝斋买糖去。金荫芝也就顺水推舟，把店招正式定为"采芝斋"。不久，隔壁王舜卿齿科诊所迁走，金荫芝又将店面扩大为二开间的中型商店，采芝斋糖果店因此初具规模。

清光绪年间，慈禧太后患病，苏州织造局选派苏州名医曹沧洲进京为太后诊脉。曹氏把随身携带的采芝斋贝母糖贡奉给慈禧助药。慈禧病情好转后，贝母糖也因此被列为"贡糖"。从此，采芝斋声名鹊起。

光绪三十三年（1907年），苏州糖食（果）公所创建时，金荫芝被推选为职监。采芝斋糖果店从此执苏式糖果之牛耳。

民国十七年（1928年）金荫芝去世后，其孙辈为采芝斋的产权发生了剧烈争斗。民国二十九年（1940年），虽然采芝斋的第三代店主金宜安最终获胜，但此时采芝斋已是负债累累，外强中干。

民国三十一年（1942年），金宜安长子金培元成为采芝斋的第四代店主。金培元借巨款伪币44万元将观前街91号悦采芳翻建成三层楼房，取名"宜安大楼"（即现在的苏州采芝斋食品有限公司所在处），把底层做门面，把二楼租给钱庄，把三楼用于接待等，但开业后生意欠佳。于是金培元采取了一系列经营措施：首先是在政治上找靠山，广交社会上层人物；其次是重视发挥老师傅们的作用；再次是在营销上动足脑筋，采用来信邮购、电话购货、送货上门、发行礼券等新颖的营销方式。经过金培元几年的苦心经营，因兄弟诉讼受到重创的采芝斋终于走出低谷，店堂门前再现人流、车马络绎不绝的繁荣景象。

1956年1月公私合营后，采芝斋由公方代表任店主任，金培元担任副主任，商店先后曾被划归苏州市百货公司及苏州市烟糖公司领导。在"文化大革命"期间，店铺改名为红旗商店，前店后坊的传统特色被取消，采芝斋陷入创业以来最濒危的境地。

1978年改革开放后，红旗商店改回店名，仍叫采芝斋。"采芝斋"金字招牌再现观前街。

1985年，采芝斋改名为采芝斋苏式糖果厂。

1986年，苏州食品工业公司决定将严重亏损的苏州糕点三厂并入采芝斋苏式糖果厂。第二年，同样处于亏损中的苏州食品饮料厂并入采芝斋。三厂合一后的采芝斋，从表面上看是壮大了，实际上却是负担加重了。到1996年年底，企业实际已处于入不敷出的亏损状态。在此严峻的形势面前，储敏慧受命出任采芝斋苏式糖果厂厂长。在他的带领下，1998年企业终于扭亏转盈。

2000年1月1日，采芝斋苏式糖果厂正式更名为苏州采芝斋食品有限公司。苏州采芝斋食品有限公司成立后，将商场设计成五开间三大进的园林风格的店堂，营业面积比原来增加了一倍，达到600多平方米。公司在三楼建设实验精品车间，加强新产品的研发，使前店后坊的传统特色得到发扬。

2003年，企业进行第二次改制，让国有股全部退出，转为民营企业，职工身份也彻底改变，成为合同制聘用员工。

2007年1月中旬，采芝斋在苏州工业园区新建的18 000平方米生产基地竣工。百年老店终于告别了前店后坊，迈入现代化的生产经营模式。同年8月底，采芝斋突破传统销售模式，通过淘宝网络交易平台，建立了苏州老字号第一家网上商店。

二、采芝斋品牌建设实践

（一）品牌经营

采芝斋从清同治九年（1870年）由500枚铜板起家的夫妻糖果摊，历经近80年，到中华人民共和国成立前夕，已经发展成拥有近50名职工和5万元资金的著名糖果店。

金氏四代人在经营糖果食品过程中，从原料选购、制作工艺、质量把关、营销服务等方面，形成了自己的一套独特的操作流程。西式糖果采用合成香料、食用色素等添加剂来调节色香味，而采芝斋坚持用各种果蔬、鲜花的天然色香味，使其苏式糖果成为中式糖果中的佼佼者而驰名海内外。

采芝斋生产粽子糖不是直接用白砂糖和饴糖，而是先将白砂糖加工提浆，这样做出的粽子糖纯度、透明度高，吃起来滋润鲜洁。生产轻糖松仁采用烘烤松仁和人工发砂法，产生松脆性；生产软松糖采用淀粉产生糯软性；生产玫瑰酱采用捣打法；等等。制作"盐水胡桃"

时，操作工人的指甲不可碰损胡桃肉表面，胡桃则要烘得和象牙颜色一样。最值得称道的是采芝斋的拳头产品西瓜子，颗颗饱满匀称，中间还带有黑点，有"凤眼"之称。抓一把放在平台上，吹口气，粒粒会动。民国十五年（1926）11月7日《苏州明报》就曾报道：采芝斋之西瓜子，名闻全国，而以玫瑰者为最，凡旅客行苏地者，必光顾焉，而吴苏之人做客他乡间，亦都购之馈赠亲友。

从采芝斋糖果店创建起，前店后坊一直是采芝斋经营的一大特色。中华人民共和国成立前，后坊工场负责人在每天开工前先要到前面店堂和仓库查看存货，再根据缺什么、补什么原则，以销定产，自产自销，产品新鲜卫生，十分抢手。

中华人民共和国成立后，采芝斋生产上所需的粮、油、糖等原辅料逐步开始由国家按计划供应。产品除部分自产自销外，其余均由烟糖公司负责包销。1954年，周恩来总理出席日内瓦会议时用采芝斋的脆松糖、软松糖、轻松糖招待各国客人，引起国际友人极大兴趣。这些苏式糖果被誉为"中国糖"，采芝斋的糖果也由此享誉世界，远销我国香港、澳门以及日本和东南亚，进入国际市场。1958年，采芝斋糖果出口200箱，次年出口50箱。到1965年，采芝斋销售额达67.66万元，利润为3.03万元。

1978年改革开放后，"采芝斋"金字招牌得以恢复。1985年，苏式糖果产量达360余吨，比1950年增长近8倍；销售额达455.9万元，约是1965年的6.7倍。

随着市场经济的逐步推行，从1987年到1997年的10年间，仍长期处于计划经济体制管理下的采芝斋步履艰难，生产与销售逐年萎缩。1997年，企业实际亏损达65万元。

1997年，储敏慧受命出任采芝斋苏式糖果厂厂长后，确立采芝斋发展方向：以生产经营苏式食品为主体，以自产自销为基础。在经营方式上，采芝斋一方面以观前街门市商场为主体，推出全部品种，使顾客能一站式购齐苏式特产，并且适时适地开设连锁分店或零售专柜；另一方面选出本厂特色产品组成礼品化包装系列，通过各大商店、车站码头、旅游景点推销上市。

1998年9月,采芝斋第一款突破传统的新产品松子喜糖上市,因其新颖的名称、丰富的口味和与众不同的文化品位,引起市场轰动。同年,苏式糖果、糕点产品还进入了美国市场。

2003年5月,采芝斋恢复生产传统产品贝母贡糖。开始时贝母贡糖每天产量只有一两百千克,之后通过宣传和食客的口碑传播,产销量逐渐稳步上升,到年底销量奇迹般地超过了采芝斋的名牌产品粽子糖,一度还出现脱销。

从2003年起,采芝斋开始实施市场化操作,更加注重产品质量和营销服务。采芝斋利用新糖源开发了功能性寡糖果系列,如花粉寡糖、螺旋藻寡糖等,同时又恢复生产一些多年不做的传统产品,像乌梅饼、清水山楂糕等。这些食品符合当今流行的现代人健康消费理念,受到顾客欢迎。采芝斋还把贝母贡糖等这些具有保健功能的食品集中摆放在一排装修风格古朴的柜台里,并挂上"半爿药材店"的小招牌,设置专柜,集中销售,既使采芝斋历史上的"半爿药材店"的美称重现,别具一格,又大大方便了顾客的购买。

2005年10月,采芝斋在工业园区建立18 000多平方米的现代化生产基地,实现了传统和现代技术的有机结合。

2007年8月,采芝斋淘宝网店正式运营,从一颗心、两颗心……一颗钻、两颗钻……直到如今的天猫旗舰店,还有京东旗舰店,采芝斋一直在努力继承、改变和创新,不仅把苏州采芝斋这一百年品牌推广到全国各地,也为宣传企业形象和产品的推广起到了良好的作用。

2010年5月,融合了传统熬煮工艺和现代化罐装技术的酸梅调味汁的生产线上线使用,最大日产量达2万瓶。

2011年,采芝斋连锁特约经销店不断增加,采芝斋的金字招牌越擦越亮。特约经销店从门头装饰到店内装潢逐步统一化、规范化。同时,采芝斋向江苏省版权局申请著作权登记,为连锁、加盟、经销网点扩大和规范提供了无形资产和法律上的保护。目前,采芝斋的特约经销店已扩展到50多家,销售网点扩展到工业园区、虎丘区、相城区、吴中区、吴江区及四县市地区。

2013年10月,采芝斋改造完成特色产品小酥饼生产流水线,从配料、搅拌、成形、烘焙到包装一次性完成,大大提高了生产效率和产品质量,日产量最高可达3吨。

2016年,为了更好地实现苏式糖果制作技艺的保护、继承与发展,弘扬苏州传统技艺文化,采芝斋把前店后坊生产糖果搬进店堂,特地在采芝斋食品商场内划出30多平方米的独立操作间,建设透明作坊,旨在将传统制作工艺全过程展示在消费者面前,让消费者感受苏式糖果制作技人的制作绝活。透明作坊从2016年6月开始规划设计施工。历时3个月,采芝斋非遗展示馆完工。

2017年,采芝斋生产基地进行了食品安全生产追溯管理系统项目的建设。通过化验室改造建设,公司加入了原料检验的实验项目,同时成品检验的环境也得到了很大的改善。公司根据实际情况,采用分层网络架构设计的视频监控管理系统,对各个车间的主要生产环节实施视频监控管理,全面实行食品安全生产管理责任制。此外,公司升级企业资源计划(ERP)软件系统,采用用友ERP-U8系统,通过该软件的应用对产品生命周期中的原料采购、生产加工和销售过程进行数据的采集。随着人民生活水平的提高,食品安全越来越成为国家和百姓热切关注的问题。该ERP软件系统的建设就是以加强完善食品安全生产管理、为社会提供安全合格的产品为主要目的而设计推行的。公司通过质量化验、视频监控和ERP软件系统加强对每个产品原料的入场检验和成品的出厂检验,同时对各个生产车间的主要环节进行集中监控,最后通过成品仓库的ERP软件系统明确掌控每个产品的渠道流向,从而达到产品的全程可追溯目标。通过以上管理措施,采芝斋不断强化员工的食品安全生产意识,提升产品品质,从而加强和规范公司的企业管理。

多年来,采芝斋把握市场导向,正确定位,坚持自有特色,狠抓产品质量,不断研发新产品与恢复传统产品,步入了一条稳步发展之路。

(二)质量保证

1. 生产工艺

苏式糖果按其制作特性分为脆性糖类、软性糖类、砂性糖类、特性糖类四大类,其生产工艺见表1。

表1　苏式糖果分类及生产工艺

类别	脆性糖类	软性糖类
生产工艺	脆性糖类以砂糖、淀粉糖浆及各类天然果辅料为主要原料,经过配方、溶糖、过筛、熬煮、加入果料、冷却、折叠、拉条、剪切(冲压)成形、冷却、包装加工工艺精制而成。由于加工工艺不同又分为透明型、填果仁型、夹心型3种类型30多个品种。在脆性糖类的制作过程中,控制用水量、控制还原糖是十分关键的工艺要求。溶糖和过筛主要是过滤掉砂糖和淀粉糖浆中的杂质,增加产品透明度。	软性糖类以砂糖、淀粉糖浆(低聚异麦芽糖浆)淀粉及各种天然植物果辅料为主要原料,经过配方、糊化、溶糖、过筛、熬煮、冷却、加入果料、折叠、平整、切割、包装加工工艺精制而成。由于加工工艺和柔韧性不同,又分为填料型、牛皮糖型、罩糖面型和寡软糖型4种类型43个品种。软性糖类因产品含水量较高,冷却后才可平整、切割。
类别	砂性糖类	特性糖类
生产工艺	砂性糖类以砂糖、淀粉糖浆及各种天然植物果辅料为主要原料,经过配方、熬煮、拌砂、熬煮、拌砂(反复多次)、冷却、包装加工工艺精制而成。由于工艺差异,又分为搅拌发砂型和发砂浇注型2种类型16个品种。制作控制用水量和淀粉糖浆用量是极为关键的要求,且熬煮温度一定要适当,不然产品不能成形。	特性糖类以砂糖、淀粉糖浆及各种天然植物果辅料为主要原料,经过独特工艺加工而成。由于工艺差异,又分为印模型、蜜制型、拉白夹心型和拉白膨松型4种类型9个品种。其工艺要求基本与脆性糖类相同。特有的拉白充气工艺是,待糖膏冷却到可塑性阶段,把糖膏反复拉长折叠,待糖膏慢慢地变成白色后拉条切割。

2. 传统工艺传承创新

采芝斋传统工艺传承经历了以下五代:

第一代:金荫芝,苏式糖果的开拓者,发明了采芝斋最早的苏式糖果"粽子糖",创立了该品牌,增加了炒货、蜜饯等产品品种。

第二代:金忆萱,对苏式糖果的改良和发展做出了一定贡献。

第三代:张俊明,熟练掌握玫瑰酱糖、重松糖等难度较高的糖果的熬制技术;钮子铭,研制了松粽糖、软松糖等新品;施仲康,发明了玫瑰糖等新品。

第四代:曹仲仁、施治中、何本耀、肖有铭等,对苏式糖果均有特别的研究，并掌握了独特的技艺。

第五代：朱红星、陆永伟、李惠民、邓根娣、毛培达等，全面掌握了苏式糖果四大系列120多个品种的制作技术。朱红星，1979年2月进入采芝斋，师从第四代传承人曹仲仁。他不但全面掌握了苏式糖果四大系列120多品种的制作技术，还对轻松糖、软松糖等有着特别研究。他努力保持传统工艺，不断恢复老产品和开拓新品，例如，他恢复生产著名历史传统产品贝母贡糖、乌梅饼，开发出姜汁暖胃糖、采芝斋松子喜糖系列，又把国家高科技产品功能性低聚异麦芽糖引用到苏式软糖中，制成新一代苏式寡软糖果（经江苏省科委情报所查实，此为国内首创）。2007年，朱红星成为苏州市级非物质文化项目"采芝斋苏式糖果制作技艺"代表性传承人。

2018年，陆永伟荣获苏州市劳动模范称号；2021年，陆永伟入选第五批苏州市非物质文化遗产代表性项目苏式糖果制作技艺代表性传承人，并被评为第三届苏州时代工匠。

（三）服务创新

漫步在观前购物街，采芝斋传统苏式园林式的店铺跃入眼帘。走进门店仿佛穿越回百年之前。作为代表苏州特色的老字号企业，公司商场部招收营业员的首要条件就是会说苏州方言，以便彰显苏州味道。在全面提升服务质量及管理水平的同时，公司每年要对全体员工进行岗位培训，规范营业员的经营行为，增强他们的主动服务意识，要求他们在接待客人的时候做到礼貌热情、态度亲切。

随着网络技术的发展，公司在2007年就专门成立了网络经营部，通过网购平台为外地顾客提供方便。采芝斋和多家快递公司联手，制订推出送往全国的"快递到家服务价目表"，同时探索制定苏式食品"快递到家"服务章程。顾客不论求购数量多少，都能及时地办理网购快递到家服务。目前，采芝斋已在天猫、京东、拼多多、抖音、快手、1号店、苏宁等头部平台开设旗舰店。2020年1月，公司专门成立网络运营总部，整合资源，形成合力，对平台旗舰店实行统一管理，为客户提供更好的购物体验和服务。为了让消费者尽情体验、享受苏州数字人民币红包实惠，采芝斋观前总店与数字人民币试点银行开展合作,进一步完善收银系统,对9个柜台收款设备进行数字人民币升级改造。

针对现代人不断提高的健康饮食要求,采芝斋在糖果制作中也不断进行调整,不断改良配方,在保持原有传统工艺的基础上,改进操作方法,运用现代生产设备,使产品既符合当代生产技术要求,又不失其苏式糖果的传统风味。为了将中华老字号推向新时代,采芝斋突破传统,在店内设立透明作坊。透明作坊主要进行采芝斋苏式糖果的非遗展示,既保证了产品的安全新鲜,又让顾客能亲眼看到糖果的制作过程,创新了传统老字号食品的销售模式,更好地弘扬了苏式传统技艺文化。

三、案例启示

其一,百年品牌建设成就中华老字号。在苏州采芝斋150多年的发展历史中,采芝斋不仅依靠自己产品质量和特色立足,而且注重自身的企业品牌建设。

中华人民共和国成立前,采芝斋就在经营和服务上就有所坚持。一是前店后坊,以销定产。生产工场的负责人每天开工前要先到店堂和仓库查看存货情况,缺什么,补什么,以销定产,自产自销。这样多品种、小批量的产销方式少了中间环节,使产品新鲜卫生。店铺有时还卖来不及冷却的糖果瓜子,很受欢迎。生产工场的负责人有时还上柜台帮助营业,主要是听取顾客意见,及时改进产品质量。二是每天开门营业前半小时,营业员都要集中搞卫生,重新布置出样。样品瓶内隔夜商品一律要倒出来。营业员揩净瓶子,换满新鲜商品,在货架上整齐排满当天销售的货物。顾客上门,营业员笑脸相迎,请顾客先尝后买,当好参谋。顾客买得多,大包小包一大堆,营业员就再用牛皮纸帮他们扎成一个大包,以便顾客携带,临走时,还奉送一两小包瓜子、糖果,让顾客高兴而来,满意而去,留下一个好印象。在做好本店生意的同时,营业员还热情帮助顾客代购其他店的商品,介绍园林名胜,代叫车辆,指点旅店住宿和到饭店用餐。另外,店内还提供来信函购、代办邮寄服务,至于电话的定购,更是随叫随送。三是在产品包装上动足脑筋，比如对一角钱一包的九制陈皮，模仿中药包装销售。当时吃中药的人一般都会到采芝斋去买一包九制陈皮，待吃药后过口，解除药的苦味，又爽口。这样的产品很受欢迎。

中华人民共和国成立后，随着社会的不断发展，采芝斋在品牌建设方面更是做足文章：

第一，悬挂门店牌匾和楹联。店门口高悬"采芝斋"三个古拙苍遒的大字，两旁是"同治始创""百年老店"。店堂正门悬挂谢孝思书写的"采万物灵芝，溶百年珍味"楹联，黑底金字，一派富丽堂皇。公司员工自己动手，根据商场需要布局，将店堂设计成五开间三大进的园林风格，古朴典雅，四处悬挂名人字画，更显苏州地方特色，营业面积也比原来增加了一倍。营业员统一头戴方巾，身着江南水乡服装，使顾客感觉犹如进入苏州园林休闲购物，在观前街上形成了一道亮丽的风景。在观前街改造期间采芝斋在重新装修门面的基础上，又在二楼开设采芝斋茶楼。茶楼环境优雅，与一楼门市销售的苏式茶食互相配合、互相衬托，给顾客提供了一个购物休闲的舒适场所，同时还接待了不少名人雅士和贵宾政要。新加坡前总统王鼎昌、日本富士胶卷总裁大西实等均先后光临过，特别是新加坡内阁资政李光耀的夫人还多次光临。

第二，保持传统，代办邮购。上海一位80多岁的老人一次就邮购了840克贝母贡糖，之后还经常来电话要求邮购果酥等食品。广东顺德的一位顾客有一年随旅游团来到苏州，尝到了采芝斋食品后，竟"一见钟情"，之后几乎一个月就会寄一次钱来邮购采芝斋的食品。寄了几次之后，引起邮局工作人员的注意。邮局工作人员了解情况后，也来了兴趣，加入邮购的行列。现在采芝斋经常有北京、宁波、广州、重庆和郑州等外地寄来的一沓沓邮购订单。

第三，注重产品包装与苏州历史文化和企业文化相结合。1998年9月，采芝斋第一款突破传统的新产品松子喜糖推出上市，它的包装既有低档袋装，也有后来发展成的三角形、六角形高档纸盒包装，在包装袋上印有"同治始创，百年老店"和"采芝图"，并印贺诗一首："松子万年代代传，芝麻开花节节高，花生落地长生果，核桃和合百年好。"其新颖的名称、丰富的口味和与众不同的文化品位引起市场轰动。贝母贡糖的包装更有特色，在金黄色的外包装袋上印上了慈禧的头像及贡糖来历的说明文字，极具宣传力，使顾客在品尝美味时，既感到有利于身体健康，又获得了历史文化的熏陶，得到物质和精神上的双重满足。

第四，近年来，采芝斋根据市场的需求，将自产各式精选产品有机组合成礼盒系列。食品的包装礼盒大多采用具有苏州传统文化特色的元素进行设计，如苏州丝绸、苏州工艺等，典雅美观，极富文化品位。

其二，继往开来，品牌再出发。作为传统苏式食品企业的领军者，采芝斋百余年的发展体现了一家企业的坚韧性。经历了时代的变革与挑战，产品与品牌反而更具生命力，这不仅是管理者在经营上的成功，也是老字号品牌力的觉醒。品牌力是产品竞争力、市场竞争力、企业竞争力的综合体现。

在每一个苏州人的记忆里，采芝斋的品牌就是一段历史，记录了社会变迁、市井繁华。随着我国经济社会的不断发展，老字号品牌采芝斋，"老"而不"衰"，继往开来，革故鼎新再出发，发展势头良好。采芝斋积极拥抱变化，在创新中不断突破，紧随时代大潮，保留传统生产经营模式，同时也借力工业现代化、经济互联化，使品牌在改革创新发展中不断地迸发出勃勃生机。

附：采芝斋品牌发展大事记

19世纪80年代，采芝斋贝母糖被清代朝廷列为"贡糖"。

民国二十二年（1934年），采芝斋糖果获江苏全省物品展览会特等奖。

1954年，周恩来总理出席日内瓦会议，带去采芝斋的脆松糖、软松糖、轻松糖招待各国客人，引起国际友人极大兴趣。这些苏式糖果被誉为"中国糖"。

1983年，采芝斋苏式糖果荣获江苏省商业厅名特优食品证书。

1984年，松仁软糖（软松糖）荣获江苏省优质食品证书。

1985年，甜咸花生类糖果获商业部优质产品称号。

1988年，"采芝图"牌松仁软糖、玫瑰夹心糖荣获首届中国食品博览会银奖。

1996年，采芝斋被国内贸易部授予"中华老字号"称号。

1999年，采芝斋松子喜糖被评为"第三届中国国际食品及加工技术展览会推荐产品"。

2003—2004年，苏州采芝斋食品有限公司被江苏省消费者协会授予"诚信单位"称号。

2004年，采芝斋苏式糖果经国家质检总局认定获准使用苏州糖果（"采芝图"牌）原产地标记。

2009年，采芝斋苏式糖果制作技艺被江苏省人民政府列入江苏省非物质文化遗产名录。

2010年，苏州采芝斋食品有限公司被商务部认定为"中华老字号企业"；苏州市政府授予苏州采芝斋食品有限公司"苏州市知名字号"。

2013年，苏州采芝斋食品有限公司获评2012—2013苏州市创建消费放心"长效管理"先进示范企业；江苏省政府受授予苏州采芝斋食品有限公司"著名商标"。

2014年，采芝斋铁盒装小酥饼荣获中国商联会"中华老字号产品包装时尚创意银奖"。

2015年，苏州采芝斋食品有限公司被中国商联会授予"2014—2015年度中华老字号传承创新先进单位"称号。

2016年，采芝斋芝麻薄皮入选中华老字号时尚创意大赛"2016年度中华老字号二十大经典产品"；苏州采芝斋食品有限公司获评中国商联会"2016年度百年功勋企业"。

2017年，采芝斋苏式糖果被江苏省名牌战略推荐委员会授予"江苏名牌产品"称号；苏州采芝斋食品有限公司获评"苏州市食品小作坊食品安全示范点"。

2018年2月27日，中央电视台《新闻联播》栏目报道了姑苏区观前街采芝斋的非遗展示作坊。采芝斋以透明操作间的形式将非遗食品加工技艺进行展示,是传统老字号食品企业服务模式的创新,进一步弘扬了苏州传统文化。

2018年,苏州采芝斋食品有限公司荣获改革开放40周年百年老字号卓越贡献奖;"采芝斋"苏式糖果被江苏省消费者保护委员会评为"第一届消费者点赞的江苏优质商品"。

(李　旻、魏俊鹏)

为孩子们带来美好事物
——FIRST FLAG 品牌建设实践

一、品牌简介

苏州领秀针织研发有限公司（简称"领秀针织"）创立于2008年，是一家依托苏州恒锦服饰有限公司（简称"恒锦服饰"）的整体实力，致力原创研发、制造、销售、自主创新的本土品牌企业。当2008年全球金融危机爆发对全世界经济发展产生重大冲击的时候，恒锦服饰选择了转型升级。当国际金融危机之后很多发达国家都在想方设法把重振经济的核心放到怎么回归实业的时候，公司选择了从中国制造到中国创造的构思和定位，创立自主民族品牌。两条腿走路是企业可持续发展的唯一出路，于是恒锦服饰成立了苏州领秀针织研发有限公司，投巨资引进了服装行业顶尖的德国先进设备，开始了艰辛和漫长的二次创业，由此"FIRST FLAG"（中文诠释：第一面旗帜）品牌诞生。目前，历经十多年的艰难磨砺，该品牌已在北京、上海、杭州等一线城市A类商场设立了专柜，2020年又进驻Bebelux国际高端童装集成店，打破了国际奢侈品牌在中国的垄断地位，与国际奢侈品品牌同台竞争，得到了专业市场、专业人士和消费者的认可，业绩和坪效均名列前茅。未来，FIRST FLAG将立足自身，扛起走向世界、提升民族品牌和高端奢侈品品牌价值的大旗，实现"民族的就是世界的"终极目标。

二、FIRST FLAG 品牌建设实践

（一）"从 0 到 1"的国内婴童服饰品牌

自 1993 年开始，FIRST FLAG 品牌创始人徐园芳女士的苏州恒锦服饰有限公司与苏州长恒服饰有限公司就开始了为世界知名品牌盖璞（GAP）、小樱桃（BONPOINT）、金宝贝（GYMBOREE）等毛针织衫国际童装品牌代工的业务，公司也因此积累了第一桶金。随着 2008 年金融危机的到来，提供廉价密集型劳动力的跨国代工业务也饱受冲击。徐园芳女士前瞻性地感知到中国品牌的时代即将到来，唯有品牌才能创造企业的附加价值，增强企业的抗风险能力。但是，要从无到有地打造婴童服饰奢侈品牌，从中国制造蜕变到中国创造，并非轻而易举的事情，国内没有任何成功的经验可以借鉴，必须摸着石头过河。徐园芳女士硬是凭着"敢为天下先"的企业家胆识，开始了二次创业。

（二）树立品牌形象，确立品牌定位

FIRST FLAG 品牌创始于苏州。该品牌致力原创研发、制造、销售和自主创新。其品牌哲学是"用宽厚的爱，做细小的事"。徐园芳女士和设计师们投入大量的精力和热情开始了新产品的研发，将 2 500 多年苏州的历史文化元素融入产品设计，采用优质的有机棉、桑蚕丝和天然羊毛原料，致力将传统手工艺与高品质的产品结合，为孩子带来超高品质的产品体验。徐园芳女士认为：原创不是标新立异，不是无中生有；而是往回走，回到事情的根本，并且强化它。

FIRST FLAG 品牌定位主要以生产和销售婴童服饰超高端用品为主营业务，自 2014 年开始推向市场。其目标客户是顶层消费市场的 15% 高净值家庭。其主要产品面向 0~3 岁儿童，公司也向 4~7 岁儿童提供部分产品的订制服务。

（三）建立品牌发展战略规划，树国内童装奢侈第一品牌形象

1. 与世界顶级设计师联手

2011 年 12 月 19 日，领秀针织与株式会社日本设计中心举行了合作的签约仪式，聘请日本设计界中生代代表原研哉（Kenya Hara）担

任品牌艺术总监,开启了中国的服装企业与日本的国际大师的首次合作。FIRST FLAG 的品牌标志(图1)标记、礼品包装是品牌的象征,都由原研哉先生操刀设计。原研哉于1991年设立原研哉设计研究所,现为日本设计中心代表,从2003年起担任武藏野美术大学基础设计学科教授,在服装设计、广告、识别、标识设计、书籍设计、包装设计、展览会总监等多个领域有所建树。原研哉在签约仪式上表示,他对中国文化非常感兴趣,将融合中国文化,注入设计新灵感,提升 FIRST FLAG 童装的档次和水平。作为国际顶级大师,原研哉有国际视野和高度的责任感。他强调"重新设计",重新认识日常生活事物,从熟知的日常生活中寻求现代设计的真谛,用最自然、最合适的方法来重新审视"设计"这个概念,给人以启迪。

图1 FIRST FLAG 品牌标志

同是来自日本的服装设计师津村耕佑(Kosuke Tsumura)也参与了 FIRST FLAG 的产品开发,他提出了婴儿裸设计理念,将功能和安全融入产品设计,策划出帽子型、皇帝华服型、袋型、蛹型、婴儿裹布型五款婴儿裸。津村耕佑用精挑细选的有机栽培棉材打造了为新生宝宝量身设计的豪华"礼服",以白色彰显新生命的纯洁天真、娇嫩美好,让新生宝宝第一时间感受到家的温暖。

2. 确立 FIRST FLAG 产品和价格体系

FIRST FLAG 的主要产品以服装、配饰和床品三类纺织品为主,材料均来源于进口有机棉、羊毛(绒)和苏州丝绸,产品均以编织和刺绣手工技艺制造。服装包含外出服、居家服、内衣等,定价在 1 000~2 000 元,配饰定价在 500 元左右,床品定价在 1 500~3 000 元。除纺织品外,FIRST FLAG 也开始围绕天然、有机理念,和日本研发团队合作开发了专属儿童的植物护肤系列。该系列包含手工皂、润肤膏、洗发水、按摩油等产品,定价在 400~800 元。

3. 打造人才梯队，注重知识产权保护

早在2008年创立之初，领秀针织就与苏州工艺美院开始产学研合作，系统地培养出了一批年轻的设计师和工艺师，从教学课程、企业内训到产品设计开发，自建了一条培养设计、研发人才的通道，为领秀针织源源不断地输送储备人才。迄今为止，领秀针织已累计获得发明专利3项、实用新型专利2项，以及多项外观专利、设计产品版权及软件著作权。

4. 取长补短，组建国际团队

2010年，领秀针织与日本设计中心合作，聘请日本设计界中生代代表原研哉担任品牌艺术总监，策划品牌定位，提升品牌辨识度，并进行商标、包装、店铺形象等一系列平面视觉设计，助推公司向高品质方向发展。公司由此走上了一条奢侈品创建之路。

2016年，领秀针织聘请了全球排名前十的欧洲知识经济与管理学院（SKEMA）商学院奢侈品管理专业创始人伊万（IVAN）教授作为品牌顾问，对FIRST FLAG走向全球市场进行探索和推广。由此，FIRST FLAG将地方的传统手工艺转化为国际知名品牌的成功案例，先后被SKEMA商学院和巴黎高等应用艺术学院（LISAA）时尚学院作为教材录用。

（四）汲取中外传统精华，以工匠之心营造顶级产品

领秀针织秉承传统手工编织、苏绣和桑蚕丝绵的手作艺术，精选原生态优质材料，在工艺细节上，几乎对每件衣服都会恰如其分地运用手工工艺，以完善产品最基本的功能性。这也正是FIRST FLAG产品工艺的命脉：将每件衣服都作为手作工艺赋予它鲜活的力量。

1. FIRST FLAG核心元素之一：刺绣

苏州刺绣迄今为止已经有3 000多年历史，为苏州地方民间传统艺术，是四大名绣之一、国家级非物质文化遗产。苏绣的颜色艳丽，图案也很逼真，不论是花朵还是动植物，看起来都鲜活感十足。苏绣自古也被广泛地应用到各个奢华领域。我们在达官贵人的衣服以及家里的屏风、美人扇等上都能看见苏绣的影子。FIRST FLAG将传统苏绣精华植入高档棉织物。

2. FIRST FLAG 核心元素之二：桑蚕丝绵

桑蚕丝触感柔顺、滑腻，富有弹性，润化指数高，是十分理想化的被褥原材料。丝绵取法慈云非物质文化制作工艺，由六道工艺制成：煮茧—去蛹—剥绵—晾晒—扯绵（单人扯、双人扯）—成胎。一条蚕丝被从选茧、煮茧到成胎需要整整 4 天时间。FIRST FLAG 丝绵被取材双宫茧。因双宫茧个头比一般蚕茧大，蚕丝纤维更粗更长，所以其制成的丝绵被更蓬松、更耐用。然而双宫茧的自然产生率只有 3%~5%，因此优质的双宫茧丝绵也相当稀有。

历年来，苏州丝绸只有名气，却没有名牌产品、高档产品。FIRST FLAG 将丝绵材质作为首选，让苏州丝绸这块老牌子焕发出新的风采。

3. FIRST FLAG 核心元素之三：日本 Avanti 有机棉

在 FIRST FLAG 的理解中，宝宝穿上身的衣物，安全、舒适是第一要义，因此，FIRST FLAG 在全世界范围内严选最优的天然素材，其中，日本 Avanti 有机棉是 FIRST FLAG 一直以来的正确选择。绝大部分 Avanti 的棉朵原产于美国的得克萨斯州，为全球品质最好的棉花之一，其种植过程也是按照极高的绿色环保标准：全程不使用任何化学品，不使用农药和化肥，不使用转基因种子，不使用童工，保护劳工权益。Avanti 公司坚持敬天爱人的经营理念，为 FIRST FLAG 提供最安全、舒适的面料，探求"柔软"的潜力。

4. FIRST FLAG 核心元素之四：儿童植物护肤系列

2017 年，徐园芳带团队亲赴日本山形县，拜访山泽清先生，聆听这位曾经的农药专家讲解其后来如何认识到了农药和化肥对土地的伤害，改而尊重生态自然规律，坚持培养天然有机植物，重构人与自然的关系，最终获得来自自然的、最纯粹而珍贵的礼物。

柔软与强韧，健康与纯粹，这些并不是谁的"创造"，但为了还原这些属于大自然的本来特质，FIRST FLAG 始终走在探索"事情的根本"的道路上。

5. FIRST FLAG 核心元素之五：白色

在天然针织领域，人们一致秉承白色为安全色的理念。白色织物难于生产,难于打理,难保洁净,但是对于娇嫩脆弱的新生宝宝更安全。不惹尘埃的白,让人更加想要去悉心呵护。

(五)数字化建设

2018年,公司在仓库、渠道、店铺投入了ERP管理系统,通过数字化管理时时掌控销售运营状态以及受众人群的消费需求动态。生产制造ERP管理系统尚在酝酿之中。2020年,历时三年的打造,公司完成了品牌国际官网以及在线商场的线上布局,为未来打造线上线下一体化的商业模式夯实了基础。

三、案例启示

FIRST FLAG是国产奢侈品牌的先驱,打破了国际奢侈品牌在中国的垄断地位。十多年来,FIRST FLAG坚持耕耘品牌基础建设,尤其在高质量发展道路上有迹可循,并逐步取得了市场消费者的认可。FIRST FLAG推出了高级定制服务,客户可以给宝宝量身定制,或者在宝宝衣服或饰品上绣上宝宝的名字和生日,留下美好的记忆。开通高级定制服务既是对支持和热爱FIRST FLAG品牌的广大会员的回馈,也是品牌的一个心愿。FIRST FLAG希望制作出更好的童装,为宝宝提供更为精心的呵护。FIRST FLAG以品牌文化底蕴为基础,以科技为支撑,以市场为导向,以产品为载体,在可持续发展的道路上不断前行。

成功的奢侈品牌应该擅于通过讲故事来吸引顾客,而且能够利用这些故事的独特性和排他性让他们的客户感觉自己是精英阶层的一部分。品牌文化是企业文化的延伸,是企业文化及企业精神的外部表达。客户对产品文化的认同会促进其与产品的共鸣。FIRST FLAG通过定制化服务加深了品牌与客户的互动与情感交流,提升了品牌强度,增加了复购率。

附:FIRST FLAG品牌发展大事记

2012年,苏州领秀针织研发有限公司被江苏省民营科技企业协会授予"江苏省民营科技企业"荣誉称号。

2014年，苏州领秀针织研发有限公司被苏州市科学技术局授予"江苏省科技型中小企业"荣誉称号。

2016年，苏州领秀针织研发有限公司被江苏省苏商发展促进会授予"2016苏商金茉莉双创之星"荣誉称号。

2016年，苏州领秀针织研发有限公司被苏州市姑苏区人才工作领导小组办公室、苏州市经济和科技局授予"姑苏区文化创新企业领军人才（团队）"荣誉称号。

2017年，苏州领秀针织研发有限公司荣获江苏省经济和信息化委员会颁发的江苏省工业设计产品银奖。

2019年，苏州领秀针织研发有限公司在"2019苏州国际设计周"活动中获评"年度设计大奖之传承创新设计奖"。

2021年，苏州领秀针织研发有限公司获得中国保护消费者基金会颁发的"维护消费者权益-3·15满意单位"荣誉称号。

（徐园芳、王智亮）

领先源于创新
——天臣医疗品牌建设实践

一、天臣医疗简介

（一）公司概况

天臣国际医疗科技股份有限公司（Touchstone International Medical Science Co., Ltd.，简称"天臣医疗"）成立于 2003 年 8 月，是目前国内吻合器领域投资规模较大，在研发实力、专利技术和产品线方面领先的高新技术企业，致力于成为中国高端外科手术吻合器械的创新和生产基地。

天臣医疗通过 18 年的不断自主创新，目前已拥有管型吻合器、腔镜吻合器、线型切割吻合器、荷包吻合器和线型缝合吻合器五大类产品，应用范围涵盖心胸外科、胃肠外科、肝胆脾胰外科、普外科、泌尿外科等手术领域。

根据《上市公司行业分类指引》(2012 年修订)，公司属于专用设备制造业（C35）；根据《国民经济行业分类》（GB/T 4754—2017），公司所从事的行业属于专用设备制造业（C35）中的医疗仪器设备及器械制造（C358）。

（二）天臣医疗的发展历程

2003 年，公司创始人陈望宇和陈望东了解到高端外科手术吻合器领域主要被美国两大医疗巨头垄断，并在专利、产品技术和市场方面形成了很高的壁垒。

虽然该细分领域市场容量和潜力巨大，临床价值得到了外科医生的广泛认同，但巨头垄断的局面使得行业发展受到限制：一是产品价格高昂，使得许多患者因经济原因无法获得外科手术吻合器相关的先进治疗手段；二是技术进步缓慢，使得许多临床反映的产品缺陷无法及时得到改善，新的临床需求也不能快速得到满足。

面对当时国产品牌在市场上主要以仿制和低价争取份额的境况，陈氏兄弟从中发现了创业机会，意识到唯有在产品、技术上进行创新，走差异化道路，才有可能在高标准的全球市场上生存，甚至实现超越。

2003年8月，陈氏兄弟共同创立了苏州天臣国际医疗科技有限公司（股份公司前身），专注高端外科手术吻合器及相关领域产品的研发与创新，让医生有更多选择，惠及更多患者，并以此为公司发展的愿景确定了公司发展的五条基本原则：

（1）长期主义：目标高远，持之以恒，不受短期利益干扰。

（2）创新：塑造创新文化，在技术和管理两个维度进行创新。

（3）知识产权：以国际化的视角，尊重知识产权并建立自己的"护城河"。

（4）产品：将创新和质量作为硬指标，要求所有上市的产品必须具备与行业标杆同等的质量水平以及差异化的、满足临床需求的创新特性。

（5）团队文化：采用创业方法论，鼓励团队更具多样化和包容性，打造竞争机制。

创业伊始，天臣医疗即专注于长远发展，组织研发团队深度学习人体解剖、外科临床、产品应用等知识，为产品的研发创新奠定坚实的理论基础；同时，天臣医疗坚持"自主创新，研发先行，专利布局"的方式，研发具有自主知识产权的产品，并在境内外实施了相应的专利布局，构筑专利壁垒；在产品的把控上，天臣医疗坚持以创新和质量作为硬指标，对标行业领先标杆。通过多年的研发突破，天臣医疗创新开发出自动保险、旋转切割、钉成型等核心技术，突破行业巨头的技术和专利壁垒，研制出第一代具有自主知识产权、质量安全可靠的管型吻合器（CSC）。

首代产品独特的创新功能和高质量的临床表现使得天臣医疗第一支产品在瑞士得到了外科医生的认可，成功打破了销量的零纪录。以此为起点，天臣医疗逐步打开了德国、意大利、西班牙、奥地利、英国等欧洲国家市场，后续扩展到南美洲、亚洲、非洲和大洋洲等地区。面向未来，天臣医疗致力构建以创新、质量、人才、技术和服务为核心的综合竞争优势，以打造具有深远影响力的高端外科手术吻合器第一品牌。

（三）天臣医疗的主要产品

吻合器是临床使用的代替传统手工吻合的设备，主要工作原理类似订书机，通过向组织击发钛钉，对器官进行组织离断、闭合及功能重建。

从1908年匈牙利医师Humer Hultl发明制造了世界上第一个具有现代意义的手术用吻合器开始，伴随着近一个世纪的不断改进，吻合器已经由体积笨重、装配复杂、操作费时向体积轻便、操作简单、安全可靠的方向转变，其应用领域也在不断扩展，有效地提高了手术的效率和质量，缩短了患者的康复时间，在减轻患者痛苦的同时，也降低了医疗成本。

公司的主要吻合器产品如表1所示：

表1　天臣医疗的主要吻合器产品

产品类别	产品系列	产品图片
管型吻合器类	管型消化道吻合器（CSC）	
	管型消化道吻合器（CST）	
	管型肛肠吻合器（TST）	

续表

产品类别	产品系列	产品图片
管型吻合器类	管型泌尿吻合器	
腔镜吻合器类	腔镜用切割吻合器	
	渐变型腔镜用切割吻合器（SELC）	
线型切割吻合器类	直线型切割吻合器	
荷包吻合器类	自动荷包缝合器	
线型缝合吻合器类	直线型吻合器	

二、天臣医疗品牌建设实践

（一）专利为王，做高竞争壁垒

中国要在关键技术领域突破"卡脖子"的技术，专利无疑是最强的武器。在几乎被外资垄断的吻合器领域，天臣医疗就是靠一个个硬核的专利不断打破垄断的大门，逐渐提高自己的技术壁垒，拓宽了细分行业的"护城河"。

在不断筑高竞争壁垒的前提下,天臣医疗依旧在以下几个方面持续增强公司的核心竞争力:

1. 技术先进性

本着"领先源于创新"的理念,天臣医疗自成立以来就始终专注于高端外科手术吻合器的创新研发。经过多年积累,公司逐步建立了无障碍吻合技术、通用腔镜技术平台、选择性切割技术、旋转切割技术、自动保险技术、钉成型技术、包皮吻合自动脱钉技术等多项先进的核心技术,并广泛应用于主营产品。数据显示,公司研发费用率连续数年保持在8%以上;招股说明书披露,截至2019年12月31日,天臣医疗在我国已获授权发明专利176项,远超其他四家本土吻合器企业[瑞奇外科器械(中国)有限公司、苏州法兰克曼医疗器械有限公司、北京派尔特医疗科技股份有限公司、常州威克医疗器械有限公司]的总和。

截至2021年6月30日,天臣医疗拥有发明专利266项,覆盖中国、欧洲、美国、日本等国家和地区,有效突破了美国医疗器械巨头在该领域垄断多年的知识产权壁垒。其中,公司的发明专利"一种圆管型吻合器的钉头组件"被国家知识产权局授予"中国专利优秀奖"。公司先后被国家知识产权局授予"国家知识产权优势企业""国家知识产权示范企业"等荣誉称号。

不同于多数国内吻合器厂商仿制跟随的技术特点,天臣医疗的产品研发并非仅基于产品本身,而是将产品技术研发与临床术式研发相结合,从而更好地适应临床术式的发展,引领配套手术器械的迭代升级乃至更替,这也直接体现了公司技术的原创性和前沿性。

2009年,天臣医疗开创了选择性切除术新术式,并同期开发了开环式微创肛肠吻合器(TST)系列产品,用微创方式有效解决了传统痔病采用的痔上黏膜环切术过度治疗及吻合口狭窄等问题,得到国内外医生的广泛认同,从而逐步实现对跨国巨头垄断的吻合器痔上黏膜环切术及其所采用的一次性使用管型痔吻合器(PPH)产品的替代。TST系列产品在第九届国际发明展览会上荣获"发明创业奖·项目奖"金奖。TST 产品模型如图 1 所示。

图 1　TST 产品模型

有意思的是，公司首创的旋转刀头切割专利技术的灵感来自一张打印纸。在技术团队进行头脑风暴，想办法解决手术中长期存在的切除不净等问题时，一名工程师在复印时被打印纸划破了手掌，瞬间灵光乍现。

"一张这么薄的纸竟然如此锋利，那么我们是不是可以转变思路，改变传统吻合器冲压式的切割方式，结合纸张割手的运动特性，让吻合器刀口在缝合时旋转一下，满足手术中对缝合的特殊安全需求。"天臣医疗董事、总经理兼首席研发师陈望东说。

经过技术开发和临床实验，天臣医疗由此开创了管型吻合器的旋转切割新方式。这一技术专利至今仍被天臣医疗保护着。

创新不止，专利为王。近年来，天臣医疗持续加大研发和专利投入，不断用专利打造着公司硬科技的名片。在陈望东看来，天臣医疗已经在创新研发和专利保护上练就了属于自己的硬本领，能够助力公司在细分市场中一路领跑。

2. 模式创新性

在长期的研发创新过程中，公司逐步形成了 MWS（Meeting with

Surgeons，工程师/外科医生见面会）与 MVP（Minimun Viable Product，最小可行产品）相结合的研发模式，并运用独特的竞争机制，实现临床需求的深度挖掘和技术方案的快速实现。天臣医疗研发创新模式如图2所示。

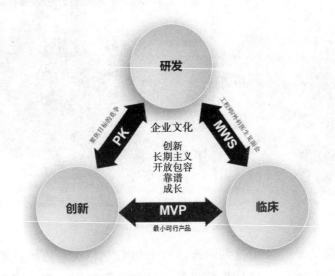

图2　天臣医疗研发创新模式

公司通过 MWS 组织世界各地的外科医生与研发工程师进行各种形式的直接对话，建立了创意和技术之间的绿色通道，让创造者和使用者之间产生了有效连接，有效地整合了资源，大大提升了产品的安全性、有效性和创新性。

公司采用 MVP 机制进行创意转化，通过使用快速建模、3D打印、实验手板、体外测试等方式，快速进行创意验证，推动技术迭代更新，使研发团队能够更早识别产品是否满足临床需求，以及能否创造商业价值，从而降低研发风险，缩短研发周期，并促使团队始终保持创新氛围。

公司运用竞争机制，将协同竞争贯穿企业创新文化，使公司内部有创新思想的成员能够更加聚焦在用户需求、产品开发和精进、质量和成本等核心价值上。

3. 研发技术产业化

近三年来，公司的主营业务呈现指数级增长趋势。长期不断的自主研发形成了无障碍吻合、选择性切割、旋转切割、自动保险、腔镜通用技术平台、钉成型、包皮吻合自动锐钉技术等具有自主知识产权的核心技术。

随着科技成果的不断转化及产业化，公司的核心技术产品不断走向市场，从而增强了公司主营业务在主流市场的竞争力，公司主营业务的核心竞争力随之逐步形成。

天臣医疗研发技术产业化情况如图3所示。

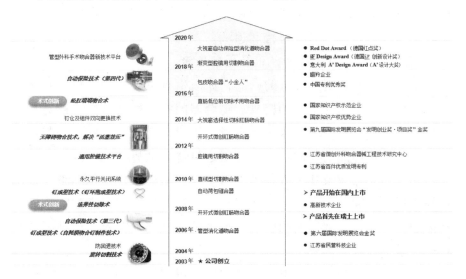

图3　天臣医疗研发技术产业化情况

（二）开放进取，专注吻合器领域

医疗器械产品直接关系到患者的生命安全，因此质量控制是企业生产和管理的重中之重。天臣医疗高度重视产品质量控制，制定了严密的控制制度与措施，具体情况如下。

1. 质量控制标准

天臣医疗基于ISO 13485质量管理体系并严格按照我国《医疗器械生产质量管理规范》等相关法规标准的要求，建立了完整、全面的质量管理体系，涵盖了从产品研发到生产、销售及售后全过程的质量管理，获得了欧盟、巴西和韩国等相关组织机构的认证，并通过了医疗器械单一审核方案（MDSAP）的审核。同时，公司对标国际标准，加强质量体系建设，推动生产制造自动化、智能化发展，提高工艺技术水平，强化质量意识，并开始推行客制化管理系统（MES），以实现生产过程的有效管理、控制和流程的自动追溯。

2. 质量控制制度与措施

天臣医疗建立了专业化、分工明确的质量团队，制定了《来料检验作业流程》《产品检验作业流程》等相关制度，在产品研发以及生产的进料检查、过程控制、成品检测、生产环境等各个环节都采取了严格、有效的质量监控手段，并使用专用检测设备，以保证产品各个阶段的质量都能得到有效监控和追溯。

（三）给医生更多选择，惠及更多患者

创造更专业、更高质量的产品，让医生有更多选择，惠及更多患者，始终是天臣医疗最大的愿景。吻合器的特殊性要求生产商对产品和技术都要精细打磨，以医生和患者的需求为导向，深度挖掘临床痛点，不断优化产品的使用性能。公司通过邀请世界各地的外科医生到企业面对面交流，或让工程师到手术室现场观摩跟台，得到第一现场的临床反馈。此外，公司的研发团队还会针对吻合器产品的临床痛点和需求进行创意比赛，使团队能够更加聚焦在用户需求、产品开发和精进、质量和成本等核心价值上。

公司坚信做创新需要找到适合自己的模式。这种模式可以让团队、合作伙伴、医生清晰地知道各自处在什么样的运行机制中，明确各自的角色、功能、目标、定位，这种自我认识也会带来一定的组织力量，从而为最终目标的实现带来推动力。

（四）天臣医疗人才支持

截至2020年12月31日，天臣医疗（含子公司）员工人数及变化情况见表2。

表2　天臣医疗员工人数及变化情况

统计时间	2020年12月31日	2019年12月31日	2018年12月31日
总人数（人）	190	178	145
天臣医疗人数（人）	186	174	142
天臣意大利公司人数（人）	4	4	3

天臣医疗实行劳动合同制，与正式员工签署了劳动合同，对于退休返聘、临时聘用的人员，公司与其签订聘用协议。员工的聘用和解聘均依据法律法规的规定办理。

截至2020年年底，公司拥有研发人员34人。研发人员数量将随着公司发展进一步增长。有效培养新招研发人员并提升研发团队整体技术和创新水平是公司研发及创新中心的重点工作之一。

从人才培养角度来看，研发条件及研发氛围等综合环境的改善有助于人才培养。公司技术研发人员承担着产品立项、新产品技术设计、产品试制、产品小批量验证和确认、工艺设计及转化、设计转移、产品改善升级等一系列工作，虽各有专长和明确的职责分工，但是要出色地完成本职工作仍需要较为综合的行业及专业知识作为保证。

公司个性化的研发实验场地和设施为人才培养提供了有力支撑；综合化、一体化办公也有利于研发各个环节人员的互动交流，为人员的综合素质提升提供保证，便于培养一支高素质的研发技术团队。

公司研发人员目前侧重于吻合器产品的研发设计，所研发产品品类分别为新型儿童版包皮吻合器、第三代腔镜吻合器、能量平台、电动智能吻合器、血管吻合器、补片增强吻合器，所涉及的专业领域包括材料学、生物材料学、生物医学、软件工程学等。

（五）承担社会责任

天臣医疗专注于高端外科手术吻合器研发创新和生产销售，所处行业不属于重污染行业，因此生产经营过程中产生的污染物也较少。主要污染物来源和具体治理措施见表3。

表 3　主要污染物来源和具体治理措施

污染物类型	主要来源	处理方式
废水	清洗污水、生活污水	接入园区污水处理厂集中处理
固废	生活垃圾	由环卫部门清运
废气	无生产性废气排放	—
实验室废弃化学品	实验	委托具备资质的第三方运输和收集

公司严格遵守国家及地方有关环境保护方面的法律法规及规范性文件的规定，依法履行各项环保义务，不存在因违反相关环保规定而受到处罚的情形，并于 2021 年 2 月通过了国际知名认证机构德国技术监督协会（TUV）的 ISO 14001 环境管理体系认证。

三、案例启示

天臣医疗专注于高端外科手术吻合器及相关领域产品的研发与创新，以专业、安全、优质的医疗器械服务用户，让医生有更多的选择，惠及更多的患者。公司将持续努力创造更具临床价值、更高品质的吻合器产品，致力成为高端外科手术吻合器的创新和生产基地。

公司将坚持"自主创新，研发先行，专利布局"的方式，采用"临床需求、内部竞争、快速迭代"的研发模式，注重研发投入和成果产出，保持技术的先进性和时效性，专注高端吻合器及相关领域产品的研发与创新；将对标国际标准，加强质量体系建设，推动生产制造自动化、智能化发展，提高工艺技术水平，强化质量意识；将持续加大市场开发力度，进一步拓展国内外市场，扩大公司的市场影响力及品牌知名度，使高效安全的医疗器械产品惠及更多人。

天道酬勤，科创赋能。科创板试点注册制为辛勤赶路的科创人照亮了证券化之路，让默默陪跑的投资人明确了预期和目标，更让中国自主创新的步伐更坚定、更强劲。经过创业初的彷徨、发展中的困惑、研发中的艰辛，天臣医疗终于站上科创板的舞台，迎来属于科创人的高光时刻。

天臣医疗董事长陈望宇先生在网上路演期间向投资者坦言：天臣

医疗会始终坚持高质量研发投入，注重人才引进、专利布局、研发实验设施完善等，不断提高创新研发水平，持续输出技术领先、顺应市场发展趋势的新产品。同时，公司将提前进行产品市场布局，通过持续的学术交流进行市场教育，引导产品临床方向，不断提升品牌价值。

天臣医疗历经科创路上的摸爬滚打、披荆斩棘，用长远的眼光看待做对的事情，不断追求技术极致，公司的价值也逐渐在这样的创新基因、长期视野中持续放大。

附：天臣医疗品牌发展大事记

2003年，天臣国际医疗科技股份有限公司成立。

2005年，公司获评"苏州市培育知识产权重点企业"。

2006年，公司成为江苏省高科技术研究项目支持的50家企业之一；专利申请量达100件。

2007年，公司取得德国TUV欧盟CE认证，同年获得国家药监局医疗器械注册证。

2008年，"具有自主知识产权的一次性管型消化道手术吻合器"获得国家科技部中小企业技术创新基金立项支持，并于2011年12月验收；"具有自主知识产权的一次性外科使用手术吻合器"荣获"国家火炬项目计划"证书及"第六届国际发明展览会金奖"。

2009年，公司被评为新认定的第一批国家级高新技术企业。

2010年，"外科用装订器械旋转刀头"专利获得"苏州市优秀专利奖"称号；"外科用装订器械旋转刀头"专利获得江苏省百件优质发明专利。

2011年，公司获评江苏省及苏州市第二批两化融合试点示范企业；公司独创的"旋转刀头"获评"影响中国的100个实用新型专利"。

2013年，公司获得国家中小企业发展专项资金（专利补助项目）。

2015年，开环式微创肛肠吻合器（TST）和直肠低位前切除术用吻合器（KOL）获评江苏省高新技术产品。

2016 年，公司获得"第九届国际发明展金奖"证书；专利申请量突破 1 000 件。

2017 年，公司获得"国家知识产权示范单位"称号；获得"江苏省知识产权战略推进重点项目"；荣获中国专利"优秀奖"。

2019 年，公司荣获意大利 A' 设计大奖（A' Design Award）。

2020 年，公司荣获德国 iF 创新设计奖（iF Design Award）、德国红点奖（Red Dot Award）。

2020 年 9 月 28 日，天臣医疗在科创板成功上市，证券代码：688013。

（周　畅、张海强）

附录

苏州制造品牌建设十佳案例（2021）获奖案例名单

序号	申请单位名称	获奖类别	所属区域	备注
1	波司登羽绒服装有限公司	企业品牌	常熟	
2	江苏中利集团股份有限公司	企业品牌	常熟	
3	雅鹿集团股份有限公司	企业品牌	太仓	
4	亨通集团有限公司	企业品牌	吴江区	
5	苏州同里红酿酒股份有限公司	企业品牌	吴江区	
6	德尔未来科技控股集团股份有限公司	企业品牌	吴江区	
7	莱克电气股份有限公司	企业品牌	高新区	
8	雷允上药业集团有限公司	企业品牌	高新区	
9	中亿丰罗普斯金铝业股份有限公司	企业品牌	相城区	
10	稻香村食品集团股份有限公司	企业品牌	工业园区	并列
11	苏州苏大维格科技集团股份有限公司	企业品牌	工业园区	并列
12	江苏永钢集团有限公司	产品品牌	张家港	

续表

序号	申请单位名称	获奖类别	所属区域	备注
13	樱花卫厨（中国）股份有限公司	产品品牌	昆山	
14	昆山新莱洁净应用材料股份有限公司	产品品牌	昆山	
15	康力电梯股份有限公司	产品品牌	吴江区	
16	苏州双祺自动化设备有限公司	产品品牌	吴中区	
17	苏州金宏气体股份有限公司	产品品牌	相城区	
18	苏州市天灵中药饮片有限公司	产品品牌	高新区	
19	苏州纽威阀门股份有限公司	产品品牌	高新区	
20	苏州采芝斋食品有限公司	产品品牌	姑苏区	
21	苏州领秀针织研发有限公司	产品品牌	姑苏区	并列
22	天臣国际医疗科技股份有限公司	产品品牌	工业园区	并列